基础教育课程改革的话语体系转换研究

以我国 2001 年基础教育新课程改革为例

刘茂军 著

中国纺织出版社有限公司

内 容 提 要

主要围绕以下几个方面展开具体的研究。第一，在概念界定的基础上实现了教育话语分析的方法论建构，阐释了教育话语分析的两个研究向度——历史向度和社会向度，确立了其研究立场——批判的立场和多元的立场。第二，以新课程改革为节点，全面分析了我国从教学大纲时期到新课程标准时期基础教育课程改革话语体系的转换。第三，在课程改革话语体系转换分析的基础上，着重从社会、权力和意识形态三个方面阐释课程改革话语体系转换的根源。第四，课程改革话语体系的转换离不开社会语境，我国现实社会的经济、政治、科技、文化等方面都发生了显著变化，这些必将导致我国课程改革话语体系呈现多元化的趋势，人本化、信息化、协调化、现代化、综合化、国际化等话语必将成为我国课程改革话语体系发展的重要趋势，成为我国课程改革发展和课程决策的重要参考。

图书在版编目（CIP）数据

基础教育课程改革的话语体系转换研究：以我国2001年基础教育新课程改革为例 / 刘茂军著. -- 北京：中国纺织出版社有限公司，2022.8

ISBN 978-7-5180-9699-2

Ⅰ．①基⋯ Ⅱ．①刘⋯ Ⅲ．①基础教育－课程改革－研究－中国 Ⅳ．① G632.3

中国版本图书馆 CIP 数据核字（2022）第 126626 号

责任编辑：闫 星　　责任校对：高 涵　　责任印制：储志伟

中国纺织出版社有限公司出版发行
地址：北京市朝阳区百子湾东里 A407 号楼　邮政编码：100124
销售电话：010—67004422　传真：010—87155801
http://www.c-textilep.com
中国纺织出版社天猫旗舰店
官方微博 http://weibo.com/2119887771
天津千鹤文化传播有限公司印刷　各地新华书店经销
2022 年 8 月第 1 版第 1 次印刷
开本：710×1000　1/16　印张：12.75
字数：217 千字　定价：89.90 元

凡购本书，如有缺页、倒页、脱页，由本社图书营销中心调换

前 言

基础教育课程改革是社会变革的一项重要内容,关乎人才的培养质量并影响着社会发展。我国现行的课程改革存在多重的话语冲突和迷失等问题,影响课程改革的有效实施。课程改革的发生往往表现为话语体系的转换,因此在一定意义上,课程改革的程度是以话语体系转换为基础和参照的,对课程改革话语体系转换的研究是理解课程改革目的、实现课程改革深入发展的重要方式。本书以课程改革话语体系转换为视角,分析我国当下基础教育课程改革话语体系转换的基本思路,研究其生成和演变的深层根源,这不仅可以厘清课程改革的内涵与价值追求,而且可以有效把握课程改革的本质,促进课程改革向科学、合理的方向发展。本书主要关注现在新课程标准时期与教学大纲时期基础教育课程改革的话语体系转换,通过溯源分析,深入了解课程改革话语体系转换的多重根源和作用机制,并从社会发展的角度预测课程改革新话语的发展趋势,促进我国新课程改革的话语转型,深化课程改革。研究表明,新课程标准时期与教学大纲时期存在着明显的话语体系转换;课程改革话语体系的生成、演变是与广泛的社会文化联系在一起的,话语体系转换的背后隐藏着深刻的价值和意义;课程改革存在于特殊的话语场域之中,语境的变化必将引起课程改革话语体系的进一步嬗变,这也是理解和把握课程改革未来走向的关键。

话语分析及其相关研究的发展为课程改革话语体系转换研究提供了新的视角。本书所运用的话语分析是一种"批判的"话语分析,批判话语分析突破了语用学、语义学研究的范畴,而采用一种批判的研究范式——深度剖析课程改革话语背后的社会力量和意识形态,将话语背后隐蔽的联系和原因揭示出来。批判话语分析持有多元的立场观,不同的研究视角、不同的价值取向都可能对同一话语形成不同的意义判断,话语分析离不开具体的历史语境。话语分析可以广泛应用于教育研究中,它具有明确的研究对象、研究模式、研究立场、方法论,具有研究人员共同接受的一套理论、准则以及开展研究与思考问题的方式,是当代教育研究的新范式。本书建构了话语分析的研究范式,并通过"批判的"方法归纳课程改革话语体系转换的特征，运用"追根溯源"的方式透析课程改革话语体系转换背后的根源，这种批判话语分析的终极目的是促进课程理解。批判话语分析是本书的基本方法论。

　　本书主要围绕以下几个方面展开具体研究。第一，在概念界定的基础上实现了教育话语分析的方法论建构，阐释了教育话语分析的两个研究向度——历史向度和社会向度，确立了其研究立场——批判的立场和多元的立场，阐述了话语分析对于教育研究的意义，完成了教育话语分析研究过程的模式建构，认为话语分析是教育研究的一个新的研究范式。第二，以新课程改革为节点，全面分析了我国从教学大纲时期到新课程标准时期基础教育课程改革话语体系的转换，包括课程功能的话语体系转换：由"知识"到"素养"；课程结构的话语体系转换：由"分科"到"综合"；课程内容的话语体系转换：由"书本知识"到"社会生活"；学习方式的话语体系转换：由"接受"到"探究"；课程评价的话语体系转换：由"选拔"到"发展"；课程管理的话语体系转换：由"刚性"到"弹性"。转换的趋势体现了课程改革追求课程自身的科学性、追求人才培养的个性化，从而实现课程改革的最终目的。第三，在课程改革话语体系转换分析的基础上，着重从社会、权力和意识形态三个方面阐释课程改革话语体系转换的根源，课程改革话语体系转换体现了社会变迁的现实需要，体现了社会政治、经济、文化、科技发展的直接影响；同时，话语体系的生成与演变受到多元权力主体不同程度的影响，体现了话语权力的纠葛；课程改革话语体系转换亦受到意识形态的潜在影响，在不同时期，意识形态不同程度地影响着话语体系的发展和转换。第四，课程改革话语体系的转换离不开社会语境，话语体系的发展与转换是与社会发展同步同向的，我国现实社会的经济、政治、科技、文化、社会结构、信息技术、环境等方面都发生了显著变化，这些必将导致我国课程改革话语体系呈现多元化的趋势，人本化、信息化、协调化、现代化、综合化、国际化等话语必将成为我国课程改革话语体系发展的重要趋势，成为我国课程改革发展和课程决策的重要参考。

刘茂军
2022 年 4 月

目 录

第一章 导论 … 1
　一、课程改革话语体系转换研究的缘由 … 3
　二、选题意义与价值 … 6
　三、研究思路 … 9
　四、研究方法 … 10
　五、创新及不足 … 11

第二章 话语分析：课程改革话语体系转换研究的新范式 … 13
　一、概念界定 … 13
　二、理论基础 … 18
　三、教育话语分析的研究向度 … 31
　四、教育话语分析的研究立场 … 34
　五、教育话语分析研究过程的模式建构 … 37
　六、话语分析是教育研究的新视角 … 39

第三章 课程改革的话语层面及其冲突 … 41
　一、课程改革的话语层面论析 … 41
　二、课程改革不同话语层面的冲突及其分析 … 49

第四章 我国基础教育课程改革的话语体系转换分析 … 65
　一、课程功能的话语体系转换：由"知识"到"素养" … 65
　二、课程结构的话语体系转换：由"分科"到"综合" … 75
　三、课程内容的话语体系转换：由"书本知识"到"社会生活" … 83
　四、学习方式的话语体系转换：由"接受"到"探究" … 91

五、课程评价的话语体系转换：由"选拔"到"发展"…………………… 103

六、课程管理的话语体系转换：由"刚性"到"弹性"…………………… 109

第五章 课程改革话语体系转换的本质揭示与溯因分析…………… 117

一、课程改革的话语体系转换体现了社会变迁的现实需求……………… 117

二、课程改革的话语体系转换显示了权力之间的纠葛…………………… 131

三、课程改革的话语体系转换潜藏着意识形态的干预…………………… 141

第六章 话语多元：新语境下课程改革话语体系转换的应然诉求…… 149

一、语境与语境分析………………………………………………………… 149

二、我国当前的现实语境分析……………………………………………… 151

三、话语多元：我国课程改革话语体系转换的应然诉求………………… 158

第七章 研究结论与展望…………………………………………………… 169

一、研究结论………………………………………………………………… 169

二、研究展望………………………………………………………………… 177

参考文献……………………………………………………………………… 181

后记…………………………………………………………………………… 197

第一章 导论

知识经济时代的到来给世界各国的发展带来了竞争和挑战，经济竞争的背后是科技的竞争，科技竞争的背后是人才的竞争，人才竞争的本质在于人的素质，人的素质的决定因素则在于教育。可以说，谁有效掌握了本国的教育，谁就能在国际竞争中处于战略主动地位。在这样的形势下，世界各国都非常强调教育的基础性，重视基础教育（basic education）对人才培养的决定性作用，都将课程改革（curriculum reform）作为一项重要的社会事业进行科学规划。尤其是第二次世界大战之后，各国政府积极通过加强对课程改革的引领，探索和发展具有竞争力、创造力和吸引力的现代国民教育[1]。各国都在积极加强对基础教育课程改革的理论研究、远景规划、科学管理和有效领导，明确课程改革的价值取向与方向立场，遵循课程改革的自身逻辑，采取适当的措施和方法提高课程改革的质量。大规模的课程改革是人们对课程进行根本性变革，尤其是国家层面的课程改革往往覆盖范围广、综合程度强、改革程度深、持续时间长，它往往涉及课程的价值观念、理论基础、指导思想、政策制度、实施策略、课程评价等方面的重大变化或方向性调整，可以说课程改革的研究几乎涉及课程的每一个角落。

一直以来，我国的基础教育存在着诸多弊端，主要表现为：教学内容的知识化倾向明显，严重脱离学生实际，与学生的生活经验相差甚远，书本知识占据绝对地位；课程目标主要针对升学和考试，对学生的个性培养和全面发展不够重视，忽视了学生情感、价值观等方面的教育，课程目标缺乏完整性；课程结构过分、过早注重分科课程，各学科相互独立，学科课程所占比重较大，综合课程所占比重较小，割裂了学生对现实世界的整体认识，影响了课程品质；课程评价过于强调评价的甄别和选拔功能，忽视了诊断、导向、调节和激

---

[1] 徐辉：《课程改革论：比较与借鉴》，北京，人民教育出版社，2011：1。

励功能，缺乏对学生学习过程的关注，不利于人才培养，具有明显的功利性；等等。这就导致我国基础教育培养的人才创新能力严重不足，直接影响基础教育对我国社会发展的贡献。为此，改革传统教育模式、提高人才培养质量成为我国基础教育课程改革亟须解决的重大现实问题。

鉴于此，我国于20世纪末积极组织有关专家开展了新一轮具有里程碑意义的课程改革的筹备和实验工作。2001年，中华人民共和国成立之后的第8次基础教育课程改革正式拉开了帷幕，首先在部分省市的小学和初中阶段展开，之后陆续扩展到高中阶段。2001年6月，教育部颁布了课程改革的指导性文件——《基础教育课程改革纲要（试行）》（以下简称《纲要》），并陆续出台了基础教育各学科的课程标准。2003年秋季，重新修订了义务教育阶段课程设置方案和课程标准；2004年，新课程改革进入普遍推广阶段；到2005年秋季，中小学各阶段原则上全部启用新课程。由于本次课程改革在课程理念、教学方法、课程目标、课程评价等方面的变革都远远超过我国以往的改革，因此，本次课程改革也被称为"新课程改革"。虽然新课程改革在名称上被称作是"课程改革"，但实际上无论从政策设计层面还是实践影响层面，它都远远超越课程改革的范畴，这是近几十年来我国基础教育界少有的一次全面的、系统的、彻底的教育变革❶，规模和力度都是最大的。在新课程改革进行到第10个年头，为了加快我国从教育大国向教育强国迈进的步伐，适应全面建成小康社会、建设创新型国家的需要，尽快摆脱教育落后的现状，2010年7月，国务院颁布了《国家中长期教育改革和发展规划纲要（2010—2020年）》，对我国基础教育课程提出了更加明确的要求，对我国基础教育课程改革的未来发展提出了更高更大的挑战❷。

新课程改革经历了二十多年的理论论证和实践探索，总结并积累了大量适应我国国情、符合素质教育要求的重要经验。但新课程改革二十多年的发展历程和现状说明了一个可能令改革者沮丧的现实：与历史上其他类似的教育改革一样，新课程改革在实施过程中也出现了来自各个层面的问题，政策努力在实践中不断地被消解，原有的诸多改革规划无法在现实中得以实现。这些问题受到了教育理论研究学者、中小学校以及社会各界持续而充分的关注。此次改革历程中一直存在着迷茫与摸索、效仿与创新、修正与改进，课程改革的路

---

❶ 柯政：《理解困境：课程改革实施行为的新制度主义分析》，北京，教育科学出版社，2011：2。

❷ 徐辉：《课程改革论：比较与借鉴》，北京，人民教育出版社，2011：1。

一直是在羁绊中前行,亟须对处于十字路口的新课程改革所经历的道路进行深入、透彻的反思。为课程改革寻求出路已经成为今日课程改革探究的主题❶。在这种情况下,能否有效地针对我国课程改革中的问题或主题进行分析,对其进行科学的解释并提出合理化的建议,就成为新课程改革能否有效深入开展的关键所在。这一问题、主题或者是某一事件,恰恰是当代课程研究的新生长点,即话语(discourse)问题。课程改革是伴随着社会的发展而不断进步和演变的,其话语也在不断地变迁和进行体系转换,每个时期都有特定的话语,不同时期的"断裂处"又存在不同的话语体系(discourse system)转换。本书通过对我国课程改革话语体系转换的分析,不仅可以使大家了解话语体系转换背后的动因与机制,寻找话语体系生成、演变的根源,同时,还可以以"批判的"眼光审视新课程改革中的话语,并根据社会现状和发展预测我国课程改革话语体系的发展趋势,更好地指导我国的课程改革实践。

一、课程改革话语体系转换研究的缘由

(一)课程改革话语迷失

随着我国新课程改革的启动和深入发展,理论层面、制度层面和实践层面都出现了许多新鲜的话语,口号化、标签式的新话语充斥人们的耳膜,有的出现在改革纲要中,有的出现在课程标准中,有的出现在学术刊物中,有的出现在教科书中,还有的流行于教师的实践之中。这些话语表述往往注重语言的逻辑性和理论性,注重话语的"新鲜性"和"前沿性",忽视话语的适应性和实践性,在很大程度上难以透彻地反映我国新课程改革的本质需求,迷惑了实践者的视线,容易使人产生疑虑和困惑❷。例如,有的课堂,不管是否开发了学生智力之外的其他能力,教学目标中都声称"多元智能";无论实践过程是否强调学生的自主学习和意义建构,理论基础都称为"建构主义";有的课堂,不管是什么样的内容,也无论以什么样的形式开展教学,教学方法都称为"实验探究""探究教学";有的课堂,不管是否真正促进了学生知识学习、心理发展、思想进步,教学策略都称为"有效教学";有的教学研究,不管是实证的还是思辨的,也不管是否有自己的实践反思,研究方法都称为"田野研究""行动研究"……这些新话语的出现和运用,有时连言说者自己都无法弄

---

❶ 郝德永:《从两极到中介:课程改革的路径选择》,教育研究,2010(10):33-37。
❷ 晋银峰:《论课程改革中的话语转型》,中国教育学刊,2011(9):45-48。

清楚，有些话语甚至让专门研究课程问题的理论专家都充满困惑，更何况那些在一线长期进行教育实践的教师了。

这些话语的出现和流行一方面在一定程度上体现了教育学科和其他学科之间的交流、借鉴和碰撞，甚至可以说，这些新鲜而陌生的话语体现了我国课程改革的领导者们在推进改革过程中所做的思考和努力；另一方面却体现了课程改革话语的混乱和不知所云。虽然冠之以新鲜话语，但是内容和观点却毫无新意，甚至连最基本的意义都表述不清。缺乏公众基础，使这些新话语因缺乏现实支持而失去存在的根基。这种话语繁荣的背后，体现了我国课程改革过程中话语主体理论知识掌握的不足、学术追求的肤浅和教育研究的哗众取宠，也体现了在社会转型的背景下，话语主体所感受到的转型期文化多元和价值失范所带来的不安和困惑——新课程改革话语迷失在价值、理想和现实的混杂之中。

（二）课程改革话语冲突

课程改革是一项非常庞杂的系统工程，不仅是一种理论和实践形式上的变革，还表现为制度上的变迁或创新，涉及各个层面的问题和内容。从课程改革的主体构成上看，主要包括国家或政府教育管理部门、学校、教育管理者、教师、家长、学生、社会市民等不同层面，成员复杂，各个利益主体都会对课程改革持有不同的价值标准和要求，对教育资源的分配具有自己的话语主张，如果利益分配无法满足各方的需求，就会表现出各个层面话语之间的矛盾和斗争，课程改革话语冲突产生的主要原因也在于此。

课程改革话语冲突的内容错综复杂，包括不同学科地位、课程知识与权力、教育资源分配等；冲突的方式亦多种多样，有激烈显著的，有温和潜在的，也有默默无闻、自行消失的；冲突的种类也林林总总，有内部冲突，也有外部冲突，也可能兼而有之。这些话语冲突往往表现为理论观点之间的争论、理论与实践不一致的冲突，也存在东西方话语之间的文化冲突，意识形态（ideology）与学术之间的博弈等。例如，课程改革的"软着陆"与"运动式"之间的冲突、"轻视知识的思潮"与"发霉的奶酪"之间的冲突、"基础知识"与"探究能力"之间的冲突等。表面上看，这些冲突只是语言上的不和谐或是观点上的不一致，体现为不同话语体系之间的矛盾和争斗，但从冲突的本质上看则存在着深层的动因。唯有透彻地对这些话语冲突进行分析，才有可能全面梳理课程改革的思路，在实践中进行有效的调整和修正，促进课程改革话语以相对和谐的方式引领课程改革的发展，提高课程改革的有效性。

（三）课程改革研究视角匮乏

我国以往的课程改革研究主要围绕四个方面的内容进行，即课程改革的基本理念、指导思想、理论基础和实施方式[1]。从教育科学研究方法的角度看，以往的针对课程改革的研究大抵可以归纳为质化研究方法、量化研究方法、文献研究方法和思辨研究方法四大基本类别[2]。一般来说，每种研究方法都有其适用范围和条件。质化研究方法强调对教育研究对象的意义进行"解释性理解"，主张在自然条件下进行教育研究，研究人员与研究对象之间是平等、互动的关系[3]，但质化研究缺乏数据支撑，理论臆测成分较大。与之相对应的量化研究注重数据及其分析的重要性，强调通过对调查、测量等收集到的数据进行分析，从而获得研究结论和规律，因此具有客观性、准确性、广泛性、深刻性、普及性和现实性的特点[4]。量化研究过分注重所谓的"客观"数据，殊不知这些数据是很难做到彻底的客观准确的。同样，其他的研究方法也都存在着不同的优点和局限性。这些研究方法本无可厚非，也在一定程度上有效地促进了我国课程改革的研究。

长期以来，我国课程改革的研究忽视了话语及其体系转换问题。课程改革具有承继性、长期性、博弈性和伦理性等特点，是一个多方利益主体并存、多重因素相互影响的过程。课程改革也不可避免地是一个需要理论诉求和实践表达的复杂过程，课程改革政策的制定、宣传、执行、评价等过程都需要借助一定的语言来表达、交流和阐释[5]，这种诉求和表达都需要通过话语来实现，语言的价值在于它以其抽象性和概括性承载着共识性的意义[6]。如何准确地言说课程行动？怎样精深而又通俗地言说教育思想？课程新话语的出现有着怎样的文化动力与社会根源？对这些问题的探讨和思考除了运用传统的研究方法外，还需要以话语体系转换和话语分析（discourse analysis）为研究方法，从而为复杂的课程改革提供更多的借鉴。

---

[1] 纪德奎：《新课改十年：争鸣与反思——兼论新课改如何新鞋走出老路》，课程·教材·教法，2011（3）：18-24。
[2] 刘永芳：《教育科学研究方法中的量化研究》，现代教育科学，2010（3）：81-83，109。
[3] 向丽：《质的研究方法在高职课程研究中的运用》，职业技术教育（理论版），2007（4）：47-50。
[4] 佟庆伟：《论量化研究方法在教育科研中的应用》，教育探索，2004（11）：24-25。
[5] 张伟荣：《我们需要怎样的教育——中国基础教育改革概论》，北京，教育科学出版社，2012：55。
[6] 同[5]。

（四）相关研究的理论支撑

本书之所以选择以话语体系转换为视角，运用话语分析的方法，得益于话语相关研究的进展给予本书充分的理论支撑。自 20 世纪中叶话语分析问世以来，话语及话语分析的研究方法被广泛运用到社会科学研究领域的大量研究中，受到广大社会科学研究人员的重视，形成了基本的研究方法论和研究框架。话语分析与语言学有着十分密切的联系，其理论框架和研究方法受到了语用学（pragmatics）、结构主义语言学（structuralist linguistics）、应用语言学（applied linguistics）、社会语言学（socio linguistics）、批判语言学（critical linguistics）等语言学分支的影响。同时，话语分析还广泛汲取了哲学、社会学、人类学、心理学、认知科学等众多学科中有利于自身发展的理论和方法，尤其是计算机语言的处理理论和方法，这些都对话语分析产生了积极的影响。随着福柯（Michel Foucaul）、巴赫金（Bakhtin）、伯恩斯坦（Basil Bernstein）、费尔克拉夫（Norman Fairclough）等学者对话语分析的进一步研究，话语分析已经形成了明确的价值取向和完整的理论框架，也从最初非批判的方法提升到批判的方法论层次，从单纯语言及其意义的研究扩展到话语与权力、话语与社会、话语与意识形态等有关研究中，形成了较为成熟的研究思路。话语分析作为一门交叉学科[1]，已经具备了重要的方法论意义，对社会科学不同领域产生了深远的影响，这些都为本书命题开展有效研究提供了充分的基础理论支撑。以话语体系转换为向度的话语理论进入课程改革领域，开启了新的研究视角，开拓出崭新的研究空间，为课程研究领域注入了新的研究活力，为反思和审视课程改革历程填补了许多空白。

二、选题意义与价值

（一）有助于消解课程理论与课程实践之间的裂痕

教育理论工作者与教育实践工作者生活在不同的场域之中，关注教育问题的视角不同，加之教育理论与教育实践的逻辑、价值取向各异，很容易出现教育理论脱离教育实践的现象，也容易出现教育实践脱离教育理论的问题[2]。话语建构在众多相关理论基础之上，自身具有一定的理论属性，可以用来表述

---

[1] 朱永生：《话语分析五十年：回顾与展望》，外国语，2003（3）：43-50。
[2] 李润洲：《实践逻辑：审视教育理论与实践关系的新视角》，教育研究，2006（5）：15-18, 29。

课程改革的理论问题；同时，课程改革话语本身也与实践密切相关，话语体系研究的最终目的也指向教育实践。因此，话语体系转换研究为课程的理论研究和实践探索之间架起了沟通的桥梁，有助于消解课程理论与课程实践之间的裂痕，加强课程话语体系与社会、文化、权力之间的联系，使课程改革研究成为一种以话语、话语体系为媒介的实践过程，将课程改革的研究视为一种话语实践（discourse practice）之构成、反思、审议课程与社会现象或问题的探究过程❶，促进教育理论与实践的内在一致与融合。

（二）有助于构建话语体系转换的机制

从历时性角度看，课程改革话语始终存在着变异、变化和斗争，并导致话语体系的生成与转换，体现出各种实践之间的变化。话语体系转换不是一个自然发生的过程，不同社会要素都对其有不同程度的影响。以教学大纲时期（中华人民共和国成立到2001年新课程改革之前）与新课程改革时期的话语体系转换为线索，分析在不同阶段、不同形势、不同任务下课程改革话语体系的主题及其生成、嬗变的动力场，探析其生成、传播、发展、演变背后的深层动因，可以有效地分析课程改革话语体系转换的机制与原理。课程改革话语体系转换存在多重变量，意识形态、政治需求、经济发展、科技进步、本土文化、外国教育思想传入等都是影响我国基础教育课程改革话语体系嬗变的重要因素。通过研究这些变量对课程改革话语所产生的作用方式，分析其背后支配着言语行为的话语系统以及相关的话语构成规则和机制，有利于完成话语体系转换机制的理论构建。

（三）有助于预测课程改革话语体系发展趋势

社会的政治、经济、文化、科技等都会随着时代的发展而出现新的趋势和特点，社会结构也在发生着变化，这些新的社会语境（social context）都对人才培养和课程建设提出了新的需求和挑战。课程改革作为人才培养的重要形式和手段，必将出现新的、符合社会语境的话语体系和话语实践。适应我国国情的课程话语体系的形成与发展不可能在旦夕之间从外部"搬迁"过来，只能在中国本土语境里自主生成，否则就可能出现"水土不服"的情况。根据课程改革话语体系转换的溯源分析及新时期、新任务、新形势下的社会发展特点，分析我国课程改革发展的主题与方向，可以预测课程改革话语体系发展的趋势，理性指导我国的课程改革向符合社会发展规律的方向发展，为我国基础教

---

❶ 伍雪辉：《课程话语透析》，武汉，华中师范大学，2006：8。

育课程建设、教科书编订、课程实践等方面提供理论参考和实践指导，为课程改革规划和调控奠定基础。

（四）有助于促进新课程改革话语转型

课程改革在实施环节中出现了诸多问题，很多教师将"对话"变成了"问答"，将"实验"等同于"探究"，导致教学目标过于虚化、教学内容过于泛化，教学活动有余而体验不足，有合作形式而无合作实质，有探究之程序却无探究之内涵。这种状况的出现表明一线教师没能彻底领悟课程改革的精神实质和内涵，仅是简单地将课程标准和教科书中的话语当作"圣经"来解读和运用，在纷繁复杂的话语系统中机械地罗列和运用自己对课程改革话语的理解，无法把握课程改革的核心价值。只有对这些课程改革中的话语有着超越字面意义的深层理解，才能在实践中灵活运用，促进新课程改革的顺利实施。因此，通过简单明了的标志性话语引领课程改革成为教育理论研究人员所面对的当务之急。国外教育实践表明，历史上规模广泛、成效显著的教育改革都有着简洁、清晰的引领性话语，在改变传统课程话语的同时也成为新课程改革的标志性口号，它们会深入改革的价值内涵，同时也引领着新的改革。对课程改革话语体系转换的分析，有利于找寻并建立统领课程改革全局的标志性话语，引领课程改革的话语转型，促使社会、学校、教师和学生认同并接受，以推行新的教育改革思想❶。

（五）有助于深化课程改革研究

我国的新课程改革取得了一定的成绩，同时也凸显出一系列问题。2010年，在新课程改革走过10个年头之后，在对新课程改革充分调研与分析的基础上，教育部出台了《关于深化基础教育课程改革，进一步推进素质教育的意见》，进一步明确了深化基础教育课程改革的主要任务，认为基础教育课程改革仍然面临严峻挑战，进一步深化课程改革意义重大，提出了"进一步完善基础教育课程体系""全面落实基础教育课程方案""大力推进教学改革""健全和完善考试评价制度""全面提升教师队伍实施新课程的能力"等七大任务。这表明政府和教育管理部门正在积极利用新的政策引导、矫正课程改革中不科学、不合理的部分。以话语体系转换研究为中介、以话语分析为方法论进行课程改革研究，以话语为视角分析课程改革中的问题，以批判的方式透析课程改革的症结，并提出合理化方案，有利于我国课程改革深化、有序地发展。

---

❶ 晋银峰：《论课程改革中的话语转型》，中国教育学刊，2011（9）：45-48。

三、研究思路

本书研究内容主要针对我国基础教育课程改革过程中话语体系及其转换，其基本思路是：以话语分析为方法论，以新课程标准时期与教学大纲时期话语体系的转换分析为主题，研究过程基于并最终指向教育实践。具体研究过程为：首先建立话语分析的研究方法论框架，梳理我国新课程标准时期与教学大纲时期课程改革的话语体系转换，并进一步分析话语体系转换的机制和根源，挖掘我国课程改革话语体系生成与演变的深层原因，并结合我国教育实践和社会语境，预测我国基础教育课程改革话语体系的发展趋势，为我国课程决策和课程发展提供理论支撑和实践指导。

本书的思路如图1-1所示。

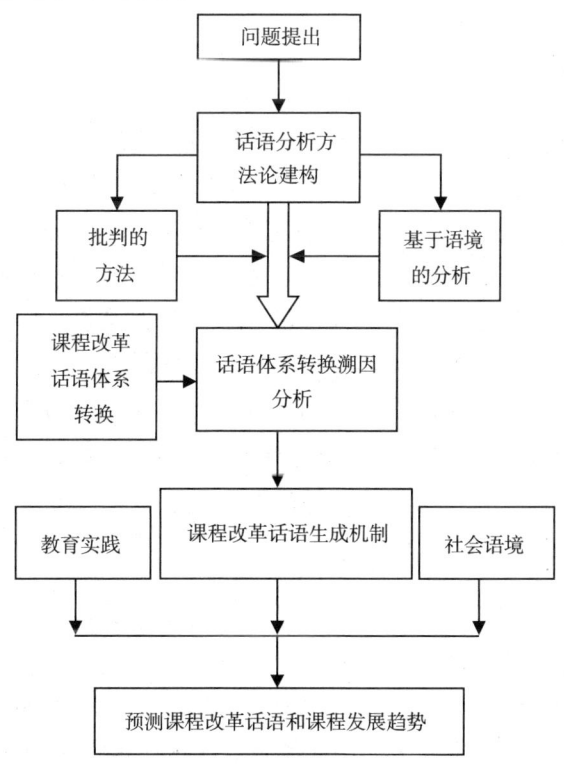

图1-1 研究思路示意图

四、研究方法

（一）文献研究法

搜集国内外有关话语、话语体系、话语体系转换、课程改革话语、话语分析等研究的著作、杂志和文献，以建立本书所依赖的研究方法；搜集我国基础教育课程改革的有关政策、文件、教学大纲、课程标准、教科书、教育史、课程史的文献，以及大量的报刊中关于课程改革的研究论文、实践案例等材料，全面把握我国基础教育课程改革过程的史实和数据，力求文献的搜集、引用和分析全面客观。在搜集文献的同时，对相关文献资料做重点阅读、整理、分析，条分缕析，归纳提炼，使不同的文献相互补充，以支持本书的主要观点。

（二）案例研究法

案例研究法是指通过对典型案例进行细致、系统地分析与研究，总结出内在规律的一种教育研究方法。由于我国的基础教育课程改革经历了复杂的过程，故我们无法对我国课程改革的话语体系转换问题开展全面分析，本书将选定具有代表性的课程改革话语体系转换进行研究，包括课程功能、课程结构、课程内容、学习方式、课程评价、课程管理以及科学素养（scientific literacy）、科学探究（science inquiry）、三级课程管理等话语体系的转换与语境分析（context analysis），以点带面，作为本书立论和分析的典型案例，从典型话语体系转换的分析中找到诠释课程改革话语生成与演变的结论和依据，探求课程改革话语体系转换的特点与规律。

（三）话语分析法

在国内外近些年的研究中，话语分析法作为研究方法论已经成为社会学研究的重要方法之一，同时，也被广大的教育研究人员关注和运用。本书将首先建立教育研究的一种新的研究范式（paradigm），即教育话语分析，并将之应用于课程改革话语体系转换的研究中，分析新课程改革前后话语体系及其转换。本书所采用的是一种批判的话语分析（critical discourse analysis）方法，主要研究过程包括话语主题选取、语境分析、溯因分析等，深入剖析课程改革的话语体系转换问题。话语分析法所研究的内容是十分广泛的，本书所选取的材料主要针对的是基础教育课程改革，包括理论方面和实践方面的分析与思考。

五、创新及不足

（一）创新之处

1. 研究视角的创新

课程改革在某种程度上就是一种课程制度、课程理论与课程实践话语体系的转换。以往的研究人员在研究课程话语时，往往从话语语篇、话语语用、话语与语言等非批判的维度分析课程改革中的问题，忽略了课程改革过程中话语体系转换及其溯源分析。本书从话语体系转换的视角分析课程改革，研究新课程改革前后话语体系的特点与转换，并在此基础上对话语体系转换进行溯源分析，不仅有利于厘清课程改革话语体系生成与转换的根源和机制，还可以从社会发展的角度预测课程改革新话语体系的演变趋势，是课程改革研究的新视角。

2. 研究方法的创新

研究方法的创新是指在学术研究过程中发现新现象、新事物，或者提出新理论、新观点的工具和手段，旨在揭示事物的内在规律，是人们在研究过程中不断总结、提炼出来的。行之有效的研究方法对于学术研究成果的取得有至关重要的作用。

本书提出并运用了"教育话语分析"的研究方法，它是一种新的教育研究范式。这种研究范式通过对话语的分析和思考来研究课程改革中的问题，不仅仅是研究方式的转变，亦是研究思路的转变——它强调走出宏大叙事的羁绊，更多地去关注个体，探究话语表面下更为深层的根源，是一种批判的话语分析方法。本书所提倡的话语分析具有明确的价值取向性，也具有一定的研究过程和基本程序，具有很强的可操作性。

3. 学术观点的创新

本书认为新课程改革前后，课程话语体系发生了显著变化，主要包括课程功能、课程结构、课程内容、学习方式、课程管理、课程评价等方面话语体系的转换，通过批判话语分析的研究方法可以发现这些转换存在着社会、权力、意识形态、文化等方面的根源。同时，基础教育课程改革话语体系的转换存在特殊的语境之中，通过语境分析可以预测课程改革话语体系的发展趋势，为课程改革和发展提供借鉴。

（二）不足之处

1. 没有系统研究国外的课程改革话语体系问题

每一套话语体系都有其生成、演变、发展的历史或现实语境，不同的话语分析都要基于不同的语境特点，不同的语境对每一个课程改革话语的分析过程都是非常重要的。由于笔者精力有限，加之国外的课程改革相关背景、社会背景等资料搜集起来难度较大，因此，针对国外课程改革话语体系转换的分析不是本书关注的主要内容，本书没有对国外的课程改革话语情况开展系统深入的研究，只是重点分析和研究我国社会语境下的课程改革话语体系及其转换问题。文中涉及一些国外课程改革的话语问题，但很少，所用到的主要案例都是基于我国课程改革的历史和现实状况的。

2. 对课程改革话语体系转换的溯源分析挖掘不够深入和系统

从话语分析的视角看，课程改革话语体系转换主要涉及三个方面的原因：社会、权力和意识形态。由于笔者时间和精力的限制，本书虽然对课程改革话语体系转换进行了溯因分析，但对其探讨很难做到全面而彻底，也不可能系统地研究我国课程改革话语体系的历史变迁，只是侧重研究了新课程改革前后课程改革的话语体系转换。同时，社会的不同因素对课程改革话语体系具有不同的影响，包括政治、经济、文化、科技等方面，由于它们对话语体系转换的影响往往具有交叉性，因此，本书没有单独、系统地研究这些变量与我国课程改革话语体系之间的关联，对这些侧面的探讨主要穿插在话语实践的解释之中。对话语体系转换的权力分析也只是局限于课程管理方面，对课堂教学、文本中的权力涉及较少。

3. 所选案例多以理科为主

本书在构思和实际写作过程中多以理科文本为案例和研究对象来说明或论证观点，这不仅是由于笔者具有较长时间的理科学习背景，对理科课程改革比较熟悉，与笔者一直在物理学院从事物理课程与教学论的教学与研究有关，还由于理科课程改革话语体系往往更容易受到社会科技、经济等因素的影响，这种影响往往导致新的课程改革话语在较大程度上、较广范围内发生嬗变，与原有课程话语之间形成断裂和不连续的状态，因此，也更便于开展话语研究，这也是选择理科案例作为话语分析切入点的主要缘由。

第二章 话语分析：课程改革话语体系转换研究的新范式

一、概念界定

(一) 话语、课程话语

话语的概念起源于现代语言学（modern linguistics）领域。现代语言学是与传统语言学相对应的，索绪尔（Ferdinand de Saussure）是现代语言学的奠基人。索绪尔的语言学研究成为传统语言学与现代语言学研究的分水岭：索绪尔之前为传统语言学，之后则为现代语言学。传统语言学视语言为一种符号系统，是从全体社会成员的交际、交流中概括出来的，包括语言、词汇和语法等要素，这一系统是人类社会发展过程中必须具备的、用于交流的相对稳定的符号规范。与传统语言学相对应的现代语言学的目的在于揭示人类语言的深层结构，对语言和语言交际做出客观、科学的描述。索绪尔认为话语是人类言语活动中由物质表现的那个部分。自索绪尔语言学理论建立之后，语言、话语成为哲学和社会科学谈论的重要内容。尤其在后现代思想家的论述中，话语成为知识、权力、社会研究的重要研究工具。20世纪50年代后，"语言学转向"促使哲学面向语言学开展研究，话语作为现代语言学中的一个重要概念成为话语语言学的主要研究对象，话语的研究超越了传统语言学的研究范畴，被广大社会科学研究人员所重视。20世纪80年代后，话语作为语言学转向的重要衍生物被广泛应用到哲学、社会学、社会语言学、文化学、教育学、传播学等众多研究领域。尤其是随着一些著名的结构主义、后结构主义思想家对话语概念的精细研究，话语已经成为现代和后现代视野中研究社会问题的重要工具。

"话语"的英文表述是"discourse"，它是由"dis"（分离、穿越）和词根"course"（线路）两部分组成，是指对事物进行演绎、推理和叙说的过程。《牛津辞典》对话语的定义是：通过言语进行的思想交流。在《现代西方英语词典》里，"discourse"一般作为"说话""讲演""论述"等来理解。在我国大陆地区，"discourse"一词通常被译为话语，在我国香港和台湾地区，通常被译为"论述""述说""叙述"等❶。一般认为，话语是说话者在某个具体语境中表达个人意见、思想、意图的词语或句子等，但同时话语的含义已经超出了语用意义的范畴，话语往往还意味着一个系统的、规律的言说方式，意味着一种规则、权力和意识形态，这些主要通过"语汇"和"语法"等外在形式表现出来。因此，话语的内涵和外延已经远远超越了词典里的解释。话语在使用过程中可以实现跨国际运用，而且方法存在明显不同，对话语意义的界定也就出现了分歧，因此，对话语的概念进行明确的界定也就成为一个非常困难的问题。福柯、巴赫金、费尔克拉夫、哈贝马斯（Jürgen Habermas）等都对话语进行过深入研究，虽然他们界定的话语所指涉的具体含义不尽相同，但他们对话语的认识和理解都超越了传统语言学的意义和范畴。威尔斯和沃达克（Weiss & Wodak）指出，"话语"这个名词对于不同的研究人员、不同的学术文化有不同的用法——在德国和中欧的研究中，以文本语言学来代表修辞学；在讲英语的世界中，以话语来代表写的（written）文本或口头的（oral）文本。冯·戴伊克（Van Dijk）也认为话语是难以被定义的，但他认为我们可以用话语指涉抽象的意义表达形式。其他研究者也对话语问题有不同的理解：雷美克（Lemke）将文本定义成"知识抽象形式"（即话语）的具体实现，而沃达克的"话语—历史"取向、冯·戴伊克的社会认知理论则视话语为知识和记忆的形式，视文本为具体说的语言或写的文件。费尔克拉夫亦将文本视为使用中说和写的语言（language use in speech and writing），同时认为话语不只是产品，它比文本具备更多的信息，它包括了所有社会互动的过程，而文本只是其中的一部分。

一般来说，话语是特定社会语境中人与人之间通过文本展开沟通的言语行为，包括说话人、受话人、文本、沟通、语境等要素。语言符号本身是一系列纯粹的符号，此时它仅具有表征意义，语言符号性质的改变发生在这些符号被产生出来和运作之后，这些符号也就变成了使用者的社会资源和手段❷。话语与语言、言语不同，我们可以把话语看成"人们所说或所写的话的总称，有关要说什么和不要说什么的一个系统的包容和排除的过程"❸。话语是符号群，

---

❶ 张宽：《Discourse（话语）》，读书，1995（4）：132-134。
❷ 高宣扬：《当代社会理论（上）》，北京，中国人民大学出版社，2005：285。
❸ 孙可平：《理科教育展望》，上海，华东师范大学出版社，2002：56。

同时也是一种实践，构成了人们正在谈论的对象，蕴含着言说者对世界的观察和思考，话语含有比指向事物符号更多的东西❶。话语承载着价值、权力和话语背后的那些看不见的东西，所以，研究话语不应只是简单地去分析用语或陈述，而应将其应用于制度、学科和知识方面的研究，发现支持的机制、话语的结构与规则，探究话语得以被言说、被实践的规则，以描述出"客体—话语"之间的关系。因此，话语不是一种单纯的符号规范，它代表的不仅仅是表面意义，伴往往还有意义、价值、观念以及思想的语言和语言运用，话语的潜在逻辑往往隐匿在人们的意识之下，体现在特定的社会语境之中——话语远远超越了语义学和语用学的意义和范畴。巴赫金也指出，话语是说话者独特的思想意识和价值、立场，"语言的真正生命力不在于语言体系，而在于话语，而话语属于人"❷。费尔克拉夫采用"话语"一词的目的是将语言的使用视为社会实践的一个形式而不只是个体的行动或情境变量的反映，话语是一种表现的模式，同时也是一种行动的模式，且话语与社会实践之间具有一种辩证的关系：后者是前者的条件也是结构；作为实践的话语不只描述了这个世界，还以符号来表示、组成与建构这个世界。因此，话语不单纯反映社会，它直接参与社会事务和社会关系的构成——话语并不像以往语言学家宣称的那样是一种客观透明的传播媒介，而是一种社会实践。有的批判语言学者也指出，"话语"这个词所涉及的不只是语言学常见的意识形态与权力的关系，还明确地包含连接文本分配、传播和消费的社会实践。由此可见，虽然在不同的研究者那里"话语"一词所代表的意义不尽相同，但话语绝非简单的语言学问题，它超越了语言学研究领域，已经成为众多研究人员的共识：话语的形成受到话语内在的规则以及它与其他话语之间的关系的影响，更受到社会经济、政治、文化、历史等因素的影响和制约，话语与社会、历史之间存在着复杂的关联和互动。

综上所述，话语已经不是一般化的、单纯的语言和文本，而是一种社会文化现象，具有历史、社会、权力、意识形态的多重属性，是同说话者及其所处的社会环境和文化语境密切相关的一种事物、一种力量，一种包含权力、意向和关系的网络及其未来取向的综合体❸，是融陈述、术语、范畴和信仰于一

---

❶ 郑乐平：《超越现代主义和后现代主义——论新的社会理论空间之建构》，上海，上海教育出版社，2003：62-63。

❷ [苏]巴赫金：《巴赫金全集》（第四卷），白春仁，等译，石家庄，河北教育出版社，1998：108。

❸ 高宣扬：《当代社会理论》，北京，中国人民大学出版社，2005：283。

体的综合结构❶。称某种特殊的思维和行为方式为话语，表明在某个群体中进行了或隐或明的相互约定，并通过一些关键词语和行为方式而得以确立❷。

课程话语建构在话语的意义之上，是指针对课程研究领域中的特定主题开展的言谈，并根据相关规则推论性地形成课程的意义❸，是课程理论与实践研究人员、课程管理者、教师、学生以及相关人员用来表达课程问题的语言方式、语句方式、核心概念或观念，是在课程领域形成的一套专业术语。课程话语具有相对的稳定性、广泛的认可度和影响力以及可理解性。课程话语一旦形成，便在特定时期内具有一定的影响力，是表达课程核心问题的思维方式，乃至课程的价值观念❹。一般来说，课程话语的范畴涵盖了课程的所有领域，包括课程发展纲要、课程标准（教学大纲）、课程理念、课程结构、课程内容、课程实施、课程评价、课程管理等各方面的话语，而课程改革主要也发生在以上几个方面，因此，课程改革话语包含在课程话语之中，是课程话语的一部分，具有与课程话语相一致的属性。大规模的课程改革往往引起课程理念等方面的大规模变革，导致这些方面的话语发生明显的嬗变，课程话语的内涵也随之发生改变。

（二）话语体系

人类社会先有话语，然后才有话语体系，话语体系是在话语的基础上构建而成的。一般来说，体系包含若干相互联系、相互影响又彼此相对独立的要素❺，由这些要素相互关联而构成，体系具有一定的系统性、独特性和价值取向性。话语体系作为一种或一组符号术语、范畴或基本概念，是按照一定规则由一个内部各类具体实践语言符号系统相互关联、相互作用而形成的，往往表现为各自相互关联的概念、判断和推理所构成的有机整体。在话语体系中，概念、判断、推理是话语的基本构成要素，话语的中心思想是话语体系的内核，各基本要素都是围绕这一内核展开的，各要素围绕着内核或核心凝聚在一

---

❶ 郑乐平：《超越现代主义和后现代主义——论新的社会理论空间之建构》，上海，上海教育出版社，2003：63。

❷ [加]大卫·杰弗里·史密斯：《全球化与后现代教育学》，郭洋生译，北京，教育科学出版社，2000：190。

❸ WILLIAM P. *Contemporary Curriculum Discourse: Twenty Years of JCT*, New York: Peter Langublishing Inc, 1999.

❹ 伍雪辉：《课程话语透析》，武汉，华中师范大学，2006：8。

❺ 陈锡喜：《马克思主义：意识形态和话语体系》，上海，华东师范大学出版社，2011：40。

起❶。话语体系不仅体现话语内容的核心价值,而且包含着丰富的内在逻辑关联,能够诠释、建构事物本身及其关联社会关系的有机语言结构整体❷。话语体系为了引导人们确定行为的价值体系和行为准则,实现信息和意义的共享,往往需要通过一系列语言符号进行有效的传播,从而形成不同学科的话语体系,但这绝不是简单地通过陈述或教条式的传播而实现的。为了真正发挥某一学科话语体系的载体作用,实现话语体系的主体思想及内涵的展现,需要根据话语环境、接受者的心理与接受能力等定位话语体系的表达方式。不同的学科运用不同的话语来描述,就需要不同的话语体系进行诠释和建构学科框架,表现为话语体系内在的规律性和内在话语表达机制的一种普遍适应性和复杂性。

话语体系特征主要包括系统性、开放性和历史继承性。一般来说,话语体系是由一系列系统化、条理化、规范化的话语组成的,话语体系具有核心的话语主题,与之相关的话语都是围绕这一话语主题展开的,话语主体结合自身的立场、观点和方法将话语加以提炼、筛选、整合,最终形成了话语体系。话语体系一旦形成就会具有稳定性、规范性、逻辑性和思辨性,核心主题清晰,较单个话语更加具有说服力和凝聚力。话语往往停留在感性的层次,而话语体系更加侧重表达知性和理性的内容,因而,话语体系比一般话语更加深刻、系统。话语体系的开放性是指一套话语体系一旦形成,它就会展示出一种开放的姿态,随着时间的推移和话语本身的变化而不断发展,话语体系的调整首先从概念、判断等基本要素入手,对原有话语进行调整、摒除、扩展。话语体系的发展往往是通过对核心概念的调整进行的,一些使用频率较高的词或词组逐渐地成为话语体系的核心概念,而核心概念的发展变化又是话语体系发展的标志❸。人类社会的话语是随着人类实践的发展和社会生活的变迁而不断变化的,因此,话语体系不断地将新的话语吸纳到原有的话语体系之内,并根据现实的变化不断加以调整,否则它必将失去生命力和解释力。话语体系也具有历史继承性。组成每一套话语体系的概念、判断和推理都是话语体系的基本要素,而其中心思想都体现了话语体系的灵魂,它们是形式和内容的关系。这些都不会毫无根基地生长出来,它们需要通过一定的方式和途径加以传播和继承。话语体系在自己的演进过程中,也在不断地将新的内涵赋予话语体系的基本要素,并在实际、交流、融合的过程中不断创造新的概念,形成新的判断,从而不断

---

❶ 陈锡喜:《马克思主义:意识形态和话语体系》,上海,华东师范大学出版社,2011:40。
❷ 张国飞:《思想政治教育话语体系创新研究》,西安,陕西师范大学,2012:10-11。
❸ 陈锡喜:《马克思主义:意识形态和话语体系》,上海,华东师范大学出版社,2011:43。

丰富和发展话语体系本身。人类社会也正是在继承和传播话语体系的进程中不断地提高自身的知识、技术和能力❶。

二、理论基础

（一）福柯的话语理论

1. 福柯话语理论概述

法国著名的哲学家米歇尔·福柯是批判话语分析学派的典型代表，批判话语分析的研究思路很大程度上得益于他的影响。福柯借鉴了以布朗肖（Maurice Blanchot）为代表的话语分析方法，在吸收布朗肖的"语言—权力"理论的基础上形成了自己的"话语—权力"分析路径，他的研究方法被话语分析的研究人员广泛地运用在社会科学研究中。福柯思想中对话语的定义与使用与一般语言学者使用的方式不同，福柯讨论语言问题不是分析语言的结构和规则，也不是分析语言作为概念、判断同其所指物之间的关系，而是揭示语言是如何构造事物之间的关系的——他将话语历史性地定位于"真实"的社会实践（social practice）之中，将话语放到更复杂的社会关系网络中进行功能"透视"。通过对话语的透视研究，福柯认为话语背后隐藏着意识形态和权力的运作，这也成为福柯话语分析的重点，因此，福柯的话语分析具有典型的批判意味，对批判话语分析的发展起到了至关重要的奠基作用。福柯把话语当成西方整个社会文化制度的核心，认为任何事物都不可能脱离话语而存在，社会文化制度之所以能有效地维持及运作，主要是以某些话语的形成及运作为基础的。同时，福柯认为话语是经济学、语言学等人文科学的知识体系，话语与知识是密不可分的，人类的一切知识都是通过话语获得的。而且话语不是孤立的、静止的，它存在于立体的社会文化语境中，要想充分理解话语的含义，就不能只考虑话语字面的意义或目的。即使我们可以使用相同的名词来指示某些话语，其所指谓的对象或内容也可能存在很大不同，彼此之间也可能没有直接的连续性而是呈现断裂性，但有时它们的改变也可能是重叠或相交的。因此，福柯认为，话语是一个多元综合的实践概念。

福柯通过"知识考古学"（archaeology of knowledge）的研究对传统意义的话语理论产生了疑问，他认为话语不是纯粹的语言形式，也不应是一个单纯的语言学概念，话语超越了传统语言学（traditional linguistics）研究的范

---

❶ 陈锡喜：《马克思主义：意识形态和话语体系》，上海，华东师范大学出版社，2011：43。

畴——话语指涉的不是语言或社会互动,而是指具有相对互绑性质的社会知识。福柯认为他的考古学并不确切地指一门学科,考古学的目的是重构和考察知识,这些知识是认识、理论、制度和实践之深层的可能性条件❶。在福柯的作品中并不是全部使用话语,而是使用"知识型"(episteme)。知识型是福柯经典作品《词与物》的关键词,用来确立话语的空间关系,是词与物借以被组织起来的知识空间,是一组制约着话语模式及其空间关系的隐性历史规则,是在某个时期存在于不同科学领域之间的所有关系❷。福柯所谓的知识型既包括社会政治制度、思想文化观念等宏观层面的内容,也包括话语内部复杂的结构和秩序,甚至还包括人们的日常生活习惯等。福柯认为知识型"是'词'与'物'借以被组织起来并能决定'词'如何存在和'物'为何物的知识空间"❸,知识型决定着不同时期的语言、观念和思维模式❹。因此,福柯认为"知识型就是西方文化特定时期的思想框架……是一种先天必然的无意识的思想范型"❺。

在福柯的话语理论中,话语与社会、话语与权力、知识与权力、话语的互文性等都是其关注的重点。福柯认为话语和社会结构之间存在着辩证关系,话语生成于社会并受制于社会结构,反映了更深层次的社会现实,话语的最终根源是社会实践;同时,话语也会对社会产生积极的建构意义,有助于社会身份、社会关系、知识与信仰体系的重构,话语能引起社会变革,是社会的来源。福柯还认为话语与权力之间存在着不可忽视的关系,真理不是在权力之外或者可以在没有权力的状况下运作,它会诱导出权力规则化的效果。权力运作使得某些话语成为社会所接受的真理,一旦话语的形式被接受,它就会起到真理一样的功能,使权力、话语、知识、真理紧密纠结在一起。福柯认为这种话语真理约制了我们的说话,并且它又回过头去生产更大的力量,这就是话语所发挥的一种约制的权力。虽然福柯从未直接提及互文性,但互文性在他的话语理论中却比比皆是,尤其在福柯早期的考古学作品中都涉及了互文性和互为话语性(interdiscursivity)的概念,认为任何话语实践都是由它与其他话语的关

---

❶ [法]米歇尔·福柯:《词与物:人文科学考古学》,莫伟民译,上海,上海三联书店,2001:译者引语第2页。

❷ [法]米歇尔·福柯:《词与物:人文科学考古学》,莫伟民译,上海,上海三联书店,2001:译者引语第4页。

❸ 同❷。

❹ 陶徽希:《福柯"话语"概念之解码》,安徽大学学报(哲学社会科学版),2009(2):44-48。

❺ 同❷。

系来界定的,并以复杂的方式利用其他话语。他利用互文性的概念揭示了文本（text）与社会环境的深层互动关系；同时,他认为分配环节的互文性涉及不同话语类型之间的转换,往往体现着隐性的权力关系。

也正是因为福柯对话语概念的拓展和研究,才使话语超越了语言学的概念和意义成为人文学科重要的研究内容,在福柯那里,话语具有本体论的意义。

2. 福柯的知识考古学与系谱学

福柯在其经典著作《知识考古学》中提出了由文本、话语实践和社会实践三个维度构成的批判话语分析框架,并从社会、历史的角度对话语分析进行了研究,认为话语"构成了社会实体以及事物之间的关系"❶。《知识考古学》既是福柯前期考古学理论的归纳和总结,也是他开始转向系谱学方法的导言性论著❷。福柯的考古学研究并非去探寻实物的遗迹,他的考古学的研究对象是知识和话语。福柯只是借用"考古学"这个词语来表达对过去之事加以考察的考古之意,这也是福柯话语研究的方法论。福柯的考古学是一种非超验的考古学,是一种完全不同于传统的形而上学的超验方法。他通过在断裂的、离散的、非连续性的地方考察话语以及突然的再分配,再现历史的真相,这些都是话语历史的特征❸。因此,福柯的考古学乐意承认和研究变化、断裂、非连续性。正如他自己强调的,考古学所寻求的不是一切知识或一切可能的道德行为的普遍结构和形式,而是解构那些促使我们进行思想、说话及各种行为的话语,通过不断地追问、反复地探究来考察一定历史语境中的话语实践,展示历史知识领域中发生的变化,并把这些话语当作历史事件来处理。福柯对于知识考古学的研究最初集中在知识史,特别是在精神治疗学的知识话语领域内；之后福柯逐渐地将考古学研究的核心转移并集中到近代知识同社会政治制度之间,特别是同近代社会权力运作规则之间的关系上；最后,福柯为了更尖锐地揭露知识话语所谓"客观真理性"的真正面目,彻底暴露传统知识话语在具体历史事实中的性质,其研究的核心明确地集中到知识话语的具体实践及其策略问题方面,重点放在话语的生成与运作机制的考察与分析上。

---

❶ KELLER R : *The Sociology of Knowledge Approach to Discourse*（*SKAD*）,*Human Studies*,2011（1期）。转引自：赵万里,穆滢潭:《福柯与知识社会学的话语分析转向》,天津社会科学,2012（5）: 62-68。

❷ 余章宝:《传统历史话语的颠覆——福柯"知识考古学"的后现代历史观》,厦门大学学报（哲学社会科学版）,2001（2）: 111-118。

❸ [美]乔治·瑞泽尔:《后现代社会理论》,谢立中,等译,北京,华夏出版社,2004 : 58。

20世纪70年代以前，福柯研究的焦点在于知识的历史和知识在历史中发展的状况，这些思想主要体现在《临床医学的诞生》《知识考古学》《词与物》等作品中。这一阶段福柯的研究焦点集中于考古学方法上，仅侧重于对知识本身状况的研究。此时他认为知识就是知识，即使知识涉及了话语实践，也仅仅停留在对这种实践的理论分析上，没有涉及话语实践问题，也没有澄清话语构成和社会、权力、意识形态之间的重要联系，这些都是福柯研究后期所运用的系谱学要解决的问题。福柯的系谱学主要关注具体历史条件下的"起源"和处于非连续性之中的权力/知识体制的发展❶，关注于"通过或不管是不是借助于这些控制系统，各种话语系列是如何形成的：针对每种话语的特定规范是什么，以及它们出现、生长和改变的条件是什么"❷。福柯认为话语在对事物进行论述的过程中包含了价值判断，同时逻辑、句法、语义等这些内容也都是由权力提供的。因此，福柯认为话语与权力之间的关系是辩证的：有什么样的权力就有什么样的话语，话语既是权力的产物又是权力的组成部分，权力推动了话语，话语也加强了权力。这些都是他苦苦思索的东西——他把权力看作是一个自身"有待解释的东西"。他说："话语既是权力的工具，也是权力的效果；它是阻碍，但也是抗拒与反抗策略的起点。话语传递也制造权力；它增强权力，也破坏、暴露权力，使得权力变得精细易碎，使得反对权力变得可能。"因此，福柯认为话语即使在现代社会也不可能是思想自由的表现——话语的基本特征体现了一种比我们日常所理解的权力意义更为广泛的权力关系。

福柯从考古学向系谱学研究的转变是在创作《规训与惩罚》以后。福柯逐渐意识到他的考古学只限于考察知识的内在次序知识型，而无法进行权力实践的研究，无法解释权力在话语中的复杂性存在，考古学方法在知识与权力的关系问题上是沉默的，这促使他将研究逐渐转向了注重权力研究的系谱学，开始着重分析权力的实践方面❸。福柯的考古学强调一个特定的历史"时刻"，它可能是一个特定的时间点，也可能是某一较长的时间段，而系谱学则关注某一历史过程，是一种过程的视角，它们之间的区别可以从以下表述中体现出来："系谱学在话语之网上向我们提供了过程视角，与此形成对照，考古学则给我们提供了一幅快照，一个穿透那些话语连接的横断面"❹。福柯从考古学到系谱

---

❶ [美]乔治·瑞泽尔：《后现代社会理论》，谢立中，等译，北京，华夏出版社，2004：62。
❷ [美]乔治·瑞泽尔：《后现代社会理论》，谢立中，等译，北京，华夏出版社，2004：64。
❸ 谭斌：《试论"话语"一词的含义》，兰州大学学报（社会科学版），2002（1）：70-77。
❹ [美]乔治·瑞泽尔：《后现代社会理论》，谢立中，等译，北京，华夏出版社，2004：53。

学的转向,就是从知识分析到权力实践分析的转向,早期的考古学话语分析在他后期的研究中被部分放弃了。但是,考古学的分析过程与系谱学之间并不是相互独立的,相反,它们互为补充,在对权力话语与性的话语的探讨中同时占据重要地位。虽然福柯在后期大量运用系谱学的研究方法,但他没有完全摒弃考古学,系谱学是考古学方法理念的继续和扩展,系谱学的研究理念和范式也架构在考古学的基础之上,考古学在福柯的系谱学研究时期也经常被提及和采用。福柯后期的研究中融入了理论分析与实践分析的双重方法,将系谱学与考古学相结合开展话语研究,形成了研究知识本身与阐述知识和权力实践之间关系的研究思路,实现了对知识的双重分析。

3. 福柯的思想史观

长久以来,传统历史学以编年的形式述说历史、关注历史事件的连续性、探寻其间的意义和规律,试图在事件的递变转换过程中表明历史的稳定、连续和一脉相承。传统的思想史与历史学的研究取向是一致的,它总是企图赋予一组连续、相同或相似的现象一个特殊的时间地位,重新思考、挖掘历史上散乱事物所具有的一致性特征,着重研究历史事件的连续性和一贯性的观念。福柯认为传统的思想史观忽略了历史本质中的不连贯现象,其所主张的"发展""演进"等观念使一连串分散的事件集结成群,甚至要填平出现在历史事件中的裂缝和缺口,从而在某一时代同时或连续发生的事件间找到共性的关联,建立一个共同的意义或象征作为统一或解释的原则。这种思想史观与福柯的观念相差甚远。福柯认为人本来就活在意义的断层中,各个时代的意义均可能被埋藏起来,应该运用考古学的方法将它们挖掘出来而不是一味地"构建"这些意义的结构体系。他指出长久以来史学家眼中的历史是连续的、直线延伸的,强调广泛的如"时代""世纪"等具有一统性质的观念。福柯认为这种典型的线性史观不符合历史发展的本质,历史的不连贯性是历史本身的一个特性,研究的过程并不需要去"克服"不连贯性本身而实现所谓的"一致性"和"连贯性"。话语的研究应面向历史本身进行描述,尤其在历史的缝隙、切口处考掘历史的断裂面,往往会有更多的意义。因此,福柯主张运用断裂史观进行话语研究,主张将注意力转移到历史的断裂或不连贯的现象上——他试图在大一统的思想中发掘一些罅隙、裂缝的所在。总之,福柯认为"起源""连贯性""总体化"等是传统思想史强调的主题,注重描述话语的历史背景;而他的考古学则关注历史的不连续性,更多地谈论断裂、缺陷、缺口、实证性、崭新形式乃至突然的再分配。因此,考古学对时间的意义及普遍规律关注较少,它试图创造另外一种已经说出来的东西的历史,这恰恰是对思想史的摒弃❶。

福柯的思想史观打破了传统思想史模式,旨在重新挖掘深藏在各种思想、制度、话语运作之下的关系规则。在这种思想史观的影响下,福柯的考古学方法论体现出四种不同于传统思想史观的特征:①强调断裂,质疑整体化和线性化;②强调不连续性;③强调总体历史观;④强调后结构主义的方法论。因此,福柯的话语概念不同于语言,也不是在思想史中建立某种连续性,而是将话语作为一个事件研究所谓话语的形成史,考察话语实践如何在历史中被具体地归入某一"档案"(archive),这也是福柯知识考古学的目的❷。福柯的考古学并不是去探寻另一种隐藏得更为巧妙的话语,也不是把话语当作文献或某种其他事物的符号去看待——考古学不是一门解释性学科,考古学并不试图再发现那种刻画了各种话语以及它们与其他那些先于它们、围绕它们以及传承它们的话语之间关系之特点的线性和渐进的斜线,相反,它的目标是在其特殊性上界定话语,建立一种话语模式的差别分析❸。因此,福柯与传统思想史观对历史的挖掘不同,他的目的不像考古学那样在今人的世界里挖掘古人的遗迹,而是在对知识的追忆中解释现实世界的存在、变异和扭曲的根源❹。

福柯的考古学与传统的思想史的差异不仅仅在于研究对象的不同,更为重要的是前者分离并十分注重话语的实践层次。话语实践是福柯话语研究的一个非常重要的概念和关注点,他认为话语实践是人们面向实际经验过程的一种特殊的实践。福柯称为"实证性"(positivity)。考古学的"分析实证性,就是要指出话语实践根据什么规则以形成对象群、陈述整体、概念定义、理论选择体系"❺。各种话语的生成方式是话语实践体现的重要内容,同时,话语实践还体现在话语流通和传播的形式中,体现在各种技术过程、各种制度和行为模式中,当然也体现在各种教育形式中。话语实践并没有形成科学知识,但这种处在实证性或经验性层面上的话语却是科学知识或思想体系得以建立的前提和基础❻。在福柯的考古学研究中,档案成为他用来描述作为分析对象的话语实践集合的代名词。福柯认为一方面这些构成档案的话语实践是实际发生的事

---

❶ 徐波,韩玲:《从福柯的〈知识考古学〉看其后现代主义思想》,长春工业大学学报(社会科学版),2003(3):6-9。

❷ 贺翠香:《知识、话语与意识形态》,当代国外马克思主义评论,2008(12):173-189。

❸ [美]乔治·瑞泽尔:《后现代社会理论》,谢立中,等译,北京,华夏出版社,2004:57。

❹ 刘少杰:《国外社会学理论》,北京,高等教育出版社,2006:298。

❺ [法]米歇尔·福柯:《知识考古学》,谢强,马月,译,北京,三联书店,1998:223。

❻ [法]米歇尔·福柯:《知识考古学》,谢强,马月,译,北京,三联书店,1998:241。

件，另一方面又是一个超出了事件发生的情境❶；一方面档案记载着当时实际发生的事件，另一方面它能够始终不断地被引用、被新的话语实践所运用并发挥作用，进而被纳入新的话语之中。

总之，福柯的知识考古学是一门与思想史存在着明显区别的独特研究方法，考古学承认历史事件和思想截然不同的本质区别，并企图探讨两者之间的关系。

4. 福柯的话语分析观

话语分析作为社会科学研究的重要研究方法，发展到后期以社会学为视角、采用批判的方法、强调话语背后的权力和社会因素，在很大程度上归功于福柯对话语所做的研究。在某种意义上，福柯的考古学研究方法就是话语分析。福柯式的话语分析借鉴了以布朗肖为代表的"语言—权力"观，并形成了知识社会学中的"话语—权力"分析路径❷，对语言进行外在性批判，关注意识形态分析和语言权力问题。他的社会文化分析法（social culture alanalysis）秉承并发展了系统功能语法的理论精髓和批判语言学的研究成果，将话语分析和社会理论结合起来，将巴赫金的对话理论、葛兰西（Antonio Gramsci）的意识形态"霸权"理论、凯瑞斯特瓦（Kriestiva）的互文性等理论融入自己的研究框架中，既关注语言自身的变化，又研究与语言密不可分的社会和文化的变化，形成了具有典型批判意味的话语分析方法论。福柯的话语分析方法与结构主义、分析哲学、观念史和解释学都相去甚远❸。福柯认为话语实践作为考古学的研究对象首先是一种话语事件，即他所说的"叙说"（statement），他认为话语分析的宗旨就是要对各种叙说进行纯粹的描述，就是要在"叙说与那些未被说出的东西分野的界限上，使这些叙说出现，从而排除了所有其他可能性的事件中"分析话语❹。因此，福柯认为话语分析不同于语言分析，话语分析关注为什么抽象的语言系统开辟的语言可能性中会有许多部分未被实现，而对语言分析和观念传承的探讨则关注不够，更反对从叙说的背后挽救各种隐含的意义。福柯的话语分析最明显的特征在于拒斥一切内在性，着眼于知识的外部空间。话语不仅带有语词内容本身的意义，同时也是一个事件，本身也带有物质性（materiality），需要时间、空间的支撑。因此，在福柯的理论中，话

---

❶ 杨善华：《当代西方社会学理论》，北京，北京大学出版社，2004：382。

❷ 赵万里，穆滢潭：《福柯与知识社会学的话语分析转向》，天津社会科学，2012（5）：62-68。

❸ 杨善华：《当代西方社会学理论》，北京，北京大学出版社，2004：383。

❹ [法] 米歇尔·福柯：《知识考古学》，谢强，马月译，北京，三联书店，1998：18-19。

语分析的过程不是将话语仅仅视为符号群组,而视为系统地形成言说对象的实际运作,他试图通过话语分析揭示造成欧洲文明演变的各种先验的知识型。福柯提出了分析话语的四种方法论要求,即颠覆原则、非连续原则、特殊原则和外在性原则❶。福柯的话语分析注重话语与其他言语活动之间的关系及其规律性,以及话语所经历的变化等,这个过程被福柯称为"话语形成"(discoursive formation)。话语分析不是依靠文献对历史进行客观的、准确的回忆,其重点不是探讨话语本身的内容和是否具有真理性,而是把文献转化为遗迹,并认为文献自身是反记忆的❷,研究的过程要注重考察文献背后的真实性。

福柯运用话语分析所做的研究一直都是深刻的,最明显的特征在于拒斥一切内在性,把外在性和权力联系起来,着眼于知识的外部空间❸。这极大地拓展了话语分析的研究范畴,促进了以批判为视角的话语分析研究方法的发展,使之成为社会科学研究的重要手段。

(二)费尔克拉夫的话语理论

诺曼·费尔克拉夫是英国兰开斯特大学(Lancaster University)的语言学教授,著名的话语研究学者,早在 20 世纪 80 年代初期就开始涉足批判的语言分析,主张运用话语分析的方法解决语言的相关问题。他对话语所做的明确界定被当作权威,被研究人员大量引证❹。

1.费尔克拉夫的话语观

在费尔克拉夫看来,话语"指的是对主题或者目标的谈论方式,包括口语、文字以及其他表述方式"❺。他认为话语不是简单的语言学问题,话语是与社会和人们生活密切相关的概念,根源于人们的生活方式、文化习惯,同时话语也对它们有着深刻的影响。费尔克拉夫认为话语概念有如下用法:其一,话语被理解成特定领域的语言,如政治话语或科学话语;其二,话语被视为一个可数名词,指的是具体的一个或一些话语,它代表着一种谈话的方式,这种谈话方式会以某一特定的观点来表示经验。此外,费尔克拉夫采用韩礼德

---

❶ 吴猛:《福柯的话语理论探要》,上海,复旦大学,2004。

❷ 赵万里,穆滢潭:《福柯与知识社会学的话语分析转向》,天津社会科学,2012(5):62-68。

❸ 同❶。

❹ [英]诺曼·费尔克拉夫:《话语与社会变迁》,殷晓蓉译,北京,华夏出版社,2003:序第 1 页。

❺ 同❹。

（M.A.K. Halliday）系统功能语言学（system-functional linguistics）的观点，认为话语具有三重功能：身份的功能、关系的功能和概念的功能。话语可以促成社会身份（social identities）、社会关系（social relations）、知识和意义系统（systems of knowledge and meaning）的形成。

　　费尔克拉夫对话语与社会的关系进行了清楚的解释，他认为语言是一种社会现象，语言活动是在社会语境中进行的，语言的使用方式是由社会决定的，并产生相应的社会效果，语言活动是社会过程和实践的反映或者表达。费尔克拉夫认为话语并非纯粹的个人活动或各种情境的反映，话语是社会实践的一种形式，而这具有多种含义，第一，话语是行动的一种模式；第二，话语与社会结构以及社会实践与社会结构皆为一种辩证关系，社会是话语的条件与效果；第三，话语之中隐含着权力，话语通过意识形态生产、再生产不平等的权利关系再现事实并定位社会位置，话语建构社会也被社会所建构。因此，话语与社会结构所呈现的是一种辩证的关系：一方面，话语的形成受到社会结构的制约；另一方面，话语对社会结构的相关向度也有社会性建构（socially constitutive）的作用——社会的阶级结构、社会关系、制度机制、规范等都会对话语的塑造与规约发挥作用，话语实践在建构社会认同、社会关系、知识与信仰体系等方面亦具有积极作用。

　　费尔克拉夫认为话语与社会变迁之间存在着辩证的关系，这是他对话语最大的贡献，也是被广泛认同的观点❶。这为话语分析的相关研究提供了可供参考的模板和范例，确立了话语文本属性与社会属性的有机联系。他力求将话语分析和社会理论结合起来，发展一种能够兼顾研究语言变化和社会变化的多向度的、多功能的、历史的和批判的话语分析方法。他认为话语与社会之间存在的联系是相互的，脱离了社会实践的话语分析将会失去意义：一方面，话语受制于社会结构，来源于社会，无法脱离社会而独立存在；另一方面，社会身份、社会关系、社会结构的建构和变化又会受到话语的影响。1992年，费尔克拉夫完成了其代表作《话语与社会变迁》，确立了他对话语与社会变迁关系的定位，力求发展一种既能研究话语自身变化，又能研究话语与社会、文化变化之间的关联，从而建构完成了他对话语分析的一套特殊的、完整的、多维度的话语分析框架，为我们从根源上理解文本中的不同话语提供了全面

---

❶ [英]诺曼·费尔克拉夫:《话语与社会变迁》，殷晓蓉译，北京，华夏出版社，2003：导言第8页。

的研究方法[1]。费尔克拉夫认为话语分析存在着三个密切关联的维度，分别为文本、话语实践和社会实践，分别关注文本的语言分析、文本生产过程和解释过程、话语的社会实践分析，任何"话语事件"的分析都可以从这三个维度展开，即把"话语事件"的研究看作文本书、话语实践研究和社会实践研究的三个维度。他所提倡的三个维度的话语分析的目的在于揭示意识形态和霸权以各种方式对话语的介入，以及话语对意识形态和霸权的维护、批判和重构作用[2]，从而将话语和社会紧密地联系在一起。

费尔克拉夫进一步对福柯的互文性概念进行了解释，认为互文性是对历史性文本的继承、改造和创新的过程，是反复和重新创造文本以及文本之间的联结的过程，可以有效地加强文本和话语实践之间的联系，显示出文本在话语秩序的范围内如何实现及延伸的可能性。话语实践、话语秩序和互文性分析在话语分析架构中扮演着十分重要的角色："一方面终结与文本之间的关系，另一方面则终结非文本部分的社会与义化，这也就代表文本与社会文化实践之间的联结，其实是被话语实践所中介着"。

费尔克拉夫的话语观和研究视角汲取了语言学中注重语言本身、语言生产、语言解释的研究思路，同时，他又采纳了福柯对话语在社会意识上建构性的观点，将语言看作社会实践的一种形式，致力于探究话语与社会结构之间的辩证关系，揭示话语背后的权力和意识形态。在此基础上，他以自己所赞同的以文本为方向的话语分析方法为基本理念，将福柯较为抽象的研究方法发展为一种既有利于实践、又有利于理论的话语分析方法。

2. 费尔克拉夫的"三维结构"话语分析要素

费尔克拉夫提出话语分析的三个维度，即文本、话语实践、社会实践，认为任何话语事件都可以被同时看作一个文本、一个话语实践的案例、一个社会实践的案例，此三者即为费尔克拉夫话语分析的"三维结构"要素。在文本方面，主要是承袭了功能语言学的传统，针对文本中语言形式进行"描述"分析，包括言说、语法、书写、连贯性、视觉意象、文本结构等方面，以了解特定的"能指"与特定的"所指"之间的关联性和意义性，文本的生产和解释建立在内化的社会结构和社会习俗基础之上；话语实践将文本分析和社会实践联系起来，以理解文本在特定的社会语境中如何被生产、解读、转化，又如何在话语秩序下维系或改变与社会文化的关系，建立、维护和改变权力关系以及

---

[1] 胡雯：《费尔克拉夫话语分析观述评》，牡丹江大学学报，2009（6）：63-65。
[2] 刘津：《多向度的话语分析》，中国新闻出版报，2004-2-3。

权力关系实体；在社会实践方面，则取法西方马克思主义（Western Marxism）理论，如葛兰西的文化霸权理论与阿尔都塞（Althusser）的意识形态理论等，将话语置于意识形态和权力关系中进行情境的、社会层面的分析，意在揭示意识形态和霸权等以各种方式对话语的介入，话语对意识形态和霸权的维护、批判和重构作用，从批判的角度解释话语与霸权、意识形态之间的辩证关系❶。

在此基础上，费尔克拉夫提出了三个向度的分析方法，分别是"描述"（description）、"诠释"（interpretation）和"解释"（explanation）。首先，"描述"关注的是文本层面的语言学分析与描述，同时针对文本的分析并非止于针对文本的描述，还要探讨文本如何生产以及生产作用的过程。其次，"诠释"关注文本和话语实践之间的关系，诠释是由存在于文本中以及诠释者当中的结合物所产生的，所以诠释者本身的知识经验会影响诠释结果，因此，其焦点在于参与者的文本生产和文本诠释过程。最后，"解释"关注的是话语实践和社会情境之间的关系，着重探讨文本生产过程和诠释过程的社会条件，这个层次的研究工作重在解释。可以说，"描述"是针对文本的形式特征进行分析，"诠释"是探讨文本与互动的关系，而"解释"则是研究互动与社会语境的关系。在这三个向度的研究上，话语分析不只是文本分析，而是能够解析权力与控制的运作，对意识形态进行批判的分析等。

费尔克拉夫话语分析"三维结构"话语分析要素之间是相互影响的，一方面文本内在于话语实践，另一方面社会实践又包含了话语实践，任何一个要素都包含在社会之中。费尔克拉夫曾经说过，他将话语进行三个层次的分析，确立了话语和社会之间的关系，文本不能被孤立地理解和分析，而必须同其他的文本和社会背景相结合，使得文本的详细属性能够与话语事件的社会属性有机地联系起来❷。费尔克拉夫的"三维结构"模式为话语分析提供了一个分析框架。

3. "三维结构"话语分析模式之要素分析

（1）文本分析

费尔克拉夫指出文本分析是话语分析的一部分，单纯的文本分析范畴较小，主要关注文本语言的语态、字汇、语法、时态等内在关系，单纯的文本分析是有局限性的。他强调文本是产物而不是一种过程，话语涉及全部的社会互动过程，文本分析只是话语分析的一部分，这个过程包含将文本视为产物的

---

❶ 刘津：《多向度的话语分析》，中国新闻出版报，2004-2-3。
❷ [英]诺曼·费尔克拉夫：《话语与社会变迁》，殷晓蓉译，北京，华夏出版社，2003：8。

生产过程。话语分析不能仅局限于文本的语言学分析，还要关注语言的外部关系，即文本与外在社会之间的关系，进而研究文本与社会事件、社会实践、社会结构、社会文化之间的关系，以及文本与社会事件各元素的关系，而社会事件的元素包括行动、认同与再现。因此，作为话语分析一部分的文本分析不仅仅关注文本的语言特质，还关注文本的社会属性和社会语境。分析社会事件的话语层面时必须先从文本开始分析，探讨文本与社会事件的关系，重视文本中的知识建构以及与社会认同的关系。费尔克拉夫认为社会实践中的特定再现以及重新语境化（re-contextualization）过程也许夹带了特定的意识形态、作者与读者间认同的建构，当我们要理解文本的意义时，便要去了解文本在特定的社会生活领域中的实际组成，话语分析就是探讨在社会文化实践之中文本是如何透过话语实践运作的。

  过去文本分析主要关心的是不同文本类型所散布的不同语言学形式，费尔克拉夫在其"三维结构"话语分析模式中抛弃了传统的这种将文本限于语言内在关系的思路，将文本外扩至社会事件、社会关系和意识形态的范畴之中。而且他注意到文本与意识形态的关系是十分复杂的，认为意识形态会选择（或排除）特定的语言学形式再现文本，必须通过对意义以及语境的清楚分析才能找到文本与意识形态的关系。他认为行动、认同、再现这三种文本功能同时贯穿整个文本，文本的意义不仅有局部的影响也会影响到整体的文本表现。同时他认为，没有任何文本分析可以将文本的内容完全分析殆尽，文本的分析是永无止尽的，研究人员对文本的分析永远都是部分的，对文本的追问也都有特定的动机。不同研究人员对于同一文本所关心的面向不同、观看的角度不同，产生的文本分析结果亦不同，但相同的是所关注的都是文本背后的权力运作或意识形态。因此，费尔克拉夫的文本分析已经超越了单纯语言学层面的分析，而延伸到文本与外在社会行动之间的关系。

  （2）话语实践

  话语实践是社会实践的特定形式，是文本分析和社会实践的中间向度，是文本和社会实践之间的桥梁，也是文本生产和诠释的社会认知层面，侧重于文本生产、分配和消费的过程。这种特定的诠释原则最终会以某种自然化的方式与特定的话语类型联系起来，而这些联系的方式有助于意识形态的探讨。费尔克拉夫非常重视社会实践中不同话语之间的关系，认为语言活动都是在社会语境中进行的，社会现象也是语言现象，话语是透过特定观点再现既定社会结构的一种语言运用，话语实践注重文本的生产过程和解释过程及其社会认知，话语实践将文本分析和社会实践联系起来。话语实践不只是精确地解释参与者在互动中如何诠释和生产文本，掌握文本与社会语境的关系，其重点在于人们如何在不同的社会环境中解释文本；它还包含话语事件和话语秩序的关系，也就是交互话语的问题。话语实践向度作为文本与社会结构的中介，主要处理的是文本如何被生产、分配与消费的过程，而这个过程就是对多样化的话语进行支配、竞逐、重组、吸纳与再分配的过程，这种分析即为互文性分析，它是从话语实践的角度去检视文本，从文本中寻觅话语实践运作的轨迹，检视不同类型的话语究竟如何在文本中彼此联系。话语实践的分析主要包含话语的"力量""连贯性""互文性"等方面，重点在于文本的作者如何运用已经存在的话语和风格创作文本，以及文本的接收者在文本的消费和诠释中如何运用可得的话语和风格。

费尔克拉夫认为社会事件是受社会实践影响的，社会实践限定了特定的行动方式，话语的分析与研究要考虑到话语以及不同社会文化元素之间的关系及其持续的改变过程，文本的生产和解释的过程都关联到政治、经济和制度背景❶。话语实践作为文本与社会结构的中介，所处理的是文本如何在语境中生产、分配与消费的过程，而这个过程就是多样化的话语彼此如何支配、竞争、重组、吸纳与再分配的过程。话语实践关注社会分析方面的问题，进行此层面分析需要更为广泛的文本阅读，当处理意识形态的生产及影响时，便牵涉不同社会组织之间的各种语境关系，这也是社会实践所关注的内容。

（3）社会实践

社会实践的主要形式就是话语，社会实践是话语分析最抽象、最高级、最宏观、最外层的层次，包含许多立即的状况情境、更广泛的习惯情境以及社会或文化框架，通过文本所在社会语境的解释，可以了解文本与话语的社会文化因素。费尔克拉夫认为社会实践主要的部分即为意识形态与霸权，话语本身即具有权力的性质，话语与社会密切关联。费尔克拉夫认为要想揭示意识形态和霸权以何种方式介入话语，对话语实践具有怎样的影响，同时话语对意识形态和霸权又具有怎样的维护、批判和重构作用，就必须将话语置于意识形态和权力所依附的社会实践之中进行话语分析，将话语分析聚焦于话语实践的互动（interaction）过程与社会语境之间的关系，这也就是解释话语生产与诠释的社会决定（social determination）过程。费尔克拉夫认为话语分析正是要分析权力结构关系的透明与否，以及语言表达的歧视、权力限制和控制，也就是关注语言使用造成的社会建制、表达与立法的不平等，并加以批判。社会实践就是

---

❶ 周佳萍：《社会冲突议题的新闻话语研究》，上海，上海外国语大学，2009：18。

我们的生活言行,是资源引用、规则遵守、习惯引导等途径作用的情形,因此,在这一过程中亦充满了意识形态与权力。从宏观的角度来看,意识形态透过隐而不显的方式指导着社会各种实践与行动,并且在这个过程中是难以被发现的,我们甚至会以理所当然的态度或是将其视为预设立场的方式去接受,但容易忽视其中隐藏着社会不平等的权利关系。因此,费尔克拉夫将话语置于一种霸权的权力观及霸权斗争的权力演化观中,解构文本背后的意识形态以及不平等的权利关系,致力于意识形态与霸权概念的探讨。

费尔克拉夫认为各种话语实践里都存在着同一种话语秩序,而社会里有各种不同的社会实践,它们之间的关系可能是互补、对立、包含或排除的。不同话语实践之间的关系网络就组成了话语秩序,而社会结构的冲突与对抗会使话语秩序间或话语秩序内的疆界产生冲突与竞争,使得某些话语秩序趋向强势或趋向弱势,进而改变社会结构。社会结构的改变离不开话语的参与,话语秩序存在于特定的社会语境之中,因此,社会语境也必然发生改变,并且以此来想象更为广泛的社会变革,并产生新的话语秩序、话语、风格以及社会结构,最后改变现实生活中的物质层面。

三、教育话语分析的研究向度

(一) 历史向度

法国著名历史学家雅克·勒高夫(Jacques Le Goff)曾经说过,世人应当认识和尊重过去以便建设符合情理的未来,拒不思考历史的民族、社会和个人是不幸的。在历史中总结经验、吸取教训、增长智慧对一个民族、社会、个人的发展进步都是至关重要的。同样,话语不可能在真空中产生,话语研究也离不开对历史语境的分析,话语具有历史关联性,话语的正确解读不可能脱离历史背景的参照,其联想意义的解读则更离不开相关的历史知识。在传统哲学的批判中,解构主义反复强调话语、意义和解读是历时性的,是在被语境化、消解语境化的过程产生的,历史和意义不是由任何连续性原则构成的,只有将话语置于具体的历史场域中才能解读其意义,它们在断裂与非连续性之上重新结合,历史是给予过去经验的公认意义[1]。这种公认意义的价值在于话语意义的历史性和场域性。沿着历史的语境探寻特定话语的变迁,可以作为一条有效路径指引我们实现对话语生成机制的理解。话语是历史地建构起来的,其生成与

---

[1] 伍雪辉:《课程话语透析》,武汉,华中师范大学,2006:9。

解读离不开特定的历史语境;同时,话语实践也反过来改变着生成与影响它们的那些领域。从历史的视角出发,将教育置于人类社会政治、经济、文化的历史进程中去考察,通过还原并解释教育的"过去",使我们更容易深入地洞察当下教育的现状与问题❶。离开了历史场域的话语研究将很难深入话语背后去探寻其意义和价值。

  教育话语的生成与演变是在特定的历史与社会背景中产生与发展的,深受历史时空和历史场域影响,是政治、文化、经济力量角逐与博弈的集中体现。教育从形成之日起就未能免受经济、文化、政治等力量的影响,教育本身始终处于一个状况极为复杂的场域之中。当下的流行话语,甚至一些所谓的"共识"其实并不是稳定的、一成不变的,它们的背后隐藏着各种力量的博弈与斗争,它们会随着社会历史背景的转变与教育的发展、更新不断地被其他的教育话语所取代。完整的教育观点根植于历史的世界中,包含了教育领域历史上的诸多元素,同样还根植于教育话语的历史之中,用一种复杂的观点和思维的力量不断地改造着它们。正如美国课程论专家坦纳夫妇(Daniel Tanner & Laurel Tanner)所言,在历时性语境中探讨教育话语,展现了教育领域集体的结晶,理解教育话语的历史演变不仅是一项研究活动,而且是情感事件,"有助于理解已经界定我们专业生活和个人生活的传统"❷。历史的分析是为现实服务的,历史语境分析的纵深感更加有利于对现实话语的理解。教育话语在渐进或突变的历史形态下不断地被取代和嬗变,不断地向前发展和演进,最终形成当下的主流话语。

  从教育自身发展的角度来看,基于教育历史语境考察话语历史变迁,揭示教育场域中的力量纠葛与教育话语的生产机制是教育话语的应有之义。当前教育研究领域对教育话语的研究仍然较多地停留在静态的文本分析上,话语的历史社会背景往往被研究人员忽略,或者只是一带而过,他们忽视了教育话语及其变迁的历史性;而与历史结合,将特定的教育话语放在变动中的历史背景中考察,在扎实的文本观察的基础上进行历时性的分析,可以更好地揭示教育话语的建构特性以及教育场域中的力量纠葛对教育话语的影响。通过对教育话语与历史的结合开展历时研究而非单一的共时性研究,可以在探讨话语历时性的演变与差异等问题中获得启发。因此,教育话语的研究过程离不开对历史的

---

❶ 栾天,于伟:《福柯的"历史本体"论与教育思想研究的可能性选择》,教育科学,2011(6):21-26。

❷ [美]威廉·F.派纳,等:《理解课程》,张华,等译,北京,教育科学出版社,2003:121。

考察，其意义蕴含在特定的历史场域之中，包含课程领域历史上的各种因素，理解教育话语的历史发展与演变，"有助于理解已经界定我们专业生活和个人生活的传统"❶。在扎实的文本分析与研究的基础上进行历时性的分析不失为一种有意义的尝试。

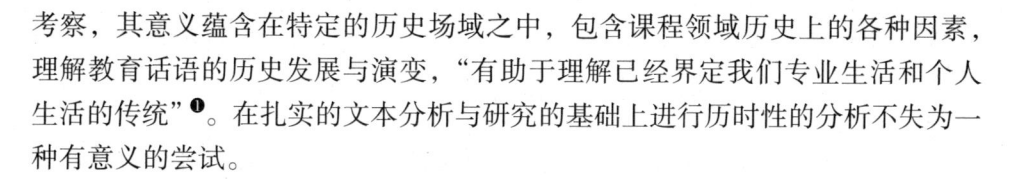

（二）社会向度

语言使用中的变化是社会变化和文化变化的一个重要组成部分❷。通过语言符号的使用，话语主体直接或间接地表达着其对某一问题的视角、关注点、价值观以及立场、目的等，这些观点会明显地受到社会语境的影响；同时，话语主体也会排斥其他不同于自己的话语，使自己获得一定的社会地位和身份，话语主体深受社会因素的影响。话语与社会之间存在着复杂的辩证关系，一方面话语生成并受制于社会结构，如话语主体的社会阶级、地位、身份以及规章制度和习俗等，不同的话语存在于不同的社会场域中；另一方面话语有助于建构话语主体的社会身份和社会地位。"话语形成了社会权威，并利用权威使自身成为权威。只有权威话语才能在社会话语场（域中）发言，社会的存在运行离不开话语。"❸

以社会为向度的话语研究强调话语、话语使用过程的生成、演变与广泛的社会文化相联系，人们开始运用话语分析的方法研究话语背后的思想价值体系。话语被赋予丰富的社会学意义是从福柯开始的。福柯认为话语生成并受制于社会结构；话语有助于主体的社会地位、关系、身份以及知识与信仰体系的重构，可以引起深层的社会变革，"话语反映了更深层次的社会现实，话语是社会的来源"❹。话语在描述并反映社会实体与社会关系的同时还建构或构成社会实体与社会关系；不同的话语以不同的方式构建各种至关重要的社会实体，并将人们置于社会主体的地位，这些社会作用都是话语分析关注的焦点❺。话

---

❶ [美]威廉·F. 派纳，等：《理解课程》，张华，等译，北京，教育科学出版社，2003：685。

❷ [英]诺曼·费尔克拉夫：《话语与社会变迁》，殷晓蓉译，北京，华夏出版社，2003：序第5页。

❸ 刘晓红：《话语研究及其在教育学中的渐进》，宁波大学学报（教育科学版），2008，30（1）：29-33。

❹ 张红燕，梅高蓓，刘纯：《论话语与社会的辩证关系》，武汉科技学院学报，2005，18（12）：227-229。

❺ [英]诺曼·费尔克拉夫：《话语与社会变迁》，殷晓蓉译，北京，华夏出版社，2003：14。

语分析不仅在于描绘话语实践，而且在于解释话语如何由社会意识形态与权力关系构成，揭示话语对于社会关系、社会身份以及知识和信仰体系的建构性作用❶。

教育知识、教育价值、教育目的等被选择、组织、实施的过程就是教育话语的生成与演变过程，同时也是一个社会实现控制的最合法、最简单、最直接的方式，其本质是话语权力的运作过程。以社会为向度开展教育话语分析，可以深入考察教育话语生成的社会"动力场"，研究教育话语的变异、变化和斗争，即各种实践之间的变化，考察教育话语发展、变迁背后的深层社会动力，明确教育话语生成的机制和基础，从而考察教育话语变迁的社会权力运作方式和规律，并通过新形势下社会语境的特点分析，为预测教育发展方向和趋势找到合理依据。

四、教育话语分析的研究立场

（一）批判的立场

教育话语分析的目的不仅在于话语语言层面的研究，更在于通过考古学的方法和手段挖掘话语的真实性及其背后的力量，这是一种典型的批判的研究方法。持批判立场的研究人员既关注静态的现有文本和社会情境，又凸显动态的意义建构过程，真正做到了联系、发展、深入地洞察话语问题❷。批判的研究立场借鉴了福柯考古学的研究方法，它侧重的研究对象不是实物古迹而是话语，强调话语的断裂、离散和不连续性，质疑整体化和线性模型，同时考古学强调总体历史观，强调后结构主义的方法论。考古学方法论通过对思想史中的基本概念系统、逻辑推理以及命题等的解构和研究还原话语本真的状态和生成场域，以此来挖掘历史的本来面目，发现、推测、分析或演绎出其中可能的规律。考古学的核心问题在于可以不考虑话语的真理性，而深入研究促使某种话语或知识成为现实的背后力量和社会因素，话语形成规则的分析成为考古学的重要研究思路。批判的立场强调话语与社会、权力、意识形态等紧密地联系在一起，话语是审视意识形态、社会权力的重要途径，主张透过意识形态等方面

---

❶ [英]诺曼·费尔克拉夫：《话语与社会变迁》，殷晓蓉译，北京，华夏出版社，2003：59。
❷ 王攀峰：《批判性话语分析：当代教育研究的一个新视角》，首都师范大学学报（社会科学版），2008（5）：81-86。

的遮蔽揭示各种话语文本如何服务于各种意识形态利益❶，主张在广泛的社会文化生活过程中重现、诠释和解读话语的真实意义。

我们研究教育话语，不是像教育史那样细致地考察所有话语的概念系统、命题、思想、连续，而是通过教育话语的断裂和不连续性考察话语的变迁，探究其生成与演化的机制，分析其背后的力量和真实性。运用考古学的研究方法，使得对教育话语的研究不仅仅停留在表面意义和真理上，还必须依据语境恰当地理解话语意义❷。这就意味着对教育话语的分析与研究不能仅仅停留在话语的表面意义上，还必须依据当时的语境推论出教育话语的言外之意，将话语的本意和背后"隐藏着的联系和原因揭示出来"❸，在描绘话语实践的同时洞察影响话语的背后力量，揭示话语背后所隐藏的权力运作和意识形态，以及对于知识、信仰体系与社会关系、身份的建构性作用❹。

虽然"批判"意味着"揭露""否定""解构"等，以深入揭示话语和权力以及意识形态的联系，但其目的并不在于对现有教育现实的完全否定，而是通过对教育话语的分析与研究，探讨其生成、演变的规律，力求消除教育的不平等现象，促进教育的良性发展，更好地指导当下的教育理论与教育实践。因此，批判是一种积极的教育研究立场，有利于促进教育的发展。

（二）多元的立场

话语分析是某一主体对话语进行解释的过程，由于不同主体具有不同的价值信仰、阶级地位、种族、性别、年龄和知识背景等，人们对于话语背景的信息量掌握不同，对于同一话语、语篇的解释和理解就可能存在差异。对话语的解释是动态的，任何一个话语都不存在绝对权威的解释，原有的解释也可能随着新的背景资料的出现而被修正甚至彻底推翻，因此，话语的解释结果往往是多元的。多元的立场强调教育话语分析是多元主义与话语分析的结合，认为话语不存在某种唯一的原意或本意，即使话语主体持有某一原意或者本意，想表达明确的话语意义，阐释者也未必能够准确地把握它；更极端地说，即使某个人在说某句话的时候他觉得自己有一个原意或本意，但随着时间的推移，他

---

❶ 王攀峰：《批判性话语分析：当代教育研究的一个新视角》，首都师范大学学报（社会科学版），2008（5）：81-86。

❷ 索振羽：《语用学教程》，北京，北京大学出版社，2007：17。

❸ 张红燕，梅高蓓，刘纯：《论话语与社会的辩证关系》，武汉科技学院学报，2005（12）：227-229。

❹ [英]诺曼·费尔克拉夫：《话语与社会变迁》，殷晓蓉译，北京，华夏出版社，2003：14。

自己对当时想要表达的原意或本意也未必能够说得清楚[1]。话语分析的多元立场认为面对同一个话语文本，由于研究人员的价值取向和研究视角不同，可能形成多种不同的分析结果，我们很难对谁更符合或更接近被分析话语的本意做出绝对的判断[2]。因此，任何话语分析都不可能是完整的，如果考虑到语境因素的影响，哪怕是由一个词构成的语篇我们也无法穷尽其意义。

  教育话语分析是分析者在特定语境下对教育话语意义的解释，分析者可能处于不同立场，也可能考虑不同的语境侧面，因此，其分析很有可能是不一致的，未必有一个永恒不变的回答。例如，同是对基础教育话语的研究，有的研究人员关注教育与经济问题，有的则关注教育与社会发展的关系，有的则倾向于教育与心理发展问题，有的则可能关注微观的课堂教学方法问题，因此，对教育话语的解读永远都是语篇、语境、主体和目的之间互动的结果。任何语境下的教育话语都具有导致多种解读的语义潜势，至于最终实现的是哪种意义取决于所有相关因素的相互作用。对教育话语的分析无论如何细致，在解读中被激活和展示出来的都只是那些被研究人员认为具有与语境相关联且与研究目的密切相关的语篇特征[3]。因此，任何话语分析结果的有效性都不是绝对的，可能随语境的改变或语料的增加而发生新的变化[4]。开展教育话语的多元分析有利于消除以实证主义和古典诠释社会学为代表的传统"实在论"分析模式在教育研究中的影响。

  教育话语处在不同社会和历史情境中，它的形成与解读不可能脱离具体的情境获得对话语的理解和解释。"语言实际上是历史和经验的负载物，语言通过表述进入历史和经验，反过来，历史和经验通过展开进入语言。"[5]教育话语的分析也必须进入教育的历史和传统经验之中，用历史看待历史，用经验看待经验，才能较为准确地获得话语意义。教育话语分析的结果是话语研究人员对教育话语所做的解释，可能侧重于不同的研究语境，其结论并不是教育话语研究的唯一结论。我们应该允许多种分析结果同时存在，并非要彻底排斥其他的解读。

---

[1] 谢立中：《走向多元话语分析：后现代思潮的社会学意涵》，北京，中国人民大学出版社，2009：280。

[2] 同[1]。

[3] 辛斌：《批评话语分析：批评与反思》，外语学刊，2008（6）：63-70。

[4] 同[3]。

[5] 邓友超：《教育解释学》，北京，教育科学出版社，2009：14。

五、教育话语分析研究过程的模式建构

（一）教育话语主题选取

教育话语是从教育现象、教育实践或者社会现象中提取出来作为教育研究对象的，也就是"从一块较大的语料中取出一小块来处理"❶。教育话语是不同时期课程改革发展与演变的"文本"与"见证"，在不同语境下有不同的"指示词语"，体现了课程发展不同阶段的特征与兴奋点。按照批判话语分析的研究方法，只有断裂才有思想的解放和价值的张扬，因此，话语主题的选取应该在断裂处和不连续处。教育话语的转换与变迁不是凭空产生的，是在特定的政治、经济、文化、教育以及科学发展状况下逐渐发展演变而来的，是当时社会制度、结构与文化在课程领域的反映与写照，与社会息息相关。某一时期的教育话语有着明显的倾向与特点，而在较长的历史时期中又会发生明显的变迁。研究人员通过对教育现象的观察和思考，形成对某一问题的基本认识，在此基础上进行话语材料的搜集，针对该话语进行主题分析与提炼，最终形成需要深入研究的教育研究问题。

教育话语分析的主题要紧密联系教育现实中的问题，凸显教育研究的实践性。教育研究人员应从日常的教育活动着眼，从教育生活世界中发现和界定这些研究话语主题，对理论话语、制度话语、实践话语等方面进行反思。

教育话语主题既可以是教育实践中遇到的实践问题，也可以是教育实践亟须解决的理论问题，还可以是理论与实践兼而有之，从对复杂教育活动的追问中探寻教育研究的主题，通过对教育话语主题的研究彰显教育生活世界的意义和价值❷。因此，话语主题应反映特定社会或历史语境下的教育研究热点。

（二）教育话语形成机制和作用机制分析

在主题明确的情况下，我们需要对教育话语的形成和作用机制进行深入分析，研究教育话语所属的更大的话语背景，研究在特定语境下话语的生成与作用策略，了解在背后支配着言语行为的那套话语系统以及相关的话语构成规

---

❶ [美]詹姆斯·保罗·吉:《话语分析导论:理论与方法》，杨炳钧译，重庆，重庆大学出版社，2011：14。

❷ 王攀峰:《批判性话语分析:当代教育研究的一个新视角》，首都师范大学学报（社会科学版），2008（5）：81-86。

则和机制❶。机制的分析需要一定的假设，假设可能需要更多的材料来进一步验证，也许还需要再搜集其他方面的材料来验证❷，我们必须始终对证据（即教育话语文本）持开放的态度，只有具有充足的话语文本，才能验证和解释清楚研究人员的先前假设是否合理，才能形成正确的规律性认识。

机制分析的研究过程在教育话语研究中具有举足轻重的作用，是教育话语分析的核心过程，在此过程中要探讨和揭示教育话语系统及其话语构成规则是通过什么途径、以什么方式使得话语主体自觉或不自觉地按照这些规则去言说、去书写、去践行❸；教育话语的形成和作用是在什么样的社会历史背景中完成的，通过什么样的渠道、经历了哪些过程、具有什么样的规律；同时，我们还要分析教育话语发挥了什么作用，对社会和人的培养产生了怎样的实践影响和效果；等等。

（三）教育话语的解释与指导话语实践

话语分析通常是一个从语境到语言，再从语言到语境的双向互动过程❹。通过对教育话语形成机制和作用机制的分析，教育研究人员可以较为顺利地对研究主题进行解释，并形成理论层面的研究规律；同时，通过对社会语境特点的归纳分析，预测教育发展过程中可能出现的教育现象和话语主题，并有针对性地指导现实的教育话语实践。解释与指导是教育话语研究的两个重要目的，有利于教育规律的发现与教育实践的有效开展；同时，这两个过程通过"反作用"又会影响话语主题的生成与演变，从而形成或建构新的教育研究问题。

通过以上分析，我们初步构建了教育话语分析的研究程序模型，如图2-1所示。

---

❶ 谢立中：《走向多元话语分析：后现代思潮的社会学意涵》，北京，中国人民大学出版社，2009：291。

❷ [美]詹姆斯·保罗·吉：《话语分析导论：理论与方法》，杨炳钧译，重庆，重庆大学出版社，2011：14-15。

❸ 谢立中：《走向多元话语分析：后现代思潮的社会学意涵》，北京，中国人民大学出版社，2009：292。

❹ [美]詹姆斯·保罗·吉：《话语分析导论：理论与方法》，杨炳钧译，重庆，重庆大学出版社，2011：15。

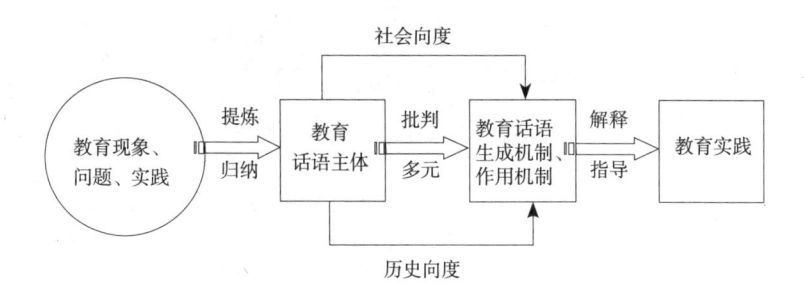

图 2-1　教育话语分析程序模型图

六、话语分析是教育研究的新视角

话语分析作为重要的社会学研究方法论，随着建构主义思潮的兴起而逐渐受到社会科学诸多领域的关注。目前，话语分析的研究主题已经涵盖教育学、语言学、人类学、文化学、心理学、传播学、政治学等诸多领域[1]。以教育学为例，话语分析可以用来研究课程话语与社会之间的理论关系[2]，亦可以分析基础教育课程改革的话语层面问题[3]，还可以分析课程改革过程话语的意识形态问题[4]，话语分析也已成为教育研究人员分析话语问题的新的研究手段。话语分析在社会研究的主体性、目的性、方法论等方面都为我们提供了全新的研究视角，它的兴起对传统的社会研究提出了极大挑战，已经成为社会科学研究重要的质性研究方法之一。

---

[1] 王鹏，林聚任：《话语分析与社会研究方法论变革》，天津社会科学，2012（5）：70-74。
[2] 刘茂军，孟凡杰：《孕育与生成：课程话语与社会的理论探析》，教育理论与实践，2012（8）：53-56。
[3] 刘茂军，孟凡杰：《基础教育课程改革的话语层面论析》，教育理论与实践，2013（1）：53-56。
[4] 刘茂军，孟凡杰：《课程改革的意识形态话语分析》，国家教育行政学院学报，2014（2）：48-53。

第三章 课程改革的话语层面及其冲突

一、课程改革的话语层面论析

（一）话语与课程改革

教育作为传递知识、价值的一种行为，必然离不开言语这一活动，必然要借助语言来完成，而其表现则是各种形式的话语，包括书面形式的话语，如教材、课程标准中的文字；口头形式的话语，如教师讲课或者师生口头对话等❶。在教育话语世界中，各种各样的话语渗透在教育系统的各个环节中。话语不仅是教育发展阶段特征的象征，亦体现出不同时期课程的价值取向。

基础教育课程改革，作为一项重要的教育措施，是通过不同层面的话语改革来达到课程改革的目的的。话语不仅是课程改革的需要，亦是课程改革问题的反映，体现了课程改革的真实声音。但凡涉及课程改革，多种话语都会以其独特的方式言说对教育改革的思考和理解，从而形成不同的话语层面与类型。我们认为，在课程改革过程中主要涉及三个话语层面，即理论话语层面、制度话语层面和实践话语层面。

课程改革在不同的话语层面展开，甚至在某种意义上，课程改革亦是不同层面话语的改革。尽管不同的话语主体具有不同于其他个体的语言表达习惯和方式，但从总体上说，它对课程改革核心问题的解析，一定会包含具有普遍性的核心概念和语句方式，会自觉或不自觉地按照某一时期普遍的话语方式表达课程改革的核心问题，表达课程核心问题的思维方式，乃至（课程的）价值观念❷。

---

❶ 刘晓红：《话语研究及其在教育学中的渐进》，宁波大学学报（教育科学版），2008，30（1）：29-33。

❷ 伍雪辉：《课程话语透析》，武汉，华中师范大学，2006：8。

基础教育课程改革的话语体系转换研究
以我国 2001 年基础教育新课程改革为例

如今,我国基础教育课程改革取得了显著的成绩,但也面临诸多质疑与诘难,正所谓成绩与问题并存。课程改革的过程,从课程规划、设计到实施、改进,从课程决策者、编制者到教师、学生,经历了多次转换,在转换过程中难免会出现一定的话语混乱。笔者认为,课程改革话语混乱现象的出现有一个十分重要的原因在于课程改革话语的层面问题,这个问题导致了不同层面话语的边界不清、立场混乱。如若我们只注意某一话语层面而完全忽略其他,则不但见不到课程改革的全貌,更有扭曲课程改革的危险。为此,笔者拟从层面的角度对课程改革的话语问题进行探讨,以期为课程改革提供有益的经验。

(二)课程改革话语层面之意蕴

1. 理论话语层面:基于理论,引领改革

任何改革都需要理论支撑,没有理论指导的课程改革必然是盲目无序的。课程改革能否成功,首先取决于理论层面的话语是否适切与完善,是否符合课程发展的实际与需要。

理论话语主体通常是以教育理论研究为主要志趣的研究者,其言说教育的话语系统是在系统的逻辑梳理和相关概念界定的基础上,经过分析、综合、抽象、概括等思维过程形成的。理论话语通常由一些思辨性较强的命题,以及相对概括化和抽象化的理论性观点构成,通常表征为概念、判断、推理等思维形式。此种话语表征不同于个体陈述、经历的具体事实或经验,是对现象、事实、经验抽象概括而形成的一种典型的概念思维或者逻辑思维的产物[1]。理论话语更多关注课程改革的理论特征,力求探寻课程改革的本质与规律,努力探寻普适的规律性认识。

课程改革在理论话语层面的主题既涉及课程的价值取向,课程理念,课程与社会、人之间的关系等宏观方面,也包括课程目标的确定、课程内容的选择、课程评价的标准等较为具体的微观领域,是对课程、课程改革相关问题的理论探讨和分析,是指导课程实践的重要内容,包括类似于"课程的价值追求是什么?""课程改革的终极目标是什么?""课程的内容应当包括什么?""课程与学习者的关系是怎样的?"等表征形式的命题[2]。理论话语是关于课程改革基本理论问题的探讨,是人们对于课程改革的最基本的认识,体现了言说主体的教育理想和价值追求,带有一定的思辨性。

---

[1] 杨晓奇:《课程改革背景中的教育话语冲突及其融通》,教育科学,2011,27(3):29-33。
[2] 丛立新:《课程论问题》,北京,教育科学出版社,2000:10。

理论话语对于课程改革具有引领作用。理论是推动课程改革的先导并贯穿于整个过程的主要力量，是课程改革最厚重的基石。通过理论话语的引领，课程改革的主体逐渐形成明确的核心价值和目标体系，并生成较为一致的课程愿景；当课程改革中的教师和管理人员在理论话语的引领下，具有了一定的课程改革的理念和意识后，就会促使理论与所掌握的专业知识发生有意义的互动，并在教育教学实践中去尝试、去探索、去践行新课程，引领新课程从理论走向实践，从理想步入现实，从而实现课程改革的落实、修正、完善、前行。

2. 制度话语层面：始于政策，止于规范

制度是一个社会的博弈规则，或者更规范地说，是一些人为设计的、型塑人们互动关系的约束❶，是社会上通行的或者被社会成员普遍采纳的一系列行为规则。课程改革离不开制度的改革与调整，合理而完善的制度话语是课程改革成功的制度保障。

制度层面的话语是指在学校课程领域内起到规范、型塑、约束人与课程发展作用的课程话语，是指课程领域中课程政策、课程管理体制等共同构建的制度话语体系，包括一系列"规章、制度、道德、习惯"❷的语句、核心概念等课程专业术语，主要蕴藏在宪法、教育法令、纲要、课程计划、目标等具有政策性的文件，以及教育的习俗、惯例之中，是具有约束和规范性的课程语言、语句。其中，规章、制度等具有很强的约束性和规范性，是显性的、强制的、正式的；道德、习惯等则隐藏在习俗与文化之中，是隐性的、潜在的、非正式的。制度话语通过两者间复杂的相互作用而发挥作用。制度话语层面是理论与实践两个话语层面相互作用的产物、中介和目标。

制度层面的话语对课程改革实践有着统领、指导、规定的作用，用以改革、规范课程的编制、实施和评价。课程改革的制度话语变革主要体现在正式的政策文件中，话语主体主要是掌握话语权的国家司法部门或教育行政部门，体现了国家对课程改革的追求和规范。制度性话语承担着公共性课程责任，代表着"政策""正统"或"职责"等公共意识及其关系，具有作为纲领或框架的课程功能，具有一定的明晰性、准则性、传递性、强制性、束缚性、规范性等特征。制度性话语在一定程度上是在日常课程活动之外先于实践决定的框架。

制度话语层面的课程变革是与教育体制、社会政治经济体制的变革相统

---

❶ [美]道格拉斯·C.诺斯：《制度、制度变迁与经济绩效》，杭行译，上海，格致出版社，上海三联书店，上海人民出版社，2008：3。

❷ 曹淑江：《课程制度和课程组织的经济学分析》，北京，北京师范大学出版社，2004：12。

一的，它随着时代的发展而不断发展。理解了一个国家的制度话语，在某种程度上也就能够厘清这个国家课程发展的走向或者改革的方向❶。正如阿普尔（Michael W. Apple）所强调的："当我们阅读可称为这个国家的话语（课程）时，我们应该强调的最重要的事情之一就是……所强调的政策文本和政策语境。"❷

3. 实践话语层面：源于课堂，关注生命

课程改革不可能仅仅落实于理论与制度，其最终归宿是教育教学实践，实践层面的课程话语改革是课程改革的重要内容。课程改革话语的意义最终生成于课程实践之中，而实践的意义则源于课堂、面向课堂、面向生命。课程改革的话语体系的建构必须立足于实践之上——如果其话语逻辑与理性化都远离课程实践、远离教师与学生，就会面临被束之高阁的境地，很难有所作为。正如施瓦布（Joseph J. Schwab）提出的恢复课堂话语的讨论，他认为由于课程改革的推广，"理论方式"的话语与知识渗透于整个课堂，教师们"实践方式"的话语与知识则处于"濒死"的状态❸。

理论上，实践话语主体应包括教育者、受教育者以及相关人员，是他们之间的互动与对话形成了教育实践话语。但在我国，传统的实践话语的主体更多的是居于教育一线的教育教学实践者，实践话语更多地诠释着教育实践工作者对教育的理解、认识与思考，带有教育实践后的经验感悟和真实体验。教育实践者在大量课程实践中不仅探索与积累着新的知识、经验，而且创造了可以言说或不可言说的教育教学智慧和大量鲜活的实践话语。这些话语尤其反映了教师在课程实践中的广阔视野，是教师走向专业化发展的起点，也是课程话语发展的根本源泉和动力。

实践话语的主要生成场所是课堂，是基于教育者（教师）与受教育者（学生）之间的互动、对话、生活、体验而生成的，更多地强调实践经验或直接感受。实践话语是在话语主体的非逻辑性思维和感性认识的基础上，基于直接的主观体验或感受而产生的话语表征，伴随着较强的经验性、直观性，饱含个人的习惯和习俗传统等，是对教育现象或问题直接的经验性认识，是一种典型的经验思维或直观思维的产物。由于实践的丰富性，实践话语对于教育的解读是

---

❶ 黄东民，王静，赵继忠：《课程改革的层次性分析：文化—制度—实践》，当代教育科学，2011（7）：12-14。

❷ APPLE M W：Texts and Contexts：The State and Gender Ineducational Policy，Curriculum inquiry，1994，24（3）：349-359。

❸ 范会敏：《新课程改革的内部障碍与突破》，教育发展研究，2007（12）：25-28。

多元的、随意的和偶发的[1]。

实践话语源于课堂，其言说与表述方式离不开个体生命的直接参与与体验，忽略或压抑了生命意义的实践话语是对课程实践价值的轻蔑与扭曲。理性的实践话语关注的应是处于不同发展阶段的鲜活的生命个体，是个性迥异、智能差异的一个个真实的"人"而非工具。把教与学的实践话语权交还给每一个课堂、把教与学的空间和欢乐交还给每一个课堂、把生命的本性——自主、自由、尊重交还给每一个课堂必将成为课程改革实践话语的真正追求，即让实践话语的意义摆脱工具主义价值的束缚与羁绊，让实践成为追寻生命价值的方式与主题。

（三）课程改革话语层面之策略

1. 理论层面策略：立足本土，基于文化

当代大规模的课程改革运动不仅具有独特的时代与社会依据，而且具有广泛的国际背景与视野，继承与借鉴成为课程改革的重要话语方式。新课程改革以来，我国引入了大量的西方教育话语，如建构主义、多元智能、后现代等，出现了本土话语与西方话语之争。不可否认，西方话语为我国丰富课程改革理论提供了大量的理论支撑与研究视角，开拓了新的研究领域，但这种理论话语似乎仅停留于理论高度，脱离了教育赖以生长的本土教育实践，无法与我国教育实情"结为连理"，以致出现了严重的"水土不服"，课程改革也陷入了困境。

本土话语和西方话语不仅仅是空间概念的差异，而且是在两种截然不同的文化背景下形成的特有的话语表征。本土话语是在我国特有的时空和民族文化生态下孕育出来的，体现了中华民族的智慧和感悟；西方话语则浸透着西方民族思维和文化的特点。本土话语和西方话语都源于各自的文化土壤，体现了不同的文化色彩和思维方式，伴有浓厚的历史感和文化积淀。其中包含丰富的自然属性、文化属性和社会属性，体现了不同民族、地域的社会规则、道德观念、习俗文化、心理特征等，同时也掺杂着话语主体的主观判断、价值渗透和思维方式[2]；更体现了不同时代与社会背景对话语的建构意义——语境对话语意义的恰当表达和准确理解起着重要的作用。理论话语不是凭空产生的，任何课程改革的理论话语都是基于一定社会的文化而生成的。"当人们把关注点从语

---

[1] 杨晓奇：《课程改革背景中的教育话语冲突及其融通》，教育科学，2011，27（3）：29-33。

[2] 范会敏：《新课程改革的内部障碍与突破》，教育发展研究，2007（12）：25-28。

言符号本身移开，就会发现语言不再是符号形式与符号意义的单纯复合体，不再作为一个纯粹的符号存在社会之中，而是与它所存在的环境紧密相连。"❶

我国传统的基础教育是相对落后的，开展课程改革难免要借鉴异域文化的话语，但基本的原则应当是：①立足本土，从我国五千多年的文化传统和现实国情中汲取营养、奠定基调；②借鉴他人，围绕我们课程改革的需要借鉴国外的经验教训、成败得失。即在课程改革过程中，要在立足本土特性、继承传统文化的基础上，合理地吸收国外优秀文化❷。当大量的西方话语涌入时，人们不能接受的并非语言体系间的符号差异，更多的是符号涵盖的价值观念、思维方式、文化传统和异域语境之间的对决与抗争❸。缺乏本土意识的课程改革将危及自主的文化领导权的保持❹，话语亦是如此，必须从我国的基本国情和现实条件出发，基于本土文化，打破西方教育话语霸权❺，切勿简单、盲目地将西方的一些理论进行翻译和装饰之后便成为我们进行改革的理论基础。

2. 制度层面：伦理公平，注重人性

制度话语具有约束性质，是各级教育行政管理者代表国家发出的权势话语❻，体现出一种带有强制性的社会政治话语权。其功能在于告诉人们课程行为约束的基本信息。制度话语对课程改革的行为进行约束或限制，也就等于告诉了人们有关课程发展的信息，借助制度话语提供的信息，人们可以确定自己的教育行动，同时可以预期他人的教育行动❼。正是由于制度话语主体的特殊地位以及制度话语对课程实践的引领和规范作用，在课程改革过程中强调制度公平就显得尤为重要，可以最大程度地满足每个受教育者发展的需要，促进教育的均衡发展。合理的制度话语是使现实的课程改革走向突破的重要依据和保障，它的存在和执行能够符合个体的愿望并契合社会的整体发展需要，使得个体愿意遵从和拥护制度的要求。

---

❶ 苏新春：《文化语言学教程》，北京，外语教学与研究出版社，2006：2。

❷ 郝志军：《基础教育课程改革问题的人学检视》，天津师范大学学报（基础教育版），2008，9（1）：1-5。

❸ 范会敏：《新课程改革的内部障碍与突破》，教育发展研究，2007（12）：25-28。

❹ 刘万海：《论我国课程研究的本土意识》，教育学报，2005，1（2）：21-25。

❺ 李承先，陈学飞：《话语权与教育本土化》，教育研究，2008（6）：4-17，23。

❻ 伍雪辉：《论课程话语的演变及其发展》，华中师范大学研究生学报，2005，12（3）：83-86。

❼ 李江源：《教育制度：概念的厘定》，河北师范大学学报（教育科学版），2003，5（1）：20-31。

制度层面的话语要力求做到伦理公平。简单地说,制度话语的伦理公平就是制度话语的合理化、人性化与科学化,是一种可使课程改革制度伦理获得正当合理性证明的规范性基础,是一种被视为可以获得广泛可接受性的课程改革的基本伦理秩序与规范系统的基石❶,其核心内涵是制度的人性化。通过对制度伦理的价值论证,可以为制度伦理确立一种可能的实践伦理基础和普遍性的伦理规范基础。亦即课程改革的制度伦理是衡量改革的一种基本善恶标准,它通过一整套伦理公平的制度将课程改革的伦理本性显现出来,并赋予课程改革伦理的可操作性❷。

传统的学校课程体系是比较严格的自上而下的阶层制度,缺乏人性化的实施和管理方式,学校课程弥漫着浓厚的官本位气氛,管理者在管理过程中渗入了太多人为的随意性和不合理性❸。制度层面话语的伦理公平,体现了我国课程改革的现实需要和时代要求。当前,世界各国都非常重视课程改革制度话语的人性化,更重视制度在促进受教育者的全面发展中的作用。人是课程的出发点,人的发展是课程的终极目的,也是课程的旨归所在,任何课程制度只有从属这一目的才是道德的,才是合乎伦理的,才是公平的!制度话语应以提升人性、基于存在和实现价值为目的,以尊重人的自由发展的本性为核心内容,以对人的自由本性的尊重与保护为出发点;否则,制度话语就可能异化为对人性的束缚和压制,成为教育不公平的根源。

3. 实践层面:话语释权,主体对话

实践层面是课程改革的核心环节,而课程实施的基本途径是课堂教学。要以实践的方式体现课程理论,以实践的方法贯彻课程制度,实践是课程改革的理念与制度的物化阶段,是课程理论、课程制度得以体现与实现的最关键环节❹。

传统的课堂关系是单一的主客模式:教师作为教学的主体,具有高度的话语权,是课堂的主角;学生则处于客体地位,是教师话语的接受者,是课堂教学的配角。课堂实践中形成了典型的主客关系。教师凭借社会和职业所赋予

---

❶ 段治乾:《试论教育制度伦理公正》,中州学刊,2004(2):148-150。
❷ 邢伟荣,唐长河:《基础教育课程改革的制度伦理探析》,教育理论与实践,2009(1):16-17。
❸ 杨洪芳:《课程改革重在管理制度的重建》,当代教育科学,2007(8):51。
❹ 黄东民,王静,赵继忠:《课程改革的层次性分析:文化—制度—实践》,当代教育科学,2011(7):12-14。

的权威，可以将对话语的控制兑换为一种权力去运作❶，师生之间很难形成有效的话语沟通方式。实际上，课堂教学是师生通过对话进行的交流和沟通的过程，是师生运用想象力从事意义创造和分享的过程❷。课程改革的首要任务就是改变原有的单纯接受式的话语方式和学习方式，建立和形成师生积极参与、平等交往、充分对话的实践方式。

因此，实践层面的改革就是使话语主体在正确行使话语权的基础上，充分尊重他人的话语权。师生之间形成真诚的交流和对话，教师的课堂话语尽可能具有真实性❸，让教学过程成为建立共通的话语体系的过程，共享教学话语权，让"失语"的一方也能发表自己的观点与看法❹，让教师与学生在平等的话语权中分享教育，将教与学的权力平等地分配给实践的主体。

这就意味着教师话语权的"释"与学生话语权的"获"，即教师话语释权、学生话语获权，让实践话语权回归本真的状态——真正实现实践主体间的平等对话。这种主体间的对话体现了教师主体与学生主体之间以交往和对话为手段，以理解为目的所达成的一致性共识，有助于消解教育实践中的主客二元对立现象，更好地理解与处理教学过程中教师与学生的关系问题，实现教学主体之间真正互动、交流与沟通的目的。在课堂实践中，学生要在教师的引导下积极主动地建构知识，发挥想象力和创造力，行使属于自己的话语权力，教师和学生应同是课堂教学的言说主体；教师应以自己真实完整的人格面对学生，真诚地与学生对话，把握学生个体的个性、需要、情感、优势以及自由创造和选择的倾向，并在信任和尊重学生的基础上，还学生以言说的权力，保证学生正常享有和利用自己的话语权力，从而得到更完满的发展❺。

（四）结语

课程改革在不同的话语层面有着不同的话语主体、话语主题、话语表征、话语特点与话语实践。不同的话语层面共同构建了课程改革的整体，是课程改革在不同侧面的反映与写照，某种程度上，课程改革亦是不同层面话语的改革。基础教育课程改革的三个话语层面既是相对独立、界限清晰的，亦是相互联系、水乳交融的。每个话语层面都需要理论完善与立场坚守，每个话语层面

---

❶ 马维娜：《学校场域中的话语再制与话语再生》，教育评论，2002（4）：44-46。
❷ 邢思珍，李森：《课堂教学话语权力的反思与重建》，教育科学研究，2004（12）：13-15。
❸ 程晓堂：《论英语教师课堂话语的真实性》，课程·教材·教法，2010（5）：54-59。
❹ 杨晓奇：《课程改革背景中的教育话语冲突及其融通》，教育科学，2011，27（3）：29-33。
❺ 同❷。

都需要协调互动与转换衔接，唯有此，课程改革才能趋于合理，才能真正实现基础教育课程改革的"软着陆"。

以话语层面为范式的研究摒弃了以问题为依托的局部性与片面性，有利于课程改革层次的条理化、内容的清晰化、范畴的明确化，是一种崭新的研究范式。

二、课程改革不同话语层面的冲突及其分析

（一）引言：冲突理论与课程话语

冲突理论强调人们由于有限的社会资源、权力和声望等而发生斗争是永恒的社会现象，认为"冲突"是指不同事物之间由于相互抵触而产生的一种不协调的状况。美国社会学家乔纳森·H.特纳认为："冲突是指各派之间直接的和公开的、旨在遏制各自对手并实现自己目的的互动。"[1]社会学家们经常用一些贬义词如仇恨、对立、争斗、抵触、制约、对抗等来说明冲突的内涵，表现不同事物、个体或群体之间的相互作用，因此一般的研究者会认为冲突的作用和影响都是消极的、负面的，对事物是一无是处的。但冲突在社会事物发展及变化过程中亦具有积极意义，在某种意义上可以说冲突是导致事物发生变化的根源和动力。社会成员为了争夺有限的社会资源，经常处在冲突的状态中，导致原有的社会秩序和平衡不断被破坏，社会也在不断地流动变化，从而导致社会的不断变迁和发展。实际上，社会的各个组成部分远不是作为整体的一部分而平稳、协调地运行，它们往往存在着矛盾和冲突，社会和社会秩序主要是通过强力来维持的，因此可以说，社会秩序是力量与强制的产物[2]。尽管如此，很多冲突论者仍然坚信社会秩序的存在，认为社会秩序是社会各部分之间不断冲突的结果，而且，社会秩序也不一定就是事物的自然状态，短暂存在的社会秩序源于社会的一部分统治于另一部分之上，而不是源于各部分之间的自然合作和价值观的共享将它们融合在一起。"价值和理念被视为不同集团为了提升自己的目标而采用的武器，而不是定义整个社会同一性和目标的方式。"确定在社会中占据统治地位的群体是冲突论者一个重要的关注点，冲突论者探寻这些占据统治地位的群体是如何维持其统治的，以及他们的这些权力起初是怎样

---

[1] [美]乔纳森·H.特纳：《现代西方社会学理论》，范伟达译，天津，天津人民出版社，1988：245。

[2] 葛春：《基础教育课程改革：问题与建议》，中小学教师培训，2008（3）：39-41。

获得的❶。在冲突论者的眼中，社会是一个竞技场。

课程改革话语存在冲突的现象是十分普遍的，表现为课程改革过程中各种教育力量之间的矛盾、分歧、争夺、较量的紧张状态❷。课程改革在理论探讨、课程规划、试验推广、实施修正、完善深化的过程中，在各方利益的纠纷、矛盾和争夺中，表现为不同类型的话语之间冲突不断。一般来说，出现在官方制度性文件中的话语是处在改革"主流"地位的，它们往往代表了国家和社会的主流意志，是国家根据现实需要而形成的，且在很大程度上影响课程改革发展方向的话语，它们带有强制性，形塑着统治阶层的"归属感"；而那些非主流话语则只能处在课程改革的边缘和不起眼的角落里，受到主流话语的排斥和压制，缺乏生存的空间和发展的土壤，无法对课程改革形成强有力的引领，其权力影响亦是微乎其微的。它们两者之间的冲突是一边倒的。而且，课程改革的这些主流话语之间也总是伴随着一定的矛盾和冲突，这也体现了主流话语之间权力的竞争和角逐，甚至可以说没有冲突的话语也就失去了其存在的意义❸，很容易在浩如烟海的话语中被人遗忘，成为过眼烟云。课程改革的话语冲突只是表面现象，从本质上看，这些话语在生产与再生产的过程中隐藏的是权力之间的竞争和冲突，也体现着社会因素对课程改革的深刻影响，这些都会在很大程度上左右课程改革的发展方向。因此，我们运用话语和话语分析的方法去考察、透视和诠释课程改革和话语冲突，对于我们理解和把握课程改革的发展与走向将十分有意义。

（二）课程改革不同话语层面的冲突类型及其分析

1. 理论话语之间的冲突

理论话语主题通常是在话语主体系统的逻辑梳理和相关概念界定的基础上审思的教育理论问题，经过分析、综合、抽象、概括等思维过程形成❹。理论话语冲突是指课程研究者针对课程改革所发表的关于课程改革理论话语之间的冲突。按照科塞（Lewis Coser）有关冲突类型的划分，理论话语冲突是在课程改革系统内部出现的，属于内部冲突。理论话语冲突往往是由于不同研究

---

❶ [美]戴维·波普诺：《社会学》10版，李强，等译，北京，中国人民大学出版社，1999：110。

❷ 陈振中：《论教育冲突的功能》，教育评论，2001（1）：16-18。

❸ 王晋：《基础教育改革话语的社会学分析》，教育学术月刊，2011（4）：3-6。

❹ 刘茂军，孟凡杰：《基础教育课程改革的话语层面论析》，教育理论与实践，2013（1）：53-56。

者的关注重点、价值取向的不同而引发的，是涉及课程改革相关专家的宏观课程价值取向的差异和分歧，其话语冲突和争论的侧重点主要体现在课程设计理念、教学方式、课程目标、课程实践、课程评价等方面。本次课程改革在理论探讨中出现了诸多的不同意见，针对某些学术问题产生了多重话语冲突。例如，学科知识的地位和作用是怎样的？课程改革的过程应该是运动式的还是渐进式？学生应该以直接经验为主还是以间接经验为主？哪一维度的目标才是教学过程的核心目标？探究教学与传授教学到底以哪个为主？等等❶。

从理论话语冲突的本质上看，不同话语之间的冲突体现了课程改革研究者关于理论基础、课程本质以及话语主体所持价值观念的冲突。不论在历史中还是在现实中、国内还是国外，都很难找到一种普适性的课程改革理论为大众普遍接受，成为放之四海而皆准的"真理"，也很难对某一理论进行简单、彻底的全盘否定。每一种理论都有其产生和演变的文化土壤和文化语境，都会呈现出某种指称范围内的、局部的深刻性与合理性特点，但即使是大家公认的理论，一旦应用于我国的课程实践，也可能具有局限性和不适应性。因此，不论言说者持有什么样的理论基础，都必须将之加以"剪裁"和"修正"，都需要将理论放在中国现实的语境中使之发展，只有这样才可能具有旺盛的生命力，才可能成为我国课程改革的依据，形成新的创造性的问题解决方案。只有在这方面达成一致，课程改革理论方面的话语冲突才会减少，才会出现更多和谐的境况。

以"轻视知识"和"发霉的奶酪"话语为例，支持者和批评者之间产生了激烈的理论冲突，其根源在于课程理论研究者所持有的价值观念的迥异。"改变过于注重知识传授的倾向"是我国《基础教育课程改革纲要（试行）》的重要目标和理念之一，可以说它非常明确地指出了我国此次课程改革要改变传统知识传授过程的某些不合理做法，同时也映射出了单纯的"知识传授"在我国传统教学中的霸权地位，于是就出现了"轻视知识"与"发霉的奶酪"之间的唇枪舌战。一方认为在当前的课程改革中明显存在着轻视知识的思潮，是轻视知识论断在改革指导思想中的渗透，认为轻视知识"论者们的思想表达往往含混不清，不讲逻辑和语法，令人费解，有的互相矛盾，还有的不知所云，很难说形成体系……"；另一方则认为注重知识传授已经成为"发霉的奶酪"，在当前社会发展和人才追求的语境中，注重知识传授作为主流价值追求已经不再具有合法性，不应该再成为我国课程改革的核心价值。众所周知，在课程改革

---

❶ 葛春：《基础教育课程改革：问题与建议》，中小学教师培训，2008（3）：39—41。

基础教育课程改革的话语体系转换研究
以我国2001年基础教育新课程改革为例

的实践过程中，不论是知识传授还是知识建构都不是简单的一句话就可以定位和说明的，即使作为主流话语出现在制度性文本之中，也可能遭到一线教师的抵制和排斥，无法登上大雅之堂，其后果也是不可预测的，很可能不会出现所谓的"过于"或"发霉"的问题。理论研究者之所以产生理论话语冲突，不仅仅受到言说者对于课程改革及其发展的哲学思考和定位的影响，更在于其自身的视角和关注重点的差异。这样的一些关于理论方面的相互批评和指责在课程改革中是司空见惯的，在一定程度上也体现出本次课程改革中理论性话语之间的多元化冲突的存在。

理论话语冲突的另一个原因蕴含在理论与政策的关系之中。在课程发展与改革的历史长河中，某一课程理论经常会成为制定改革政策的唯一基础，两者之间经常存在着"对号入座"的情形，往往导致由于理论基础的单一性课程本质、价值、逻辑、目标、内容和方法等被撕裂与分解，课程改革也因此陷入极端化的境地。课程理论与改革政策的制定是两个不同的概念，它们之间不存在简单的唯一对应关系，理论研究与政策制定遵循着不同的逻辑与方法。一般来说，理论研究通常是以理论性的假说或命题为基础，一般注重局部性结论的深刻性与可信性；理论研究关注的话语并不完全来自完整的实践活动，有可能是局部的实践行为与问题，其目的在于根据理论分析，通过论证获得证实或证伪的结论。课程改革政策的制定一般关注的是政策的可行性、全面性和可操作性，课程改革政策的制定必须立足于完整的教育教学实践活动与行为，确保在解决局部问题的同时不能诱发新的问题。如果完全以某一理论为基础制定课程改革的政策和路线，往往会因理论基础单一、理论与政策唯一对应而产生极端做法。因此，课程改革的中间道路是可取的：通过不同理论流派的折中而赋予课程改革充分的、全面的和结构化的理论依据与基础❶。

课程改革话语的冲突往往是围绕课程改革中的一些具有核心地位的教育理念展开的，这些争论、探讨和商榷声音的存在是学术自由和繁荣的表现，理论话语之间的冲突有利于我国课程改革的理论向符合教育科学基本规律和我国国情的方向发展。当不同理论研究者之间存在冲突的时候，不能用自言自语式的"言说"和"解读"彻底否定其他学者的观点。在某种意义上，正是学者们持有不同的观点，不同的观点存在着矛盾和冲突，在冲突的过程中才逐渐形成了相对合理的结论。

---

❶ 郝德永：《从两极到中介：课程改革的路径选择》，教育研究，2010（10）：33-37。

2. 实践话语与理论话语的冲突

一般来说，理论话语的形成是在专家学者的学术影响力以及国家教育行政机构的权力支配下实现的，课程改革中具有主导性质的理论话语都来自课程改革专家，蕴含着课程改革理论专家群体复杂的情感体验、心理交锋和集体智慧。同时，由于课程改革专家的话语通过制度性文件的颁发得以落实，这些话语又成为权力和威望的象征。课程改革专家依据自己对课程本质和价值取向的定位，对课程改革的理论话语进行选择、传播和推广，逐渐将这些最新话语推广到群体专家之中，并为他们所接受，逐渐产生共鸣，形成稳定的课程改革的专业理论术语。不同的专家关注的视角不同，理论研究的方向不同，课程改革出现的理论话语存在较大的差别，有的话语受到舶来课程的概念和表达方式的影响，其话语表述不一定普遍适用于我国的课程改革实践，只有那些获得广泛认同的外来话语，才有可能转化为我国起主导作用的课程改革话语。在我国，由于各种原因，这些理论话语在形成的过程中往往缺乏教育实践的深度介入，因此显得"理性十足，实践缺乏"。在缺乏实践因素的理论话语形成之后，国家的教育行政部门和权力机构开始制定相关的政策法规，并开始贯彻执行，使得这些专业话语以生僻的方式突然出现在广大教育一线工作者之中，导致广大一线工作者在执行过程中产生误差和冲突。

课程改革专家作为全球化进程中的一员，必然受到全球的政治、经济、文化、科技发展等的强烈影响，表现出对先进性理论及其主导下的言语表达的强烈渴求❶。很多课程改革专家往往习惯于从文献资料和比较教育中寻找用来描述课程现象、本质以及教学规律的专业话语，过分注重课程与教学的理论探讨而缺乏对实践对象的了解。在这种情况下，政策部门要求一线教师全盘接受课程改革的理论话语，并内化于教师的思想、言行和实践之中，实现课程改革话语方式的转型，就可能因为一线教师无法在理论上完全接受而出现抵触的状况❷。一线教师长期浸润在教学实践中，在面对纷繁复杂且无法解决的实际问题时，往往寄希望于专家的解答，而专家又会因为远离实际教学生活无法给出满意的答复。同时，本次新课程改革虽然开展了10年有余，但课程改革话语仍缺乏存在的共性基础❸。课程改革专家并没有因为课程改革的实施而停止争论，这种争论不仅存在于课程实践的领域，更涉及课程改革的基本理论问题，

---

❶ 晋银峰:《论课程改革中的话语转型》，中国教育学刊，2011（9）：45-48。

❷ 同❶。

❸ 同❶。

少数课程改革的专家们仍然没有停止对课程改革最基本内容的争论，出现了大量与课程改革初衷不一致的话语。部分课程改革的理论话语在实践中形同虚设，很难在广大的一线教师实践中引发共鸣。这就导致课程改革专家与一线教师因价值追求、思维方式以及行为方式的差异而存在话语分歧，致使理论话语与教育实践相隔较远，无法适应课程改革实践，形成话语冲突。

长期以来，处于教育一线的教师——课程改革实践中的主体与课程研究和制定的主体缺乏对话，课程结构单一，从而使课程话语只能以独白的形式呈现。新课程改革在很大程度上力图更正原有课程中的弊端，设计了三级课程结构，使课程领导的权力下放到地方、学校和教师手中。虽然在理论上话语主体有了平等的地位，但在实际操作过程中，教师的实践话语力量仍然是薄弱的，很难"理所当然"地进入课程制度领域，理论话语独白的情况依然存在。

总体来说，理论言说与实践表达存在话语异质、话语冲突的缘由往往是两者之间在话语主体、关注对象以及言说方式上存在差异。在话语主体方面，理论言说者大多是以理论研究为旨趣的学科专家，他们常年沉浸在理论研究中，较少深入教育实践，他们在话语言说的过程中往往容易忽视教育实践的实际状况；而相较于课程改革实践中的主体（主要是教师、学生）来说，他们在很大程度上更加注重如何有效地提高学生的学习成绩，而对于将学生培养成为什么样的人这样带有哲学意味的理论则关注较少。在关注对象方面，理论言说主要关注话语主体主观世界中的理念性问题，而实践表达则主要关注客观世界中的现实性问题。在言说方式方面，理论言说大多从概念界定出发，强调严密的逻辑检验和事实确证，追求理论言说的系统性与概念之间的逻辑合理性，而实践表达一般则从现实的问题出发，旨在解决实践中的难题，注重在行动研究中揭示教育，即真理是寓于教育事件之中，或是真理在教育事件本身所敞开、显现出来；而实践则不同，它往往是在动态的交往中表现出综合的、具体的、情境的特性，也正因为如此，教育实践的话语表达难以做到严密的逻辑关联性、自洽性和完整性，而需要充分整合各种教育理论言说来诠释实践话语，以解决现实的教育问题❶。

3. 政治话语与学术话语的冲突

为了确保某一学科有别于其他学科，实现独立发展，这一学科的话语体系就需要与其他学科有明显的不同，这一话语体系我们称为学术话语，它是

---

❶ 李润洲，楼世洲：《教育改革背景下的学者话语言说》，清华大学教育研究，2009（12）：23-27。

一门学科研究和发展的根源和基础，对于某一学科的学术研究具有重要的意义❶。一般来说，学术话语是指人们在研究、思考、表达某一学科问题时的专业用语，用不同的词汇、语法和修辞创造专业知识，表述某一学科的理论逻辑和知识体系，并以学科独有的方式阐释世界❷。课程改革过程中的学术话语旨在通过话语民主、自由和自治不断地对现存的教育秩序进行解构，在践履思想自由的基础上建构一种教育创新机制，以促进新的教育秩序合理性地生成，指导教育实践，探求教育发展之真❸。政治话语是指受政治因素等的影响而生成的话语，政治话语往往体现出等级、权威和服从等特性，通常带有明显的意识形态色彩。范迪克（Van Dijk）认为政治话语关涉"主要是政治性"的话语，它是政治领导人的一种政治行为，内容包括议会辩论、议案、法律、政治演讲、政治采访、发布会或政府颁布的政策法规、文件、党纲等。在课程改革过程中，政治话语通过其自身的政治权力"规划"并分配教育利益，使自己拥有的知识合法化为"客观真理"，从而顺利地进入课程，旨在建构一种新的教育秩序和规则，以实现自身政治利益的需要，而对教育的科学性、规律性以及教育创新、发展和进步则极少关心。政治话语在课程决定中的运用主要表现在对教育发展纲要、课程计划、教学大纲、教科书等的控制上❹。

而在理想的教育实践中，学术话语应该在教育的每个环节都起到核心和引领的作用，倘若学术话语完全傍依于政治话语，政治需要什么、统治阶级需要什么，教育学者就言说什么，完全按照政治的意图办事，甚至在特殊时期为了政治或个人的需要而修改学术观点，使学术话语成为政治话语的附庸，其结果必然是彻底葬送学术话语的生命❺。因此，学术话语必须以坚定的学术道德和学术信念，在追求学术之真的过程中不畏权力的冲击和压制而勇敢地扬起真理的旗帜，否则就有可能违背学术作为天下公器为公众谋求福利的初衷，而且有可能成为某些政治集团的合谋者乃至帮凶，从而阻碍而不是促进教育事业的改革和发展。

---

❶ 李菲：《当代教育管理学术话语分析》，曲阜，曲阜师范大学，2007：1。
❷ 董艳：《学术话语：社会学术文化观念和社会建构论阐释》，国外社会科学，2012（7）：135-139。
❸ 李润洲，楼世洲：《教育改革背景下的学者话语言说》，清华大学教育研究，2009（12）：23-27。
❹ 吴康宁：《课堂教学社会学》，南京，南京师范大学出版社，2000：143。
❺ [俄]巴赫金：《巴赫金全集》（第三卷），白春仁，晓河译，石家庄，河北教育出版社，1998：37。

4. 本土话语与西方话语的冲突

21世纪是信息化、知识化、经济化、全球化的世纪，以知识创新和应用为特征的知识经济时代亟须大量具有较高水平和科技素养的创新人才，创新精神与实践能力成为影响民族生存状况的最基本因素。在这种国际化的、全球化的背景之中，我国的课程改革自然无法逃离本土以外的各种文化的冲击[1]。本土话语与西方话语在中国课程改革的现实语境中不可避免地形成交流、融合和冲突。本土话语和西方话语在缠斗、纠结和较量的过程中，你来我往，互有胜负。支持以本土话语为主实施课程改革的国情论者认为外来话语干扰了我国的课程改革，而且在运用的过程中暴露出种种问题，把课程改革的理论基础、思维方式、改革方式区分为本土的与外来的、自家的与人家的，抨击所谓"引进""移植"的情结与偏好，将新课程改革所出现的问题归因于理论基础不符合中国实际，强烈主张"国情适应""守护家园"等，认为在课程改革中本应借鉴的国外现代教育理论（如建构主义、多元智能、后现代主义等课程理论）的主张及其改革路线为"不问国情、脱离国情、不现实、理想化"，对所谓的"外来话语"进行了猛烈的抨击。本土话语与西方话语形成了激烈的冲突。

随着全球化进展的加快，当代大规模的课程改革运动都具有广泛的国际背景，许多国家都在借鉴他国的有效经验开展本国的课程改革运动，尤其是不发达国家对发达国家的借鉴尤为普遍。这样，课程改革经常会出现教育的本土传统与可借鉴的外来经验之间冲突，并形成两种截然不同的课程改革方案与路线。对于我国而言，这一现象更为严重。近代以来，我国正式开始了学校和课程的建设和完善，回顾我国课程改革所走过的路程不难发现，"本土"与"外来"之争在我国课程改革过程中由来已久，大多数时候我们是在"学习"和"借鉴"中形成自己的课程方案和改革路向。我国的教育始终处于一种相对落后的状态，始终处在不断向外国先进经验学习的追求之中。这也导致我国的新课程改革在某些方面没能摆脱西方教育的影子，出现了大量西方理论与西方话语。例如，"建构主义""多元智能""行动研究""个案研究"，这些关涉课程改革基础理论和基本书方法的话语都充满了异国味道，何况那些以这些话语为基础而延伸出来的话语！为了提高本国研究的层次并与国际接轨，研究者们开展的研究充斥着外国的理论和经验，国外几十甚至上百年的课程话语体系在短短几年之内就在我国传播开来，甚至内化为开展课程设计和课程研究的一种思维习惯。可以肯定地说，国外的先进经验是值得我们借鉴的，但如果不加以

---

[1] 辛继湘：《课程与教学变革中的文化冲突》，教育评论，2008（4）：54-58。

加工和修饰，不以文化的视角审视这些舶来的话语，不以实践考验这些话语，而直接应用于我们的课程改革之中，就会存在简单复制和生搬硬套之嫌。而针对传统文化中的优秀经验和课程话语的追溯和解读却颇受冷落，似乎本土话语永远都是落后的，只有西方话语才是先进的，才是适合我国课程改革的。本次课程改革已经远远超越课程内容的更新或教材的变换这一程度，而上升为一种新的课程思维方式的形成和建设问题。很显然，如果在新课程改革中仍然局限于既有的课程传统，那么所谓的课程改革新思维将是很难形成的。在此，异域的经验为新课程改革找寻和确定新思维提供了一个重要的参考点。从近当代的课程改革中更可以发现，课程改革中的"新"离不开异域思维的渗透和成功经验的借鉴，但借鉴西方经验并不是说要抛弃与否定本土传统。我们既要看到本土传统在文化传承和历史延续中的优势，也要正视外来经验之中的那些值得借鉴之处，通过折中、融合的办法使二者互为补充，为课程改革构建最优化、最理想的平台与基础❶。

按照科塞的观点，本土话语与西方话语之间的冲突属于非物质性冲突，是由于我国与西方价值信仰等的不同而形成的。众所周知，中西方文化之间存在着巨大的差异，存在着价值信仰的严重不同，而这种中西文化之间的差异也正是我国课程改革与西方后现代教育思潮产生冲突的重要原因之一。自古以来，我国的传统文化非常注重集体文化的价值，反对过分地显露自己，并且十分注重教师的权威地位。后现代理论提倡充分实现个人的价值和个性的张扬，提倡自我能力的展现，提倡教师与学生的平等相处与民主交流，这些都与我国传统文化有着本质的不同❷。这些中西文化的差别决定了包括西方后现代思想在内的很多教育思想在我国不可能马上被完全接受，即使被引进到我国，也需要一个较为漫长的时期才能被完全本土化，才能适合我国的教育实践，对它的认同与理解将需要一个更加漫长的过程❸。不同的话语背后有着不同的文化价值取向，不同的话语有着赖以形成的文化土壤和生存环境，不同话语的生命力在不同的语境中也有不同的表现。因此，可以预见，以西方文化和理论为基础的西方话语必定会与以中国传统文化为基础的本土话语在课程改革的交流过程中持续地碰撞和冲突，最后的结果也可能不是一方压倒性地"战胜"另一方，而是将两者最精华、最合理、最有价值、最适合我国国情与发展语境下的部分

---

❶ 郝德永：《从两极到中介：课程改革的路径选择》，教育研究，2010（10）：33-37。
❷ 伍雪辉：《论课程话语的演变及其发展》，华中师范大学研究生学报，2005（3）：83-86。
❸ 王玲，周小虎：《后现代教育思想与中国基础教育改革》，教育理论与实践，2006（5）：2-23。

"沉淀"下来,成为课程改革最终的基础,这也是冲突结果。

5. 现实利益受益主体之间的话语冲突

在社会学的视野里,每一次课程改革都是社会各利益群体针对社会有限资源进行的一次再分配,是对现有利益格局的再调整。在这一过程中,多元的利益主体之间为了获得最大的受益,都会与其他主体开展你争我夺的博弈,这些博弈过程要想获得社会的认可和肯定,必然会以话语的形式展示出来以表明自身言说的重要性,其话语之间必然充满了斗争、妥协和冲突❶。这些都是利益争夺的外在表现。

自古以来,我国的课程改革一般是由官方发起组织的。但即使如此,由于国家和社会发展的现实状况的限制,能够提供的教育资源总量还是有限的,即为教育提供的人力、物力以及政策等资源基本不变。此时,如果课程改革的政策倾向于不同的方面、涉及不同的部门(主体),就会间接侵害其他政府部门的利益❷,就会在这些利益主体之间形成竞争的态势,使课程改革变成不同利益主体通过话语进行申诉和争取利益的场所。这一过程涉及方方面面的利益主体和利益主张,政策制定层面上有国家政府部门,尤其是国家教育行政部门;政策传达和执行层面上有各地政府、社区、学校;课程改革的直接执行层面主要是教师,还有学校教育之外与改革密切相关的家长、关注教育的社会人士等;同时还牵涉政府资源、社会资源以及人力和物力等的重新分配与组合。不同的主体有不同的要求和主张,如果在改革过程中出现利益分配不公平、政策制定不合理、权力分配不科学的情况,就可能导致主体之间的冲突。因此,理清课程改革中的利益分配秩序、制定合适的分配原则对课程改革的推进有着十分重要的意义。一般来说,要么由市场经过长期的酝酿和发展自发形成利益分配秩序,要么由政府按照某种公认的标准通过行政的手段来实现。当然,本次课程改革过程中,国家中央政府并没有完全控制利益的分配过程,而是将一部分权力下放到了地方政府和中小学校。理论上,课程改革的利益主体之间应该在国家的基本要求引导下,以权责对等的原则进行权益分配。但公共权力等变量分配深入课程改革的利益分配领域,结果造成了一些不公正的分配现象存在,导致不同利益主体之间由于利益分配的不合理而产生冲突,挫伤了改革中的利益主体实施改革的积极性和能动性。

以教师群体为例。人们一直认为课程改革的成功与否关键在教师,他们

---

❶ 葛春:《基础教育课程改革:问题与建议》,中小学教师培训,2008(3):39-41。
❷ 同❶。

在课程改革中承担了重要职责，是课程改革理念和实施的首要践行者。如果按照权责对等原则进行利益分配的话，他们在课程改革过程中应该获得较多的权益，但现实的状况却事与愿违：一线教师往往处于无权或少权的状态，更有甚者还因为课程改革使原有的权益受到了侵犯，这也是教师总体上对课程改革缺乏热情和积极性的原因之一。为了改变这一不合理的状况，促使教师以积极的心态融入课程改革的实践之中，给予教师必要的权力必不可少——要让他们参与到课程改革的整体规划中，让一线教师具有实质性的课程规划权、课程设计权、课程决策权、课程评价权、课程管理权等。唯有如此，才能有效保障教师的基本利益，促使教师以良好的心态积极参与到课程改革之中。

再以课程改革中的学校利益分配为例。由于历史、地理条件以及地区经济发展不均衡等，我国形成了办学条件差距巨大的几类不同学校：东部发达地区学校与中西部薄弱地区学校、城镇学校与乡村学校、重点学校与非重点学校等。在课程改革中，由于不同学校原有教育资源存在明显差别，对教育资源的需求也就参差不齐，在利益分配过程中出现了冲突的情况。一方面，不同学校物质方面的基础是不同的，一般来说，西部薄弱地区学校、乡村学校、非重点学校的物质资源是相对较弱的，东部发达地区学校、城镇学校和重点学校的物质资源要丰富很多，这就要求在物质资源的分配方面要考虑到地区发展不平衡的状况，尽量减少不同地区学校之间的冲突。另一方面，本次课程改革的政策制定也存在着不同地区的明显差别。新课程改革在课程设计和决策过程中往往首先考虑发达地区、城市学校和重点学校的需要，并作为政策制定的主要依据，在课程改革的重要文件、课程标准以及新教材中，都出现了明显的"城市中心主义"倾向，缺乏对条件落后学校的关注。同时，课程改革实施之前所开展的教育实践或专题研究大部分是在城市和较为发达的地区进行的，而对乡村和欠发达地区的教育实践则关注较少[1]。在这种情况下，不同地区、不同学校之间出现物质和非物质方面的冲突就成了顺理成章的事，即使这些弱势群体争取到一定的"现实利益"，但由于历史积淀和地区差别等方面的原因，也无法实现真正意义上的教育公平。因此，在某种意义上，基础教育改革话语只能在边际处影响社会关系和权力结构的重心，弱势一方的话语意义是比较式微的[2]。

在课程改革过程中为了尽量避免不同群体之间的冲突，教育资源的分配、

---

[1] 葛春：《关于基础教育课程改革的社会学分析与思考》，南京，南京师范大学，2007：29-30。
[2] 王晋：《基础教育改革话语的社会学分析》，教育学术月刊，2011（4）：3-6。

实施要尽量维护弱势群体的基本权益，确保课程改革过程中利益分配的公正性，这也是现阶段大多数人可以接受的原则。由于教育资源分配不平等现象存在的长期性和影响的广泛性，现阶段通过一两次课程改革想要达到各地区、各学校之间的绝对平等是不可能的。政府在宏观设计课程改革过程中应该建立最低保障制度，在不同群体发生利益冲突时，要在政策、人力、物力上保障弱势群体的"生存性需要"，保证弱势一方的基本权益[1]。当然，所谓公正绝非完全平等，现阶段的公正原则可以理解为权责对等和获得与贡献对等的基本原则，不能实行绝对的等额分配，而要按照"获得与贡献对等"的原则进行分配，这也是现阶段"公正"的基本要求，也是减少主体冲突的最合理做法。

（三）冲突理论视域下的课程改革话语冲突理论分析

1. 课程改革话语冲突是不可避免的

对社会组织而言，冲突无时无刻不存在于社会组织的各个层面，是社会组织的一种生存常态，包括政府组织、学校组织以及这两种组织之间。"冲突"是与"一致""稳定"等互动并列存在的社会形式之一。冲突是社会生活中的常见现象，而不是偶然出现的，冲突现象往往表现为长期存在，不可避免。冲突一般随着双方或多方之间的竞争，会导致组织机能的消耗，此时的冲突表现为一种负面的作用。但同时，冲突可能会使组织内部的稳定、和谐，也会导致冲突组织或个体为了取得竞争优势而向更加合理、完善的方向发展，冲突也常常表现为组织发展的一种积极的力量[2]。在任何一个社会系统内，完全和谐都是不存在的，社会系统即使和谐也不是一种静态的、孤立的和谐，而是在不断化解矛盾冲突的过程中达到一种动态的和谐。当变革真正发生的时候，冲突也将纷至沓来，不可避免。事实上，课程变革或许正是由冲突引发的，而在实施过程中使得冲突愈发凸显[3]，表现为课程改革过程中各种话语之间冲突不断。

课程改革是整个社会有效运转和改良的一部分，教育制度与社会制度、教育与文化、学校与社会关系、个人与社会之间都存在复杂的关系，课程改革过程中也存在知识选择、组织分配、传递以及评价、管理等问题。课程改革涉及学科专家、教育行政管理者、教师、学生、家长、社会热心人士等各方面的

---

[1] 葛春：《基础教育课程改革：问题与建议》，中小学教师培训，2008（3）：39-41。

[2] 孙翠香：《学校变革中的利益冲突：表现、成因及化解》，教育理论与实践，2012（4）：23-26。

[3] 辛继湘：《课程与教学变革中的文化冲突》，教育评论，2008（4）：54-58。

关系，存在着多重的话语主体，他们对于课程的发展前景有着不同的价值取向，因此在话语表达时会以自己的思想体系为参考点，这也是不同话语之间不可避免地出现各种冲突的原因之一。同时，课程理念与课程改革之间往往存在着超前与滞后的现象，代表不同价值取向的新课程话语之间以及新旧话语之间都可能呈现出冲突的态势，使课程改革呈现出混乱、无序、多元和冲突的状态❶。而且，课程改革也是社会价值和权力渗透到学校之中的连接点，是社会对学生和教师进行控制的关键机制❷。这些关系之间不可能处于一种静止的状态，会随着冲突而不断地完善课程改革中不适合的方面。只要我国的基础教育存在着不合理的地方，存在着强势与弱势的人群和资源差别，存在着课程价值观念的不同，课程改革话语之间的冲突就不可避免。

2. 课程改革话语冲突的根源有物质的，亦有非物质的

正如冲突理论所主张的，课程改革过程中的话语冲突是社会冲突的一个侧面，包含了多重因素之间的相互作用，课程改革话语冲突存在着物质和非物质等方面的根源。

第一，物质层面的根源主要是由社会资源的匮乏或有限资源分配过程的不公平引起的，如地区发展不平衡、课程资源分配不平等与分布不合理等方面所导致的东西部地区差异、城乡差异、校际差异等现象❸，以及由此带来的教育发展不均衡等。以城乡差异为例。我国城乡之间发展十分不均衡，城乡之间在办学条件、师资力量等方面存在巨大的差距，城乡差异已经成为我国课程改革话语冲突出现的重要原因。例如，2004年年底，江苏省城镇中学的专任教师中本科学历所占比例为67.6%，农村中学的专任教师中本科学历所占比例为32.3%，农村中学本科学历的教师比例不及城镇中学的二分之一，城乡差距十分明显❹。农村和城镇的教育投入亦存在明显的差别。例如，2002年全社会共计投入教育资金5 800多亿元，而占我国人口60%以上的农村只获得了社会总投入的23%。物质层面的冲突问题大多与资源分配问题关联，可以通过合并农村学校、加大农村教育投入等手段使之得以缓解，尤其是随着我国对教育投入的增加这些问题逐步得到改善。在任何一个社会中，教育的权力、教育的资源

---

❶ 刘志军，杨会萍：《冲突与融合：课程文化在教育变革中破茧成蝶》，中国教育学刊，2008（4）：37-40。

❷ EGGLESTON J：*The Sociology of the School Curriculum*，London，Routledge and Kegan Paul，1977：8。

❸ 腾飞：《教育均衡发展大观察》，长春，东北师范大学出版社，2010：10。

❹ 朱步楼：《以科学发展观推进教育公平》，中国教育报，2005-8-1。

以及教育领导者的地位都不可能无限供给，如果分配不均或不合理，都不可避免地会导致课程改革过程中的话语冲突，这是非常重要的根源。

第二，课程改革话语冲突也存在着非常重要的非物质层面的根源，即价值观念和信仰的差异、制度性的歧视、文化差异和冲突等。在某种意义上，非物质层面的根源更加难以调和。在课程改革过程中，这些存在于学生、家长、教育管理者心中的课程价值、育人目标、评价理念等往往会对课程改革起到更加深刻的影响。当出现与改革目标不一致的情况时，两者的冲突不可避免，尤其是由社会资源分配不公、社会控制不力等引发的这些话语主体的心理失调更成为诱发话语冲突的主要因素[1]，而这些也很难在较短时间内得到彻底解决。这不仅是话语冲突的主要原因，同时也是基础教育课程改革实施困难的主要原因。因此，从非物质层面考虑和设计课程改革，是减少实施阻力、实现话语和谐的一个非常重要的切入点。

3. 课程改革话语冲突具有正功能和反功能

科塞一直强调社会冲突存在着正、反两方面的功能，适当的社会冲突有助于提醒统治者和决策人物适当关注普通社会成员的苦难，有助于提升社会成员的平等地位，提高弱势群体的受关注程度，有助于推动社会和谐发展。但单纯突出冲突的积极功能或一味强调冲突的消极作用都是草率的。

基础教育是社会系统的重要内容，课程改革是社会改革和运转的重要方式，课程改革的话语冲突亦存在正、反两方面的功能。课程改革话语冲突的正功能表现为使原有教育中的问题充分暴露，成为变革的契机。即冲突之后的一个最明显的结果，常常是社会结构和社会秩序的分化和重建——冲突导致了变迁。"冲突被认为导致和改变了利益集团、联合、组织……如果人们之间的每一种互动都是一种交往，那么，冲突——它毕竟是最具有活力的互动之一，必定被视为一种交往。"[2]例如，"双基教学"这一话语对我国的教育实践产生了深刻的影响，在生成之初是带有明显的积极意义的，对于我国恢复正常的学校秩序、提高学生的知识水平、注重技能培养、提高教学质量，都产生了非常重要的作用，此时一直体现的是正功能。但"双基教学"话语对教育所产生的负面效应亦是存在的。随着科技的发展和社会进步，对人才的需求不断变化，传统的"双基教学"已经无法满足社会对人才的需求标准，甚至成为人才培养的"拦路虎"，此时过分强调"双基教学"则带有明显的负功能。因此，新课程

---

[1] 贾春增：《外国社会学史》，北京，中国人民大学出版社，2000：264。

[2] 于海：《西方社会思想史》，上海，复旦大学出版社，1993：412。

改革在很多方面是针对"双基教学"的负面影响而展开的,并将"科学素养"话语作为新课程改革的目标和价值追求,以消除单纯强调"双基教学"的负面影响,这也是人们针对前者而进行的教育系统内部关系的调整、重组,以适应外部社会变化的需要。

一般而言,正是由于不同话语在课程改革中出现,才使得原有的课程话语弊端显露,也才形成了课程改革的创新与活力。冲突使得课程系统保持压力和革新的欲望,防止系统处于僵化的状态。而当话语冲突长期存在于课程改革之中,过于频繁、过于激烈或持续不断时,就会导致改革实践者迷茫,不知该听谁的、信谁的,更不知该如何开展改革,这样就可能动摇教育实践者的教育信念,削弱教育本体功能的发挥,甚至有可能阻碍教育制度的创新[4],从而影响整个课程改革的效率,导致课程改革的理念无法落实,无谓地消耗了教育自身的人力、财力和物力资源,也有可能使教育不堪重负,偏离正确的发展方向。

(四)结语

课程改革话语关涉众多的社会领域,有着多重的意义、根源和规则,遵循着一定的社会规律。以批判的视角为向度分析课程改革之中的话语,将会从根源上发掘出话语与社会之间的权力运作和意义关联❶,对课程改革话语的源流、价值分析都具有十分重要的意义。

冲突理论是社会学经典理论之一,有着有别于其他理论的观念和理论体系,运用冲突理论分析课程改革话语,不仅是可行的,而且更具有现实意义——有助于我们认清课程改革话语冲突的意义、分类、根源和功能,也有助于我们实现对课程改革话语的理解、传播、诠释和转型,在话语冲突中实现课程改革的进一步深化。

---

❶ 刘茂军,孟凡杰:《教育话语分析:教育研究的新视域》,教育学报,2013(5):30-36。

第四章　我国基础教育课程改革的话语体系转换分析

从新中国成立到 2001 年新课程改革之前，作为我国基础教育指导性文件的教学大纲一直演绎着课程管理的核心角色。不可否认，教学大纲对我国的教育和改革起到了十分重要的作用，奠定了我国基础教育的基本模式，培养了大量国家建设亟须的人才；与此同时，由于教学大纲自身存在弊端，也带来了一系列教育实践问题，尤其在新时期、新的历史条件下，教学大纲对基础教育的课程、教学和人才培养都产生了一定的负面影响。因此，在新课程改革过程中，课程标准作为基础教育课程和教学的指导性文件出台，取代了教学大纲的核心地位，成为指导课程运行的纲领性文件。新课程改革是一次较为全面、彻底的课程变革，新课程标准在课程功能、课程理念、课程目标、课程结构、课程内容、学习方式、课程评价以及课程管理等诸多方面与教学大纲存在着截然不同的区别，这些区别不仅反映在课程改革纲要中，也反映在各学科的课程标准中，通过话语体系的转换而得以体现。在某种意义上，话语体系的转换使课程改革得以实现。

因此，本章试图通过课程改革在不同方面的话语体系转换来分析我国课程改革的价值取向，分析课程改革的基本理念和思路，以更好地理解和指导课程改革实践。

一、课程功能的话语体系转换：由"知识"到"素养"

（一）课程功能及其话语体系转换

功能是事物存在的一个基本前提，是一个事物系统所具备的对其他有关事物发生作用的能力或者根本属性。课程功能表现为在社会、学校中，课程在教育活动中的意义、作用和用途等，它是衡量课程对人才培养、教育质量、社会发展等方面所发挥作用大小的尺度。课程功能的发挥关键在于如何协调课程功能的发挥机制，这有赖于课程自身的科学性、与教育系统的适应程度以及与其他教育子系统的互动等。如果课程在教育系统中的定位适切、设计科学，对人才培养起到积极的促进作用，则有助于课程功能的发挥，此时，课程有促进教育教学发展的正向功能；反之，则可能阻碍教育教学的发展，甚至出现负向功能。课程是知识的载体，通过知识的传授提高人的素质，课程功能对人才培养目标的实现具有重要引领作用，课程的本体功能是培养人❶。课程功能的实现直接决定着课程目标的达成和人才培养的质量，决定着教育的发展质量，进而推动社会的发展，因此，课程功能关乎整个基础教育课程改革的成败。

正是由于课程功能自身具有重要的价值，在历次课程改革中对课程功能的调整和重新定位都是必不可少的，并因此导致了课程功能话语体系的转换，新课程改革也不例外。新课程改革的重要目标之一就是实现课程功能的转变，《纲要》提出："改变课程过于注重知识传授的倾向，强调形成积极主动的学习态度，使获得知识与技能的过程成为学会学习和形成正确价值观的过程。"❷从这段文字可以看出，新课程改革认为课程功能应该注重引导学生学会学习、学会生存、学会做人，要从单纯注重知识传授转变为对人的关注，而不是传统课程功能所强调的书本知识学习。在《纲要》中所提到的课程功能思想的引导下，不同学科的课程标准都对各自学科的课程功能提出了具体的要求，其中不乏对课程功能转变方面的要求。在基础教育每一学科的课程标准中，都强调课程功能需要注重人的培养，尤其是人的"素养"培养，而不再是教学大纲时期所过于注重的"知识"。理科课程标准将课程功能的宏观目标定位在"科学素养"上。例如，《义务教育初中科学课程标准（2011年版）》明确提出，"科学课程以提高每个学生的科学素养为总目标"❸，并从知识与技能、过程与方法、情感态度与价值观三个方面具体说明。《义务教育初中数学课程标准（2011年版）》中指出，"数学是人类文化的重要组成部分，数学素养是现代社会每一个公民应该具备的基本素养。"❹在文科中也有类似的表述，将课程功能定位在

---

❶ 褚远辉，张学清：《转变传统教育思想观念树立新的课程功能观》，云南教育，2002（7）：7-8。

❷ 朱慕菊：《走进新课程：与课程实施者对话》，北京，北京师范大学出版社，2002：253-254。

❸ 中华人民共和国教育部：《义务教育初中科学课程标准》（2011年版），北京，北京师范大学出版社，2011：10。

❹ 中华人民共和国教育部：《义务教育初中数学课程标准》（2011年版），北京，北京师范大学出版社，2011：11。

"人文素养"上。例如,《义务教育历史与社会课程标准》中提到,"在本课程中培养学生人文精神和人文素养的过程中,注重帮助学生更为理性、更为智慧地认识人类的历史和生活的环境,正确理解人与社会、人与自然的关系";在《普通高中语文课程标准》(实验)中也提到,"应进一步提高学生的语文素养,使学生具有较强的语文应用能力和一定的语文审美能力、探究能力,形成良好的思想道德素质和科学文化素质,为终身学习和有个性的发展奠定基础"。❶ 从中可以看出,在不同学科有关课程功能的描述中,都提到了不同学科的素养问题,即通过不同学科知识的学习,最终实现学生不同学科素养的有效提高,满足人才培养和社会的需求。因此,基础教育课程功能的话语体系已经由传统的知识取向转变为素养取向。以素养为核心思想的话语体系的核心价值更加注重"人"自身,注重学生的体验和感受,因此,大量的话语,如"知识与技能""过程与方法""情感态度与价值观",以及"科学精神""人文精神""人的全面发展""面向全体学生""以人为本""正确的世界观、人生观、价值观""创新精神""实践能力""良好的心理素质"等成为素养话语体系中不可或缺的要素。

我国新课程改革在课程功能的定位上完全有别于以往的历次改革,其话语体系也由传统的知识转向"素养"。"知识"与"素养"的话语体系并不是截然对立的,但却蕴含着不同的价值取向。在课程功能注重知识的时代,课程成为知识传授的单一中介,知识成为课程功能的主要追求。知识是一个非常宽泛的概念,是指人类在实践中认识客观世界和人类自身的成果,"知识"也存在着陈述性知识和程序性知识等不同的类型,这里所说的"知识"是指通过正式课程加以授受的学校知识。由于我国在20世纪50年代广泛引进苏联凯洛夫(N.A.Kaiipob)主编的《教育学》,因此,课程内容在传统上历来被作为学生应该习得的知识来对待的❷。这样,学校知识就与课程内容、教材基本画上了等号。在这种知识观的引导下,课程功能只关注教材内容,即所谓的知识学习,忽视了教育的主体——人,因而备受新课程改革的批判。在注重素养的时代,课程功能则具有更为广泛的价值,课程功能不再是"目中无人",其核心在于对"人"的关注,把学生整体素质的发展放在首要位置,面向全体学生,关注每一个学生的发展❸。客观上要求新课程在课程标准制定、课程教材编写、

---

❶ 中华人民共和国教育部:《普通高中语文课程标准》,北京,北京师范大学出版社,2011。
❷ 施良方:《课程理论——课程的基础、原理与问题》,北京,教育科学出版社,1996:107。
❸ 马云鹏:《从课程功能的转变看小学数学教学改革》,小学教学设计(理科版),2003(1):4-5。

课程实施、课程管理、课程评价的过程中,紧密围绕人的素养来实施课程改革,确保课程功能的实现❶。

(二)以"知识"为核心的话语体系的发展与特征

知识表现为对事物的知觉、表象、概念、法则等心理形式,其本质是对事物属性及其联系的认识。知识有着重要价值:知识是智慧的结晶,是人类文明的精髓,是人类文明进化的结果,知识实现了人类文化的传承;知识还可以成为人们谋生的手段,转化为社会生产力;同时,知识是人的能力和素质的基础❷,知识越丰富越有利于提高自身的能力,个体能力的增强也会进一步促进知识的获得,知识和能力是相互影响和促进的。一直以来,知识作为学校课程的重要内容,是学校实施德育、智育、体育、美育的基础,是实现课程功能的基本载体,是学生提高能力、开展有效活动的一个基础条件。知识的作用是可以外显出来的❸。学校基于知识的价值而实现的课程功能造就"完满的"自由人格就是课程功能的典型表现。通过知识传授可以促进人的身心和谐发展,实现学校教育对人的培养要求,并进而促进经济和社会的发展与进步,人们自然地就认为通过知识实现了课程功能,从而将课程功能局限于知识之上。正是由于知识具有重要的价值,作为知识载体的课程也就必然在教育过程中扮演重要角色,尤其在教学大纲时期,知识成为课程功能话语体系的核心。

以追求知识为核心的课程功能话语体系我们称为"知识本位"话语体系,其基本特征是将知识看作课程功能的核心价值追求甚至是唯一追求,学校教育主要围绕知识来展开,追求知识成为学校教育的终极目标。这就导致了我国在较长一段时间内,都将知识作为课程功能的唯一目的,学校成为程序化、规范化地传递知识的工具与场所,知识灌输、死记硬背、机械训练成为求得应试成功的手段,逐渐形成了教师中心、课堂中心、书本中心的"三中心"模式❹。在这种课程功能观的引导下,知识在教学大纲所指导的传统教学中俨然成了课程学习的唯一目标,学校教育成了知识的天堂:书本是知识的载体,教师是知识的传授者,学生是知识的接受者,学生在学校里专注于知识的积累,考试的目的在于评价知识掌握的多少,学生通过学习知识考上较好的学校,毕业后找到较好的工作。正如杜威(John Dewey)在20世纪初曾经指出的那样,"学

---

❶ 白雪峰:《论中小学课程功能的实现》,太原,山西大学,2013:摘要。
❷ 郭立婷:《从人才培养质量出发解读课程功能》,太原大学学报,2009(3):109-113。
❸ 杨明全:《课程概论》,北京,北京师范大学出版,2010:96。
❹ 郝德永:《超越左与右:课程改革的第三条道路》,北京,教育科学出版社,2013:58。

校过分重视学生积累和获得的知识资料，以便在课堂问答和考试时照搬。知识常被视为目的本身，于是，学生的目的就是堆积知识，需要时炫耀一番。"❶

在教学大纲"统治"基础教育的很长一段时间里，我国人才培养目标都局限于知识传授，课程功能单纯地以知识学习、开发智力为根本任务，课程改革理论、政策、路径、方法等的选择都指向课程功能的基础性与基本性。教学大纲对知识的掌握程度作出了严格而明确的规定，使用了不同的动词对知识进行要求，运用了"知道""了解""理解""掌握""应用"等一系列行为动词，这些很显然是针对知识学习而言的，而对课程其他方面的功能则很少提及。如在1988年颁布的《九年制义务教育全日制初级中学物理教学大纲》中对教学的要求提到了"知道""理解""掌握"三个层次，"知道"层次需要达到的要求是"对知识初步认识。要求知道的知识，应该能够说出它的要点、大意，在有关问题中能够识别它们"；对"理解"的要求是"对知识的进一步认识。除了包括'知道'的要求外，还要了解知识的确切含义，并能用来分析、解决简单的问题，如解释简单的物理现象，进行简单的计算"；对"掌握"层次的要求是"除了包含'理解'的要求外，主要是运用知识的要求比理解高一些，应能灵活地用知识来分析、解决简单的问题，如能比较灵活地运用知识解释简单的物理现象，能比较灵活地运用知识进行简单的计算"❷。对教学要求方面的三个层次全部都是围绕知识的掌握阐述的，其他学科教学大纲中也有类似的表述和要求。同时，在"教学内容和教学"部分非常详细地列举了教学内容的具体要求，主要有教学内容（包括知识、学生实验）、演示、教学要求、说明等，并将所要掌握的知识以及掌握程度详细地列举出来，对某一知识的要求也是非常具体的。例如，在"放射性现象"中对知识的要求细化到"不介绍射线强度的单位"这种程度，其他方面的目标要求和培养方式则完全没有提及。在其他科目的教学大纲中，对教学的要求也都有类似的特点。可见，在教学大纲时期，知识成了课程功能的核心追求。

课程功能以知识为核心追求的最典型的代表和形式就是重视基础知识传承、基本技能训练的"双基"（基础知识、基本技能）教育。不可否认，"双基"教育是在我国教育实践中形成的、具有中国特色的课程理论，是我国教育质量不断巩固、提高的关键所在，在我国基础教育课程改革过程中曾起到非

---

❶ [美]杜威：《民主主义与教育》，王承绪译，北京，人民教育出版社，2001：172-175。
❷ 课程教材研究所：《20世纪中国中小学课程标准·教学大纲汇编（物理卷）》，北京，人民教育出版社，2001：347-348。

常重要的作用。"双基"成为我国教学大纲时期基础教育改革与发展的基本目标、基本内容与基本原则,形成了我国基础教育课程改革的成功经验,一直居于我国基础教育课程研制指导思想的核心地位。在教学大纲时期,重视"双基"的思想在教学大纲、教科书、教学参考书、教师教案上都堂而皇之地成为教学的轴心,知识核心的话语体系与"双基"思想之间基本画上了等号,促进学生全面发展的课程功能窄化为知识与技能的传授,"双基"成为课程功能的核心追求。诚然,"双基"是课程的原生性内容,传承知识是课程的重要功能与使命,离开知识与技能的传授,课程便失去存在的重要依据。然而,知识作为课程的载体,绝不仅仅、更不应该是构成课程的唯一目标。课程关注的知识应该是基于并促进人发展的知识,而不是仅围绕所谓的书本知识、专业技能对人才培养进行知识选择。"双基"作为课程功能重要内容的一部分是无可厚非的,但不能因为"双基"目标的合理性而引申出"知识中心论"逻辑及立场的正确性。课程本身是一种过程,课程功能还来源于知识之外的价值,其目的在于通过知识学习完成人的培养,课程的目的在于为学习者的技能发展、情感发展和道德素养的提升发展提供各种机会❶。"双基"的绝对化、极端化造成了我国课程理论研究与实践发展普遍存在的扭曲现象,造成了课程理论探究与课程改革实践之间的冲突,学生成了知识学习的工具,甚至连学生的学习态度、价值观、人生观、世界观等的培养都成为知识学习的附属品,没能得到应有的重视,学生无法得到应有的全面、和谐的发展,学校教育把人培养成单向度的了。例如,按照以知识为核心的课程功能话语体系,语文课程的功能应该是具有较强的识字写字能力、口语交际能力、阅读能力、写作能力等,而这些对于培养符合新时代要求的公民却是远远不够的,学生还需具有较强的语言、语感、思维、表达、应用、审美等能力,以及在生活中综合运用语文的能力、不断更新知识的能力等,使学生具有良好的语文素养❷。

以知识尤其是书本知识为核心追求的课程功能也不符合党和国家对课程功能的要求,即使在教学大纲时期,党的教育方针也一直提倡促进学生德智体全面发展的课程功能观。国家一直强调传授给学生基础知识和基本技能,并在此过程中注重促进学生良好思想品德的形成,也包括科学的人生观、世界观、价值观的培养等❸,只不过后半部分的要求被实践中的功利性淹没了。例如,

---

❶ 杨明全:《课程概论》,北京,北京师范大学出版,2010:96-97。

❷ 杨明全:《课程概论》,北京,北京师范大学出版,2010:97。

❸ 褚远辉,张学清:《转变传统教育思想观念树立新的课程功能观》,云南教育,2002(7):7-8。

1992年《九年义务教育全日制小学自然教学大纲》的开篇即提到自然课程的功能在于,"全面贯彻国家教育方针,使学生在德、智、体等方面全面发展,提高全民族的科学文化素质,培养有理想、有道德、有文化、有纪律的社会主义建设人才……"❶1992年《九年义务教育全日制初级中学教学大纲》中也提到,"学生在物理课中学习初步的物理知识,受到观察、实验的初步训练以及思想品德教育。"❷在其他学科的教学大纲中,课程功能也都没有拘泥于单纯的知识传授,而是面向学生的全面发展,只是在实际执行过程中发生了偏离。在应试教育的体制下,在以"考"为主要出路的应试教育环境中,知识与技能成为应试教育考核的核心内容和标准,学校所传授的知识不管如何过时、脱离现实也无人过问,基础教育仅仅停留在知识与技能的传授上也就不可避免了❸。这样,迫于社会的压力和家长的期望,学校教育会全面围绕升学这一核心来展开——升学考哪些知识,就教哪些知识,升学不考的知识就不教。它使教学大纲所规定的知识成为学生学习的唯一目标,在时间、人力、物力以及财力诸多方面都尽力给予保障。升学、升入好的学校成为学生孜孜以求的目标,而想象力、创造力、充满活力的个性都被为升学而努力的题海和考试所淹没,从而导致知识之外的其他因素在实际教学中失去了生存的空间。同时,由于个体功能无法实现,学生容易缺乏道德感、正义感、世界观、价值观以及人生观等人文精神的培养和引导,失去了对人自身的全面关注,学生也就无法很好地适应社会的生存和发展❹,课程的社会功能也受到了影响。在这种理念的指导下,重知识轻素质的课程功能观抑制了教学的教育性规律,教师采用满堂灌、注入式的方式向学生灌注知识,学生甚至成了容纳知识的容器。如果说以知识为核心的课程功能观及其实践运用存在好处的话,那就是用统一的严格分数标准作为升学录取的唯一依据,使得权力对教育领域的干预大大减少,在一定程度上保证了教育的公平性❺。

---

❶ 课程教材研究所:《20世纪中国中小学课程标准·教学大纲汇编(自然·社会·常识·卫生卷)》,北京,人民教育出版社,2001:118。

❷ 课程教材研究所:《20世纪中国中小学课程标准·教学大纲汇编(物理卷)》,北京,人民教育出版社,2001:387。

❸ 白雪峰:《论中小学课程功能的实现》,太原,山西大学,2013:7。

❹ 白雪峰:《论中小学课程功能的实现》,太原,山西大学,2013:10。

❺ 卢现祥,唐静芳,罗小芳:《中国应试教育的制度分析》,湖北经济学院学报,2007(6):5-12。

(三)由"知识"到"素养"的话语体系转换

为了培养出适应21世纪社会发展所必备的素质人才,世界各国都将课程功能的重新定位作为课程改革的首要目标。我国正处在社会的重大转型时期,经济飞速发展、科技日新月异、信息技术普及,彼此之间相互联系也相互依赖:知识的创新促进科学技术的进步,科学技术的进步促进经济的发展,经济的发展又促使人们观念的更新以及主体意识的觉醒,自主意识又会反过来促进知识的创新。在这种情况下,知识的发现速度和增长速度越来越快,学校课程所涉及的知识总量也越来越大。在知识激增的社会变革中,现有的课程内容体系面临巨大的压力,知识激增与课程知识有限性的矛盾越来越尖锐。同时,要在经济、科技、文化等领域提高我国的国际竞争力,仅仅通过选拔掌握大量知识的少数精英分子是无法实现的,以知识为本位的教育无法适应未来社会发展的需求,所培养的"知识人"的局限性受到了根本性的挑战。因此,就需要提高全体公民的文化素质,而能否把受教育者培养成适应社会需求的人也就成了社会衡量学校教育质量高低的标准。

在以知识为核心追求的课程功能引导下,很难培养出适应未来社会发展的新时代公民。因此,为了实现课程功能,课程的设计和选择必须基于人的发展、符合人的发展、为了人的发展,必须建立在对人的本质属性进行深刻地认识和反思的基础之上,使人能够在课程学习过程中形成积极主动的学习倾向。那些僵死的知识和固定的技能已经无法作为衡量21世纪所需人才的主要依据,课程应该成为通过知识传授培养学生能力、形成学生素质的经典演绎[1]。因此,课程改革不仅要让学生掌握生存的必备知识和技能,还要针对社会现实承担起超越现实的职责,促使学生把知识和能力转化为自身的良好素质,使课程功能转变为个体学会如何做事、如何思考、如何做人的过程。这些引导着人们重新思考课程的功能——能力、态度、情感、思维、学习方法、创新能力等都成为考量人才培养质量和课程功能的实质性内容,以教给学生获取知识、创造知识的方法、智力和能力等素质代替教给学生现成的、具体的知识[2]。学生作为一个社会主体和生命个体,书本知识作为前人的活动经验和知识不足以提供其有效地参与社会活动所需掌握的全部技能,不能满足基于时代和社会对人才质量的客观需求,以知识为核心的话语体系越来越受到挑战和摒弃。

---

[1] 郭立婷:《从人才培养质量出发解读课程功能》,太原大学学报,2009(3):109-113。
[2] 陈佑清:《论教育的知识本位倾向》,湖北大学学报(哲学社会科学版),1998(3):76-81。

因此，新课程改革十分注重课程功能的调整，以素养为核心的话语体系取代了以知识为核心的话语体系，实现了课程功能的重大转变。新课程改革在强调基础知识和基本技能的同时，也非常重视学生的价值观、世界观、道德观等方面的教育，关注学生的精神领域，主张学生对学科知识的情感体验；并充分考虑到人的各方面需求，致力于培养完善的人；关注学生与他人合作、交流的过程，留给学生充分发展的时间和空间，让他们自己去品味、讨论、交流、判断并享受学习过程的愉悦❶。以素养为核心的课程功能话语体系作为课程功能的总目标，不仅体现在《纲要》中，还体现在各学科的课程标准中，用尽可能清晰的行为动词从知识与技能、过程与方法、情感态度与价值观等方面描述对课程的要求，通过课程目标、内容标准和实施建议等方面体现课程改革对人才培养要求的变化。"素养"几乎成为所有学科培养目标的关键词，这些都充分体现了新课程改革与以往的不同之处。该话语体系不仅关注知识自身，还关注人的发展的其他方面，如创新精神、实践能力、科学和人文素养、环境意识、心理素质、审美情趣、生活方式等，注重过程教育、情感教育和价值观教育，注重学生的个性培养和创新能力，注重对知识的学习和体验，这些都是素养的基本内容，也是教学大纲时期课程功能所无法体现的理念。而且，"三维教学目标""面向每一位学生""学生的全面发展""关注学生应对未来社会挑战的需求"等都属于实现以素养为核心的课程目标的基本途径。可以说，课程功能对素养的重视程度前所未有，从学生学习要求的行为动词可见一斑：课程标准在强调知识学习之外，还运用了大量体验性目标行为动词，如"调查""经历""体会""感受"等，引导学生通过自主学习、合作学习、探究学习，提高分析解决问题的能力以及交流合作的能力。新课程改革所做的这些努力都在以突破传统课程制约学生发展的樊篱，把促进学生潜能的充分发展和人的素养的提高作为改革的目标，以实现课程功能的转变，达到新课程改革的目的——"素养"已经成为课程功能改革目标的标志性话语。

课程功能观由知识到素养的转变，不仅体现了高速发展的社会对人才培养的现实需求，更体现了我国的基础教育由精英到大众、由功利到能力的转变。自古以来，我国一直有考取功名、为官为仕的文化传统，科举成为广大士子追求仕途的敲门砖，考试只是少数精英所具有的权利，功名科场成为读书人的原动力和终身追求。加之我国传统思想中所拥有的社会、实用、经验（体

---

❶ 甘露：《从教学大纲到课程标准看课程功能的转变》，教育导刊，2003（2）：125-126。

证）三位一体的实践思维方式❶，导致传统考试（科举）的实用化、功利化倾向明显。即使中华人民共和国成立之后，这种传统在公民的心中也一直存在着。在这种传统功利主义思想的引导下，我国的教育和社会现实把学生成绩和升学看得尤为重要，升学率成为学校教育的根本出发点，考试成为能否进入好学校、好班级的唯一尺度，学生崇尚通过高考飞黄腾达，从而出现了单纯为升学服务的教育模式。人们往往只看到或只重视课程在促进学生认知和智力发展中的作用，课程功能局限于知识的学习和应对考试，课程的其他功能在很大程度上被忽视了，这些导致我国长期以来过分注重知识。随着社会的发展，人们越来越认识到传统的功利教育不合时宜。为了使学生具备适应未来社会的基本素养，适应未来社会对知识、科技的需求，社会及家长对接受良好教育的需求和期望越来越高，把目光聚焦到了课程功能上。同时，通过对科学理性所造成的单向度的人的伦理困顿不断检讨，人们逐渐认识到课程功能需要从以学科、知识为中心转向以人的存在与发展为内在旨趣，使学生从教学活动中的客体地位中解放出来，脱离教育的工具性存在状态，成为真正自我、主体的自我、发展的自我、全面的自我，成为一个懂得如何在未来的世界中生存的自我，使学生学会做人、学会做事、学会求知、学会生活、学会与人相处、学会生存，从而使学生得到全面和谐的发展。这样，以素养为课程功能核心的话语体系的提出也就是顺理成章的事了。

另外，由知识到素养的话语体系的转换也体现了知识观的改变。传统知识观把知识看成真理的化身，强调知识的客观真理性，认为知识是客观的、正确的、预设的，是放之四海而皆准的，知识可以被运用到任何情境中，强调知识的绝对价值观。在这种情形下，课程就成为获取知识的基本载体和途径，超脱于世俗生活的学术知识成为学校教育的至尊，学科观念得到了强化，并以客观真理的面目出现在学生面前，形成所谓的学科知识、学校知识。它们游离于学生生活之外，占据了教学的中心地位，割断了与人的生活世界丰富、复杂的联系，疏远和肢解了人的精神和生命，形成知识霸权❷。学生的情感、价值观、潜能、需要、体验等内容则被忽视甚至消失在课程的视野之中。于是，理科教育过程注重所谓的科学知识传授和灌输，而科学方法则成为科学知识形成过

---

❶ 陈声柏：《中西思维方式差异的原因建构》，兰州大学学报（社会科学版），2004（2）：85-90。

❷ 宋学红：《试论基础教育三大战略"重心"的转移——新课程改革的现代教育学视野》，淮北煤炭师范学院学报（社会科学版），2003（3）：108-110。

程中的附属品,科学态度、科学精神等更被忽略甚至与之背道而驰,学生的怀疑、批判、创新等精神无从谈起。而对于文科教育来说,其本意在于强调在传授知识的同时注重人的情感、人格的陶冶和人生观、价值观的养成,现实却并非如此:文采飞扬的语文课变成了"抄袭课",灵智思辨的哲学课变成了背诵课,甚至连音乐、绘画课也成了乐谱的记忆课和横平竖直的训练课❶。这也就导致了虽然学生知识学习可能令人骄傲,但对他人、社会和自然漠不关心,从而导致有技术没文化、有知识没教养的现象普遍存在。这样,即使学生掌握了一定的基本知识和基本技能,兴趣、激情和灵性等非智力因素的培养也可能被忽略或被置于学生发展的次要地位❷。在这种知识观的引导下,知识成为课程的目标,记忆成为学习的手段,灌输成为教学的方法,学习过程也就理所当然地成为被动接受的记忆知识的过程。

二、课程结构的话语体系转换:由"分科"到"综合"

结构是系统科学的一个术语,是指组成一个系统的各个要素及相互之间的关系,是系统内部各要素之间的排列组合方式。结构决定系统功能。课程结构是构成学校课程体系中各要素及其所形成的关系形态的总称,是课程设计者根据一定原理设计的课程各部分的组织、配合及其相互关系❸,是课程内部各要素、各成分之间合乎规律的组织形式❹,课程结构是发挥课程功能、全面实现课程目标的基础和保障。《纲要》解读中认为,课程结构是指在学校课程的设计与开发过程中,以既定的课程目标和各类课程固有的价值为依据,将所有的课程类型、学科科目组织在一起形成的课程体系的结构形态,以此确立不同的课程类型、学科科目在课程体系中的比例关系和地位差异❺。作为一种文化现象,课程结构的内容源自社会文化和生活;课程内容各要素之间的结构关系反映的是学校知识之间的关系、各种社会生活经验之间的结构关系以及不同学习活动之间的结构关系;人们在设计课程结构时必然考虑学生的身心发展水平

---

❶ 袁振国:《理解文科教育》,载钟启泉,金正扬,吴国平主编《解读中国教育》,北京,教育科学出版社,2000:68。

❷ 宋学红:《试论基础教育三大战略"重心"的转移——新课程改革的现代教育学视野》,淮北煤炭师范学院学报(社会科学版),2003(3):108-110。

❸ 施良方:《课程理论》,北京,教育科学出版社,1996:123。

❹ 有宝华:《新中国基础教育课程结构研究》,杭州,浙江大学,2004:6。

❺ 杨明全:《课程概论》,北京,北京师范大学出版,2010:197。

和学习规律❶。课程改革针对课程结构调整的目的在于优化课程要素之间的组合方式和比例关系，课程结构优化的实质是课程结构的合目的性改造❷，以此确保课程功能的发挥。

课程结构可以分为宏观、中观、微观三个层面，每一个层面都有不同的指向。宏观层面的课程结构又称课程表层结构，指课程门类、课程类型的划分及其相互关系，它存在于分科课程标准（或教学大纲）及课程纲要之中。课程结构的中观层面表现为学科之间的组合关系，是指各类课程内容之间的横向组合与纵向组合。课程结构的微观层面是指某个学科或教材内部各成分、各要素之间组织关系和比例关系，因此又称为学科知识结构❸。中观层面的课程结构联结着宏观和微观两个层面，是学校课程结构的纽带。在新课程改革过程中，中观层面的课程结构进行了深层的调整，对基础教育课程结构产生了重要影响。我们所研究和关注的就是中观层面的课程结构，主要分析分科课程与综合课程之间的关系。《纲要》明确强调，"改变课程结构过于强调学科本位、科目过多和缺乏整合的现状，整体设置九年一贯的课程门类和课时比例，并设置综合课程……体现课程结构的综合性……"❹并进一步对课程结构进行了详细的说明，充分显示出新课程改革对分科课程与综合课程的要求，课程结构已经具有一定的综合化倾向，综合课程在新课程改革中受到前所未有的重视。新课程改革开设了多门综合课程，在小学阶段开设的品德与生活、品德与社会、艺术、科学、信息技术、综合实践活动等课程，初中阶段开设的科学、艺术、思想品德、历史与社会、综合实践活动等课程都属于综合课程。可见，课程结构的话语体系已经从单纯的以分科为主逐步转向分科与综合并存的状态，课程综合化的话语体系已然形成。

（一）以"分科"为核心的课程结构话语体系的发展与特征

我国教学大纲一直以学科课程作为教学的唯一内容和唯一依据，中小学的课程结构主要是由相对独立的学科组成的，属于典型的学科中心课程或知识中心课程，学科本位倾向非常明显，综合课程所占比例非常有限。因此，"以分科课程为主"成为教学大纲时期基础教育课程结构中存在的最突出问题。

---

❶ 杨明全：《课程概论》，北京，北京师范大学出版，2010：197。
❷ 郭晓明：《整体性课程结构观与优化课程结构的新思路》，教育理论与实践，2001（5）：38。
❸ 廖哲勋：《论中小学课程结构的改革》，教育研究，1999（7）：59-65。
❹ 吴康宁：《知识的控制与分等》，教育理论与实践，2000（11）：24-25，32。

第四章 我国基础教育课程改革的话语体系转换分析

《中华人民共和国义务教育法》颁布以来，普及九年义务教育成为我国基础教育亟须解决的头等大事，国家集中有限的物力和财力确保基础教育普及的量的扩张，对于课程结构的调整几乎没有任何进展或改变。在这样的情况下，即使基础教育课程结构中出现综合课程，也是非常有限的。20世纪90年代之后，随着社会的发展以及与其他国家交流的增多，我国也对课程结构进行了一定的调整。在1992年颁布的《九年制义务教育全日制小学、初级中学课程计划（试行）》（简称《课程计划》）中，出现了正式的综合课程，虽然所占比例很小，但却是我国课程改革的一个进步。在该《课程计划》中，小学阶段的总课时为4 964课时，其中所规定的语文课时占34.9%，为1 734课时，数学占总课时的19.9%，为986课时，这两门学科共占总课时的54.8%，合计为2 720课时，远远超过其余学科规定的课时比重。相对而言，体育、音乐、美术的课时大致处于同一档次，分别占总课时的11%、9.6%、8.2%，而自然占总课时的5.5%、社会占总课时的4.1%、思想品德占总课时的4.1%、劳动占总课时的2.7%，这四门具有综合课程性质的学科课时处于第二档次❶，所占比例也最低。可见，当时我国分科课程所占有的比重是非常大的，综合课程在整个课程结构中所占比重则非常有限。之后，针对以往课程结构中科目比例失衡的状况，国家课程管理部门对课程比例进行了调整，适当下调了传统优势科目如数学、语文等所占比重，将积累下来的课时量分配给综合课程或校本课程。虽然综合课程的比例仍然很小，但综合课程的出现打破了分科课程一统天下的局面，促进了课程结构的科学化发展，对我国基础教育课程来说是一个很大的进步。

以分科为核心的话语体系之所以在我国有着重要的传统和影响，也有其合理的逻辑。例如，注重知识体系公认的基本概念、事实、方法、原理等，逻辑严密、条理清晰、系统性强，强调知识的内在性质和逻辑结构，有利于学生在较短的时间内获得一定的学习方法、认识能力、思想观点、基础知识、基本技能，获得系统的文化知识体系，为学生德、智、体的发展打下基础。同时，分科课程涵盖了人类社会几千年积累下来的文化精华，有利于对人类文明的掌握、传承和发展，能确保人类社会文明的延续。而且，分科课程已经形成了成熟的教育管理模式，课程方案的制定、教科书的编写、教师培训、学生评价等都具有成熟的经验，无须过多地投入精力，对学校的实验条件、基础设施要求不高。注重知识传授的分科课程集中使大量的学生获取了基本的知识，提高了知识传授的效率，适应了我国教学大纲时期"普九"的工作要求。因此，虽然

---

❶ 吴康宁：《知识的控制与分等》，教育理论与实践，2000（11）：24-25，32。

基础教育课程改革的话语体系转换研究
以我国 2001 年基础教育新课程改革为例

分科课程有许多弊端，仍然能够在我国稳如泰山。❶但分科课程经常性地以牺牲综合课程来实现知识量的传授以保证升学率要求，在有限的时间内以牺牲综合课程的时间为代价❷。同时，分科课程也存在以下明显的缺陷：各学科自成体系，学科之间缺乏应有的横向联系，新的知识内容很难进入原有的学科体系之中，难以吐故纳新；各科教材内容的结论是现成的、事先编好的，学科知识之外的其他信息则被忽略了，无法提供给学生；教师的教学过于注重学科知识的逻辑系统，学生的学习注重理论传授，主要围绕教材提供的学科知识展开，学生很难获得必需的直接经验；知识分割过细导致某些学科之间存在不必要的重复，过多占用了教学时间；只注重系统知识的传递，学生身心发展的差异、需要、兴趣等则很少考虑；学生被动采取接受式的学习方式，学习的积极性、主动性、能动性没能得到开发，学生的动手能力、实践能力、创新能力难以得到锻炼和提升❸。在这种情况下，强调分科教学导致教学方式整齐划一、教学内容理论性强，不能密切联系社会生活和学生经验，导致学习过程重记忆轻理解，严重地阻碍了学生的全面发展，分科课程的这些弊端必然导致学生发展的单一性，其片面发展难以避免❹。

虽然按学科组织课程便于教师开展系统的知识讲授，也便于学生系统地学习人类的文化精华，有利于人类文明的传递和延续，但学科知识之间的联系被人为地割裂了，学生学习的是相互独立、毫不相干的知识，不利于学生所学知识的综合运用，学生对社会和世界的认识也无法整体化，更无法把握未来社会对知识的整体需求。客观世界本身就是一个有机整体，各学科之间有着密切的联系，学校课程人为地将之截取和割裂了。现代社会所面临的大量问题都是错综复杂的，几乎都是综合性的、跨学科的，而解决这些问题的知识内容对于学生未来的发展却是不可或缺的。而且，社会发展过程中所出现的那些新领域、新知识，往往是学生了解科技和社会发展的新生力量，部分内容已经发展成为一门独立的学科，如果直接将这些内容单独纳入原有课程体系中，必将导致学习过程中学习科目过多、课程压力增大，学科之间失去联系，形成割裂的状态，使原本面临很大压力的学校课程体系雪上加霜。为了让学生尽可能地全面学习现代科学技术、社会科学、人文科学的最新成果，只能通过增补的方式

---

❶ 潘苏东：《从分科走向综合》，上海，华东师范大学，2000：24-25。
❷ 白雪峰：《论中小学课程功能的实现》，太原，山西大学，2013：13-14。
❸ 廖哲勋：《论中小学课程结构的改革》，教育研究，1999（7）：59-65。
❹ 符森：《论我国课程结构变革》，黑龙江教育学院学报，2008（2）：33-35。

使其进入各个学科，而各学科经过多年的发展，已经形成相对封闭、模式化的状态，不利于新的知识进入课程体系❶。因此，单纯地以分科的形式设置课程结构已经不合时宜，必须加强各学科间知识的整合，加强学科间知识之间的相互渗透，改变现行课程在结构上彼此缺乏联系的状况❷。综合课程的设置对于我国基础教育课程结构不可或缺，有利于改变现行课程过分强调学科本位的现象。

新中国成立初期的高等教育体制改革是我国以分科为主的基础教育课程设置的主要原因。新中国成立初期，我国各行各业都急需大量的建设人才，由于意识形态的原因，我国在各个领域开始全面学习苏联的成功经验，当时的教育也未能避免，苏联的先进教育经验成为我国从小学到大学教育的模板❸。最为典型并且对我国教育影响最大的项目当属1952年和1953年的院系大调整，按照国家建设的整个计划以及对专业人才的需要，为了尽快培养出大量掌握科学技术的专业骨干，国家把有限的教育经费大多投入高等教育发展中❹。当时我国高等院校按照苏联的高等教育模式进行了全面的调整，重新布点和设置院系与专业，设置了大量的工科院校❺，极大地加强了工科专业院校的发展，而社会和人文相关的学科则被大大地削弱了。通过院系调整，我国很快建立起了以专业为主要形式的高等教育，专业化也成为我国高等教育发展的方向。新中国成立初期的中等教育受到高等教育院系调整和专业设置的直接影响，培养目标和课程设置同样也是围绕着国家的建设需要。为了尽快地为国家培养较多的科学技术人才，为国家的建设服务，基础教育课程设置一直强调分科课程的核心地位，而且知识学习也主要是围绕升学和日后的专业学习进行的❻。基础教育课程的分科设置有利于与高等教育的衔接，因此，分科的课程设置形式一直备受青睐。

（二）由"分科"到"综合"的话语体系转换

20世纪六七十年代，现代综合课程在西方发达国家出现并迅速发展，综

---

❶ 周瑛：《试论基础教育课程结构的变革及启示》，河南职业技术师范学院学报（职业教育版），2009（3）：102-105。

❷ 杨红英：《新课程结构解读》，教书育人（高教论坛），2003（17）：4-6。

❸ 《进一步学习苏联的先进教育经验——迎接中苏友好月》，人民教育，1952（11）：4-5。

❹ 潘苏东：《从分科走向综合》，上海，华东师范大学，2000：24。

❺ 毛礼锐，沈灌群：《中国教育通史》（第六卷），济南，山东教育出版社，1989：73-74。

❻ 潘苏东：《从分科走向综合》，上海，华东师范大学，2000：24-25。

合理科的发展尤为突出,以"纳菲尔德初等理科"和"苏格兰综合理科"最为典型。1984年,联合国教科文组织调查发现,世界上大部分国家和地区在初中阶段开设了综合科学课程。受西方教育实践的影响,我国也开展了综合课程的实验和推广,我国香港、台湾地区的综合科学课程出现较早,大陆在20世纪80年代左右也开展了综合科学课程实验。到新课程改革之前,我国吉林教育出版社、上海市教研室、上海师范大学以及浙江省已经先后出版了四套综合科学课程教材,分别为《自然科学基础》《理科(试用本)》《理科》《自然科学》,取代原物理、化学、生物以及地理中的自然地理内容等分科课程,获得了大范围实施的经验❶。

新课程改革在制度文件中多次正式提出了实施综合课程的要求,积极倡导各地实施增加综合课程的课程计划,开设与分科课程相对应的综合课程。2001年秋,综合课程在整个基础教育阶段的课程计划中开始正式占有一席之地,部分基础教育课程改革实验区陆续开设了科学、历史与社会、艺术、品德与生活、综合实践活动等综合课程。这些课程是由一门以上的分科课程整合而成的,如历史与社会课程是由历史、地理等学科整合而成,艺术是由美术、音乐等学科整合而成,科学是由物理、化学、生物、地理等学科整合而成,这些综合课程在学校课程结构中所占的比重随着学校教育层次的变化而变化,《纲要》中明确提出在"小学阶段以综合课程为主",尤其在小学低年级的课程结构中,综合课程要明显超出分科课程;"初中阶段设置分科与综合相结合的课程",综合课程所占比重比小学阶段低;"高中以分科为主",在整个初中和高中阶段,综合课程的比重要远远低于分科课程❷。可见,在新的课程结构中,综合课程已经受到全面重视,成为我国中小学校课程体系的重要组成部分。

综合课程的设置目的在于通过传授给学习者整体、系统的知识,使他们养成深刻理解和灵活运用知识以综合性地解决现实问题的能力,最终使学生形成关于世界的整体性认识,因此,综合课程是针对分科课程的不足产生的。以课程综合为核心的话语体系具有独特的优势:作为分科课程的不同形态,综合课程从跨学科的角度整合两门以上的学科内容❸,不再对具有整体性的知识和经验进行分解,打破了分科主义的倾向,为学习者提供一种整体性的认知途径;综合课程强调各学科之间的联系与合作,避免重复和脱节,与相关的分科

---

❶ 刘健智:《综合与分科科学课程的标准和实施结果的比较研究》,重庆,西南大学,2007:3。
❷ 朱慕菊:《走进新课程:与课程实施者对话》,北京,北京师范大学出版社,2002:254。
❸ 杨明全:《课程概论》,北京,北京师范大学出版,2010:100。

课程之间具有相辅相成的关系；综合课程的开设极大地改变了现行课程科目过多、缺乏整合的现状，有利于消除各类学科知识之间的界限。总之，综合课程的开设有利于学生对事物进行全面、整体的把握，有利于学生对自然、社会形成整体的认识，为学生提供一种整体的经验，促进良好、完整人格的形成[1]。而且，在中学开设一定的综合课程还可以适当降低必修分科课程的难度，为选修课程的开设留出更多的时间。

新课程改革所强调的综合课程不是各学科的简单拼凑，而是有着特殊的价值追求，体现出整体大于要素之和的观念。以科学课程为例，虽然它也以物理、化学、生物等学科的知识为内容，但它与传统的物理、化学、生物等学科以传授系统学科知识为主的基本目的有着本质的区别，科学课程不再强调每门学科知识的系统性，而是将相互关联的知识整合到一起，注重学生的科学精神、科学思维以及科学方法的形成，避免使科学课程成为物理、化学、生物等学科知识的大拼盘[2]。再以综合实践活动课程为例，与传统教育片面追求教育个体的发展、共性和知识有所不同，该课程内容以学生的自身生活和社会生活领域为主，包括社区服务与社会实践、研究性学习、信息技术教育、劳动与技术教育等。综合实践活动的上课形式也不同于传统的课堂教学，它强调从自身经验中形成问题，获得解决问题的途径与方法，更加注重学生的直接经验和体验。因此，综合实践活动不是一门学科领域，在课程开设过程中要以综合的理念为指导，强调多种主题、多种任务模式、多种研究方法的综合，真正发挥综合课程的价值和作用[3]。

课程综合化受到我国新课程改革的重视，有着深刻的根源，主要表现为以下几方面的原因。

1. 社会发展的需要

随着社会的发展，各种各样的带有普遍性的问题出现在社会之中，如能源问题、环境问题、生态问题、人口问题、医疗问题、贫困问题、粮食问题、核弹威胁、战争问题、文化冲突等，几乎没有哪一个问题是能够凭借一门或两门学科知识得以解决的，人们面临的各种困扰和问题总是综合的，这些问题的解决需要超越单个学科的视野和思路、依赖多个学科的协同合作，毕竟自然、社会和人都是作为整体存在和发展的。而传统的分科课程是分门别类的，课程

---

[1] 左春凤：《国家新课程改革的伦理学意义及挑战》，辽宁教育研究，2005（2）：67-68。
[2] 季苹：《论课程结构——其他主要课程的划分及结构》，中小学管理，2001（3）：29-31。
[3] 李艳萍：《从课程结构看新课程的亮点》，教育情报参考，2004（10）：47，49。

学习也相对孤立，课程知识自成体系，各学科之间的知识缺乏联系，很难解决现实中这些错综复杂的问题。综合课程的开设体现了自然和社会本身的整体性、关联性，使学生建立起对自然界和人类社会的普遍关联，有利于加强知识与社会生活的联系，有利于学习者综合运用所学知识解决实际问题。这在客观上为综合课程的存在提供社会基础。

2. 学生发展的需要

分科课程强调分科知识的学习，这有利于深入社会和自然的各个领域中研究事物及其发展，尤其在教学大纲时期，分科知识几乎成为课程功能和课程评价的唯一量度。技术进步和社会发展已经使得终身从事一种职业的可能日益减少，现代社会成员应当具有迅速适应多样职业转换需求的能力。现代教育更是将受教育者个体的发展放在首要的地位上，强调人才培养过程中全方位的发展。过分的、绝对的分科课程会束缚或限制学生的成长，不符合学生认知发展规律，这就需要在各个学科领域之间建立联系，从而将所学习的知识建立在比较广阔的学科背景之上，而不是一旦离开具体学科背景就失去了理解它们的能力❶。因此，综合课程的开设有利于冲破传统的以分科为主要形式的知识束缚，为学生架构起学科之间的联系，提高学生综合运用知识的能力，使学生适应自身和社会的发展，尽可能地为学生提供全面的教育。因此，学生发展的标志不应仅仅局限于知识的积累和技能的提高，而在于形成普遍的科学观点和态度，在复杂的情境中作出明智选择，解决实际问题，实现能力的提高。所以，综合课程的开设符合学生发展的能力需求，体现了对人的重视，尤其在新课程改革过程中倡导的提高全体公民的素养等目标都是这一理念的具体体现。因此，综合课程是提高公民能力和素养的重要载体。

3. 课程结构的这种调整也意味着"控制"课程的权力有所分散

阿尔蒙德（Almond）认为，人们在掌握各种知识、技能以及各种社会规范的过程中，不断形成对世界的看法，在这个过程中也形成了政治信念，它是一定政治文化的产物，这种政治信念会对社会结构中的主体形成潜在的影响。课程作为一种社会存在，不可能是价值中立的，必然要受到社会政治、文化的影响，承载着一定社会阶层的政治观念和思想意识，实现权力拥有者对课程的控制。这样，课程结构就必然是"价值负载"的，并在宏观、中观、微观层面体现统治阶级的思想意识和政治信条，从而实现对人才培养方向的控制。这种控制甚至会超越学科内部的逻辑发展，超越学科内部的发展动力，社会权力主

---

❶ 裴娣娜：《现代教学论（第二卷）》，北京，人民教育出版社，2005：47。

体会根据实际需求对课程结构进行有目的的干预和控制。当一定的社会阶级认为某些课程在课程结构中具有不可替代的作用时,这种课程必然会在课程结构中受到重视,占据重要地位,因此,课程结构的设置甚至是一种权力的象征。由于分科课程长时间处于自我封闭状态,在学科内部形成了一个个权力层级,从标准的制定到教材的出版以及学科课程研究等都形成了一整套权力体系,很少受到其他权力的干预,而且相对封闭和独立。而综合课程的出现打破了分科课程所形成的一个个权力层级,使分科课程不再作为课程结构中唯一的主角,分科课程原有的课程权力被部分分散,权力主体呈现更加多元化的趋势,有利于课程资源的科学分配。另外,由于综合课程往往涉及多个学科,知识内容纵横交错,不再表现为单独的学科知识,某一教学任务、教学研究的完成往往需要多个学科教师相互合作才能完成。在这种情况下,教师之间体现的是一种横向的平等关系,不再受到传统学科权力的束缚,教师通过在综合课程中的表现,可以提升在学校中的地位,在教学中拥有同等的决定权,提高课程权力。

三、课程内容的话语体系转换:由"书本知识"到"社会生活"

(一)以"书本知识"为核心的课程内容话语体系的发展与特征

课程内容是由一系列比较规范的间接经验和直接经验组成的,是根据学科内容知识体系、特定的教育价值观及相应的课程目标,从学科知识、学生经验、社会生活经验中选择课程要素作为课程内容[1],一般包括学生需要学习的有关概念、方法、原理、策略以及态度、价值观等[2],用以构成学校课程的文化知识体系。课程内容的选择不是随意的,而是承载着设计者的课程观念和价值取向。一般来说,课程内容的选择需要达到以下几个方面的要求:①课程内容需要符合国家宏观政策和课程标准(教学大纲)方面的规定,符合课程目标的基本要求,符合国家、社会对于人才培养的要求和质量标准;②课程内容的选择既要符合社会知识体系的发展水平,从社会文化知识体系中进行内容选择,同时也要符合教育学、心理学方面的要求,从而实现课程内容的教育意义;③课程内容所包含的文化知识体系应该包括人类文明的各个部分,既包括科学文化知识、社会科学知识、人文科学知识等人类文明成果,同时也包括学

---

[1] 张华:《课程与教学论》,上海,上海教育出版社,2000:191-192。
[2] 俞红珍:《课程内容、教材内容、教学内容的术语之辨》,课程·教材·教法,2005(8):49-53。

生在生活中通过自身活动所获得的各种各样的直接经验和体验❶。课程内容自身是非常丰富的,也是非常重要的,课程内容需要引导学生各个方面的发展。因此,从某种意义上说,课程设计、课程目标、课程实施以及课程评价等都以理解、围绕课程内容的安排而展开。

历史上每次重要的课程改革都会聚焦到课程内容的问题上,新课程改革也不例外。在我国,书本知识一直占据课程内容的核心地位,尤其在教学大纲时期更为明显。例如,在1990年的物理教学大纲中,物态变化的内容部分强调熔解和凝固、熔点、熔解热、气化、沸点、液化、升华、凝华等概念,在学生实验中要求研究萘的熔解过程,在演示中要求演示晶体、非晶体熔解过程温度的变化,蒸发、沸腾时温度的变化,水蒸气的液化、碘的升华和凝华等❷,而与物态变化有关的生活现象、生活中的应用等在教学大纲的要求中几乎没有提及,这些知识都成了典型的书本知识。书本知识不仅仅是学生学习的主要内容,也是考试、升学的主要内容,在这种课程内容观的引导下,书本知识成为学校教育追捧的对象,导致学校教育过于注重对知识、技能的培养,追求课程的精确性、系统性、全面性和理论深度。这就导致课程内容无法及时更新,出现了严重的"繁、难、偏、旧"的弊端,成为新课程改革的焦点之一。

书本知识亦称"先验知识"或"先验因素"❸,是以学校课程的形式传授给学生的人类基本认识的抽象成果。以书本知识为核心的课程内容话语体系的基本特征是:课程内容的组织注重知识的性质和学科的逻辑体系;课程内容注重学科经典内容,注重知识的系统性、经典性;课程内容的学习以书本知识为主,侧重知识、技能和技巧的传授和掌握;偏重知识的理性认识,侧重于教师讲学生听的知识单向授受方式,教学效率较高等。同时,以书本知识为核心的话语体系也存在着严重的弊端:强调课程内容围绕系统的学科知识展开,理论科学体系严密,课程内容烦琐、艰深,缺乏与现代社会、科技、经济、政治等领域的联系,远离学生的实际生活经验,忽视了与学生现实生活中所需知识、技能的联系,将课程学习限定在书本的范围内,课程内容几乎等同于教材,考试的内容也是以知识展开的。中外基础教育课程改革启示我们,仅在学校中、

---

❶ 陈妙娥:《论新课程内容改革的特点和趋势》,重庆职业技术学院学报,2003(4):121-125。

❷ 课程教材研究所:《20世纪中国中小学课程标准·教学大纲汇编(物理卷)》,北京,人民教育出版社,2001:368。

❸ 黄首晶:《从知识创新的视角看书本知识与生活经验的关系》,教育研究与实验,2012(2):11-16。

课堂中、书本中是不可能获得完整的知识❶，以书本知识为核心的课程内容是僵化和教条的体现，大大缩小了课程内容的覆盖范围。课程内容如果追求单纯的书本化必将导致课程的陈旧，脱离社会发展和学生生活实际，使学校课程与时代发展产生错位，从而出现内容多、难度大、程度深这样的"双基"培养目标，制约未来人才的培养。同时，以书本知识为主的课程内容繁重，增加了学生的课业负担，学生缺乏足够的时间开展其他有益于身心发展的活动，不符合学生的兴趣、爱好和个体认识发展规律，压抑了学生之后接受继续教育和终身学习的兴趣和愿望，往往造成学生对学习活动本身产生消极的情感体验，并可能迁移到学习和生活的其他方面，制约学生的全面发展❷。

传统的课程内容过分注重书本知识，这一状况经历了课程改革的多次冲击，但一直无法得到根本的改变，仍然在我国的基础教育课程中占据着主流"市场"的地位，新课程改革的重要目标之一就是改变书本知识与学生经验之间的结构和比例关系。以书本知识为主的课程内容设置考虑的是选拔人才和少数人进一步深造的需要，往往把每一个普通人按照数学家、化学家、物理学家等来培养，很少考虑大多数人在义务教育阶段后进入社会从事各种工作的需要，这是一种典型的精英教育观。同时，课程内容烦琐、艰深、远离生活，导致学术化、专业化倾向严重，这种课程内容观适用于专家型人才的培养，但很显然已经无法适应大众教育时代对普通人才培养的要求了。随着素质教育逐渐受到广大教育研究人员的关注，人们针对课程内容的这种情况开展了广泛的批评，广大学生家长、社区成员、企业和社会其他组织都表达了对课程内容选择与组织进行改革的愿望❸，希望通过课程内容的改革加强课程改革的落实，提升课程改革的效果。人们开始强调书本知识之外课程内容的重要价值，即个人体验、活动、实践、经验的丰富意义，主张课程内容需要贴近学生生活，主张社会生活经验与书本知识的融合。这些主张不无根据，这是由书本知识与社会经验之间存在的复杂辩证关系决定的。作为人类认识社会、自然和人自身的成果，书本知识是先于个人经验的，是人类理性的结果。书本知识是学生认识活动以及学习的首要前提，生活经验是架构在书本知识学习之上的，学生通过

---

❶ 黄首晶：《论书本知识与生活经验的关系——中外认识论"先验"研究深度变革中的视阈》，云南师范大学学报（哲学社会科学版），2007（2）：69-74。

❷ 褚远辉，张学清：《转变传统教育思想观念树立新的课程功能观》，云南教育，2002（7）：7-8。

❸ 刘朝锋：《课程内容选择的反思——新课程改革背景下的一个案例分析》，河南职业技术师范学院学报（职业教育版），2009（1）：95-98。

生活经验的掌握而获得知识❶。单纯的生活经验不具有深刻的理解性和创新性，书本知识使得生活经验得到深刻的理解，没有对书本知识的学习，在生活中我们接受的只能是纯粹的生活经验，只有对生活经验进行理性思考和提升，我们才能获得体系化、理性化的知识。因此，书本知识是我们理解生活经验、获取知识的前提。同时，要深刻地理解生活经验，使生活经验具有更完整的意义，就必须借助书本知识的学习来超越单纯的生活经验。生活中生活经验意义的体现需要建立在深刻理解的基础之上，这就决定了书本知识的重要价值。美国教育哲学家斐屈克（Pitzpatrick）认为"书本知识对生活经验具有很强的依赖性，主张学生的学习不能仅针对书本知识，认为书本知识只有与生活经验结合才会生成现实的、有实际意义的书本知识。"❷

在新课程改革中，对课程内容的这一弊端也作出了明确的改革要求，《纲要》提出要"改变课程内容'繁、难、偏、旧'和过于注重书本知识的现状，加强课程内容与学生生活以及现代社会和科技发展的联系……"❸明确提出了要加强对基础教育课程内容的改革，注重加强与社会生活的联系。

（二）由"书本知识"到"社会生活"的话语体系转换

课程内容历来是课程改革的切入点，课程改革领导者往往围绕课程内容脱离社会实际的情况，开展有针对性的调整。随着人们对课程本质理解的不断加深，课程内容的选择也发生了越来越多的变化，以书本知识为主的课程内容越来越受到批判。新课程改革明确提出了要改变以书本知识为主要内容的课程内容观，提倡将社会生活与课程内容紧密结合起来，强调从学生已有的经验出发加强课程内容与日常生活的联系，注重书本知识与学生体验之间的联系。课程内容话语体系由注重书本知识到社会生活的转换成为新课程内容改革的重点，并在各学科的课程标准中有所体现。例如，物理课程标准明确提出物理课程的基本理念之一就是"从生活走向物理，从物理走向社会"，在课程标准中选择了大量与社会生活密切相关的知识，要求物理课程贴近学生生活，将物理规律应用于生产生活实际，激发并保持学生学习物理的兴趣。以《义务教育物理课程标准（2011年版）》中"物质的属性"为例，"内容要求"中提到，"解释生活中一些与密度有关的物理现象""了解人类关于物质属性的研究对日常

---

❶ 黄首晶：《论书本知识与生活经验的关系——中外认识论"先验"研究深度变革中的视阈》，云南师范大学学报（哲学社会科学版），2007（2）：69-74。

❷ 同❶。

❸ 朱慕菊：《走进新课程：与课程实施者对话》，北京，北京师范大学出版社，2002：254。

生活和科技进步的影响",在"活动建议"部分提到,"测量一些固体和液体的密度。如让学生自己设计一种方案,测量酱油、食用油、醋、盐、塑料制品、肥皂、牛奶等物品的密度"等❶。《义务教育化学课程标准(2011年版)》的内容标准中也体现了同样的理念,设置了"身边的化学物质"作为五个一级主题之一,包括我们周围的空气、常见的溶液水、金属与金属矿物、生活中常见的化合物等内容,这些素材都是学生在日常生活和生产中非常熟悉的化学物质和化学变化,让学生体验化学、学习化学。同时,还设置了"化学与社会发展"主题,包括"化学与能源和资源的利用""常见的化学合成材料""化学物质与健康""保护好我们的环境"等内容❷,这些也都深刻说明了新课程改革对社会生活的重视。再如,根据小学低年级儿童身心发展的特点和儿童生活的逻辑,《义务教育品德与生活课程标准(2011年版)》依据"儿童与自我、儿童与社会、儿童与自然"三条轴线和"健康、安全地生活,愉快、积极地生活,负责任、有爱心地生活,动脑筋、有创意地生活"四个方面进行内容的选择和编排❸,将课程内容与现实生活紧密结合。可见,新课程对于加强课程内容与社会生活的联系是非常重视的,其目的在于改变传统书本知识一统天下的局面。

教学大纲时期,书本知识既是讲授的内容,也是考核的内容,书本知识成为课程内容最"合理"的选择。随着课程功能的转换,书本知识已经无法适应新时期学生发展的客观需求,人们越来越注重提升学生书本知识之外的其他能力,课程内容与实践建立联系成为课程改革的必然要求,社会生活已经成为新课程内容改革环节的新的话语体系。以社会生活为核心的话语体系不再单纯追求学科体系的完整性、逻辑性和严密性,而是注重学生的亲身体验和生活经历,注重将学生生活、现代社会与书本知识的联系渗透到课程内容中,在社会生活经验的基础上开展知识学习,将知识学习与掌握建立在学生原有经验的基础之上。因此,课程标准中出现的生活化、社会化等都属于社会生活话语体系的范畴。随着社会生活话语体系的形成,学习方式、评价方式等都受到了直接影响,改革也就无法规避了。

课程内容强调社会生活,主要关注课程知识与社会、生活等方面的联系,

---

❶ 中华人民共和国教育部:《义务教育物理课程标准》(2011年版),北京,北京师范大学出版社,2012:13。

❷ 中华人民共和国教育部:《义务教育化学课程标准》(2011年版),北京,北京师范大学出版社,2012:15。

❸ 杨明全:《课程概论》,北京,北京师范大学出版,2010:220。

包括课程内容应注重社会化、生活化和现代化等几个方面。

首先,课程内容的选择无法摆脱社会发展的影响,具体内容可能达到的标准和水平,归根结底是由社会实践的水平及其对课程的要求决定的。课程不仅仅具有传承社会文化、适应社会发展的功能,而且有利于促进社会发展,促进学生适应社会和建设社会❶,这也是课程发展的根本动力。因而,课程的内容和目的都离不开社会,任何一个社会阶段都力求把课程内容与社会生产和生活结合起来,这是课程内容主动适应社会发展的必然趋势,也是课程内容体现社会实践的反映。应该让学生在学习课程知识的过程中不断接触社会、了解社会、适应社会,并逐渐形成参与社会、改造社会的能力,形成解决社会实际问题的基本技能。基础教育的基本任务之一就是使学生有效掌握人类文化遗产中的精华,实现人类文明的传承,在知识学习过程中充分提升学生自身的能力,以适应未来社会发展的需要。因此,课程内容要体现社会的最新成就,满足社会发展的需求,课程内容的选择既要包括社会传统和社会精华,也要包括与社会现实密切相关的内容,还要包括适应未来社会发展的相关能力需求。但课程内容与社会实践的一致绝非对现实进行照相式的刻板记录,课程内容也无法及时全面地反映社会发展,因此,课程内容与社会实践的联系应以课程自身的规律为基础,以社会实际为出发点,让广阔的社会实践、社会生活进入学校的课程内容之中❷。

以地理为例。地理学科本身具有强烈的边缘性、交叉性、综合性,它与地球物理学、天文学、地质学、气象学、水文学、海洋学、土壤学、环境学、人口学、文化学、民族学、宗教学等学科知识息息相关,与中学其他学科如数学、物理、化学、生物、政治、历史等多个学科也有着紧密的联系,更与社会科技、经济、政治、文化等因素关系密切,人口观、资源观、环境观、可持续发展观等众多的地理价值观也存在于课程内容的选择之中,可以说,地理课程内容关乎社会生活的方方面面❸。因此,中学地理课程内容的选择就不能缺少以上所涉及的内容。同时,现代社会生活的发展变化也对地理学科内容的选择提出了新的要求,行政区划的调整、人口的季节性迁移、生态旅游、农业生产专业化、工业生产全球化、商业贸易电子化、乡村的空巢化等内容都应在中学

---

❶ 李凌:《新课程内容的特点及选择原则》,怀化学院学报,2008(5):188-190。
❷ 汪霞:《课程理论与课程改革》,合肥,安徽教育出版社,2007:17-178。
❸ 赫兴无:《中学地理课程内容选择研究》,贵州师范学院学报,2014(2):81-84。

地理课程中反映出来❶。地理课程内容的选择需要综合考虑社会发展的最新动态，将最有育人价值的内容筛选出来作为中学地理课程的主体，在传授给学生系统的地理知识体系的同时，也传授给学生适应社会发展的地理教育观、地理发展观，使学生适应社会发展对地理知识的需求。再以历史课程为例。历史的发展离不开社会发展的过去与现在，它们往往具有较强的历史与现实意义，历史课程内容也就必须考虑到这些因素。例如，在新课程改革的历史必修课程中，增加了"国有企业改革""'三个代表'重要思想""开发开放上海浦东"等，以及"中国加入世界贸易组织（WTO）""当代资本主义的新变化"等内容，这些都适应了时代的需要。在世界史选修部分增加了"欧洲的宗教改革""穆罕默德·阿里改革""梭伦改革""托马斯·阿奎那的君权神圣专制理论""大津巴布韦遗址与非洲文明探秘""玛雅文明的消失""米诺斯宫殿遗址与克里特文明""古代埃及文明的历史遗产""古代希腊、罗马的历史遗迹"等众多反映世界各国各地文化成果方面的内容，这在很大程度上体现了人们认识世界、了解世界的心态。这些内容的增加有助于学生更好地对世界文明的发展历史形成宏观、整体的认识，具有世界发展的多文化视角，为学生了解不同文化形态下的独特历史文化奠定了基础，进而使学生能更好地理解中国的传统文化和历史，提升自身的历史素养，形成正确的世界观、历史观和社会观。

其次，课程内容关注与日常生活的联系，强调学生的生活经验、亲身体验和感受也是课程内容注重社会生活的重要体现。如前所述，纯粹的书本知识本身不是完整的知识，书本知识传递给学生的信息是片面的，书本知识是生活经验得以深刻理解从而使知识创新成为可能的前提，生活经验是书本知识现实化并形成完整知识的重要内容和途径，书本知识必须与生活经验结合起来才能获得完整的意义❷。所以，书本知识只有回归到生活世界学生才可能获得生活经验，也才能促进学生对知识的全面理解和掌握。书本知识通过学生生活经验得到现实化，两者是相互依赖和促进的。因此，完整知识的掌握和学习离不开书本知识的现实化、生活化，只有注重课程内容与学生社会生活经验的联系，学生获得的知识和能力才可能是全面的、系统的、有生命力的、有个体意义的，学生才能真正地掌握现实的书本知识。新课程改革中，课程内容注重学生身边的生活经验的例子在课程标准和教材中随处可见。例如，在《全日

---

❶ 赫兴无：《中学地理课程内容选择研究》，贵州师范学院学报，2014（2）：81-84。
❷ 黄首晶：《论书本知识与生活经验的关系——中外认识论"先验"研究深度变革中的视阈》，云南师范大学学报（哲学社会科学版），2007（2）：69-74。

制义务教育科学（7～9年级）课程标准（实验稿）》中，在"种群、生物群落、生态系统和生物圈"部分的活动建议中，提出让学生观察池塘、森林、农田、海滨的生态系统，从而加强对生态系统的理解；在"人体保健"部分的活动建议中，让学生"调查吸烟、酗酒、饮食不平衡等不良生活习惯对人体健康的影响，香烟烟雾对动植物的影响"❶；在"常见的有机物"的活动建议中，建议"调查生活中塑料、塑胶、化学纤维的使用情况，鉴别常见的有机材料（如鉴别聚乙烯与聚氯乙烯，棉花、羊毛和腈纶等）。"❷在《义务教育物理课程标准（2011年版）》的活动建议中，基本都是建议利用生活中常见的现象、原理、物品等加强学生对物理知识的理解和掌握。这些都表明注重与生活的联系是新课程内容改革的重要方面，已经成为新课程内容改革的一个重要理念。

最后，课程内容注重社会生活的重要表现之一就是紧随时代发展，体现课程内容的现代化，因此，课程内容现代化是社会现代化的必然结果。课程内容的现代化并不是内容越新越好、越现代越好，绝大多数现代的科技和人文成果是在前人研究的基础上发现的，具有较高的难度，即使将这些内容按学生心理发展水平和教育规律进行重新编排，也往往超过中小学生的理解能力，无法实际操作。

而且，现代知识的更新速度越来越快，要使基础教育整个课程内容一直与"现代"标准保持同步，既没有必要也不可能实现。这就要求在课程内容的选择过程中适当体现现代社会发展的最新成就。课程内容的现代化能满足信息时代对未来公民知识的需求，为学生学习学科新知识以及进一步学习发展提供可能，学生对知识的理解、对社会发展的态度以及积极进取的学习观等都会受到有益的影响。因此，要注重课程内容与实际的联系、与未来工作生活的联系，确保课程知识能满足社会发展的需求。针对那些已经脱离了现代科技的知识体系，以及不符合现实社会与未来世界需要的课程内容，可以有选择地逐步淘汰，并尽量运用现代哲学观念、现代精神重新诠释传统的内容，相应地增加、渗透现代科学技术和人文科学的最新成果。

新课程改革对课程内容的现代性提出了明确要求，在不同学科中也有不同的体现。以语文课程内容为例。我国优秀的文化作品如唐诗、宋词、现代文学作品以及外国文学精品等文化典籍中都蕴含着深刻的人文精神，运用不同的

---

❶ 中华人民共和国教育部：《全日制义务教育科学（7-9年级）课程标准（实验稿）》，北京，北京师范大学出版社，2001：21。

❷ 中华人民共和国教育部：《全日制义务教育科学（7-9年级）课程标准（实验稿）》，北京，北京师范大学出版社，2001：25。

哲学观念、政治需要去解读就会存在不同的意义，而这些意义往往可能带有一定的价值取向，符合阶级意识或政治需要。在新的社会时代，用现代的哲学观念去重新诠释这些文化精华，同样可以获得符合现代社会价值观念的意义，成为促进学生学习与发展的课程内容。再以历史为例。

历史学在时间、空间和内容等研究领域急剧扩大，同时人类历史也在不断发展变化，历史学科研究的新成果、新趋势不断涌现，其中很多内容需要在中小学的课程内容中有所体现，让学生通过身边历史的变化感悟历史发展和社会进步。

新课程改革已经开始注重历史发展过程中的新变化，如加强了社会生活史、科学技术史、教育史和文化思想史方面的内容，一些重要的内容如"中国近现代生活的变迁"等专题在高中历史新课程内容中得到了一定程度的体现。再以理科课程内容为例。《全日制义务教育科学（7～9年级）课程标准（实验稿）》在"课程理念"部分强调科学课程要"反映当代科学成果"，并进而说明："科学课程要反映当代的科学成果和新的科学思想。应当让学生了解一些他们能够接受的现代科学技术知识，了解现代科学技术对建设新农村、新城镇和改善人们物质与精神生活的作用，从而使他们意识到科学与自身和社会发展的密切关系……树立服务社会、振兴中华的理想。"❶在《全日制义务教育科学（7～9年级）课程标准（实验稿）》中的"内容标准"中，提到磁悬浮列车、无线电通信和光纤通信实验、电磁波在传播信息中的应用和通信技术在本地区的应用、移动电话、集约化农业、设施农业、生态农业、基因工程、相对论、量子论、DNA双螺旋结构和板块学说、信息技术、现代生物技术、新材料技术、新能源技术、航天技术等内容，以及"了解新金属材料的发展和改善金属材料性能的主要方法"❷，并有专门一部分内容是"科学、技术与社会的关系"，将社会因素大量融入科学课程内容之中。

四、学习方式的话语体系转换：由"接受"到"探究"

（一）由"接受"到"探究"的话语体系转换

接受学习的历史十分悠久，接受学习是学校教育的基本学习形式之一，

---

❶ 中华人民共和国教育部：《全日制义务教育科学（7-9年级）课程标准（实验稿）》，北京，北京师范大学出版社，2001：4。

❷ 中华人民共和国教育部：《全日制义务教育科学（7-9年级）课程标准（实验稿）》，北京，北京师范大学出版社，2001：5。

从学校产生到现在几乎一直占主导地位❶。接受学习方式长期统治着我国各级各类学校的课堂,很大程度上构成了我国学生学习方式的主体。它是建立在我国传统的"传道授业解惑"思想之上的,注重智力和技能目标的达成,强调教师的教授行为,强调教师的师道尊严。以接受为核心的学习方式话语体系的基本特征是:学习内容全部或大部分以定论的形式展现出来,不需要学生独立去发现知识、探索知识、获取知识,强调学校学习过程是一种建立在前人或他人学习经验基础上的学习,学生的学习不需要学习者事事亲身经历,是一种间接经验的获得过程,与之相应的教学方法就是讲授式教学法❷。接受学习最大的价值在于通过教师的完整计划和精心组织,学生可以不必从零开始学习人类社会的文化精华,学生可以在较短时间内掌握人类社会经过很多年才积累下来的认识成果,有利于学生知识的积累和个体的认知发展,因此,接受学习在促进学生接受知识方面是非常有效的,有利于学生便捷、高效地掌握知识。接受以学习为主的教学要求教师精心设计好讲授内容的重点、难点、基本程序等❸,要求不同内容运用不同的讲授方式,尽可能提高学生学习的积极性、主动性。因此,接受学习方式有利于教师主导作用的发挥,有利于系统的科学知识的传授,有利于教师组织、监控教学活动进程。

  同时,接受学习也存在诸多弊端:接受学习过分强调基本概念、规律、定义、公式等知识的理解和正确表述,格式、表述不规范的情况都被视为错误,要求必须用规范化的形式表述才算正确。这就使学生把很多精力放在知识的正确性和规范性上,而对发散思维、聚合思维等创新思维能力产生了压制,制约了学生思维的多维性、发散性、创新性,学生只能按部就班、墨守成规,不敢越雷池半步。久而久之,在教学过程中形成了"满堂灌""填鸭式""题海战术"等课堂教学模式,教师成为知识的拥有者和课堂的主宰者,课堂、知识成为教师教学和学生学习的中心,教学活动简化为教师把知识转移给学生;学生的学习主要是依靠教师传授,学生的学习方式局限于背诵和记忆,学习范围局限于书本,学生获得的知识都是从教师那里复制和拷贝过来的,学生主体作用的发挥被忽视了。由于学生的学习不是通过自己的实践、探究建构起来的,往往缺乏直接经验的参与,学生的主体地位无法得到体现,学生就会逐渐失去

---

❶ 施良方:《教学理论:课堂教学的原理、策略与研究》,上海,华东师范大学出版社,1999:1211。

❷ 顾明远:《教育大辞典》(6),上海,上海教育出版社,1996:238。

❸ 张钢镇:《"探究"与"接受"》,山西教育(教师教学),2008(1):36。

学习的主动性和能动性，缺乏对知识的亲身感悟，主体意识逐渐消失。实际上，学生对知识的理解和体会很难通过传授的方式获得，与实际脱离的知识几乎是一种"死知识"，无法恰当地解决实际问题❶。而且，以讲授为主的教学方式，在教学中缺少多向度的互动❷，师生之间、生生之间的互动都未受到应有的重视，教学变成了单向通道，师生的情感因素和互动关系得不到有效发挥。

接受学习模式的理论基础是行为主义理论，行为主义在我国各级各类学校中仍然有着根深蒂固的影响。多年来，我国教育理论界一直以认识论研究为主，而对教学过程中认知规律的研究相对缺乏，导致绝大部分教师不熟悉甚至完全不懂认知学习理论，不了解人类学习过程的认知规律，致使行为主义学习理论在我国教育领域盛行不衰。行为主义学派主张心理学只研究外显行为，认为学习与内部心理过程无关，把个体行为归结为个体适应外部环境的反应，人类的学习被解释为被动地接受外界刺激并形成反应的过程，即所谓的"刺激—反应"过程，认为只要控制刺激就能控制行为和预测行为，从而也就能控制和预测学习效果。行为主义者反对研究人在学习过程中的意识和内部心理过程，不关心刺激所引起的内部心理变化。在这种学习理念的指导下，教师的任务在于为学生提供各种外部刺激，学生的任务则是接受这些外界刺激，并相应地作出反应，消化、理解教师讲授的内容——行为主义把学生当作知识灌输的对象，并在教师的刺激下形成反应，从而达到学会知识的目的，忽视了学生学习的主动性、创造性，忽视了非智力因素等对学生学习的影响。学校被视为"工厂"，教师是"工人"，学生则是"原料"，"工人"负责把"原料"加工成"成品"。由于我国教育界长期受行为主义学习理论的影响，学生不敢冲破传统师生关系的束缚，绝大多数学生认为教师讲授的必定是正确的，将书本上的知识内容奉为经典，逐渐形成一种盲目崇拜书本和教师的僵固思想，也不敢向师长提出异议，久而久之使学生的学习受到严重的思想束缚，学生的主动性无从发挥，创新思想和创新能力更无从谈起，创造型人才的培养就成了难以实现的"空中楼阁"❸。

新课程改革对课程教学和学生学习提出了明确要求，《纲要》提出："改变课程实施过于强调接受学习、死记硬背、机械训练的现状，倡导学生主动参

---

❶ 程慧明：《"接受学习"与"探究学习"有效整合的研究初探》，济南，山东师范大学，2006：13-14。
❷ 殷洁：《从接受学习到探究学习》，教育探索，2004（4）：23-25。
❸ 程慧明：《"接受学习"与"探究学习"有效整合的研究初探》，济南，山东师范大学，2006：12-13。

与、乐于探究、勤于动手，培养学生搜集和处理信息的能力、获取新知识的能力、分析和解决问题的能力以及交流与合作的能力。"❶学习方式的改革成为新课程改革的重点之一，《纲要》和课程标准中也大量使用了"参与""动手""体验"等行为动词，以改变传统的接受式学习方式，转而面向学生探究能力的培养。新课程改革在课程实施方面对"探究"进行了全面要求和说明，不同学科的课程标准中用到了"研究性学习""探究""科学探究"等不同的术语，这些都属于探究的话语体系。

《义务教育初中科学课程标准（2011年版）》中的"实施建议"部分，也对学习方式改革提出了相应的要求，在"教学建议"中提到，"学生对科学知识的学习始于他们在生活实践中对自然界的认识，而不是单纯对书本知识的记忆和接受"，在其后进一步提到，"帮助学生理解科学知识，学习科学方法，发展科学探究能力"等❷。

并在对学生学习科学课程的要求中，进一步提到，"适当地创设教学环境使所有的学生都有机会参与科学探究""注重引导学生理解和经历科学探究的过程"❸。可见，新课程改革已经开始注重学习方式的改革和调整，改变接受学习一统天下的局面，全面转向探究学习。以探究为核心的学习方式话语体系的主要特点是：改变学生被动灌输的学习方式，引导学生通过发现问题、猜想假设、论证验证、获得结论、表达交流等环节，自主获取知识，提升个人的能力和素养——"探究"的提出体现了现代社会对学习者素质的基本要求。

（二）学习方式话语体系转换的文化因素探析——以"科学探究"为例

1."科学探究"的现实需求

在经济全球化的推动下，科学技术在当今世界各国经济发展过程中所起的推动作用越来越显著，科技创新和进步对经济增长起着越来越重要的支撑作用。随着科学与技术的进步，各种机具、材料、方法、知识和创意等资源被广泛地应用于社会生活之中，增强了人类解决问题的能力。高新技术及其产业在经济增长方式转变中的影响日益加深，当代以知识为中心的经济发展模式大大

---

❶ 朱慕菊：《走进新课程：与课程实施者对话》，北京，北京师范大学出版社，2002：254。
❷ 中华人民共和国教育部：《义务教育初中科学课程标准（2011年版）》，北京，北京师范大学出版社，2011：52。
❸ 中华人民共和国教育部：《义务教育初中科学课程标准（2011年版）》，北京，北京师范大学出版社，2011：53。

减少了对自然资源的依赖,这也导致自然资源在国际经济竞争中的作用大大降低,科技创新已经成为经济发展和社会进步的主导力量。科技为人类带来了繁华、便利的生活,对于人们来说,科技是人类克服自然中的障碍、打造人造世界的利器,人类文明的发展来自科技创新。

为了在激烈的国际竞争中占据一席之地,发达国家都把发展战略技术及产业作为带动经济发展的关键举措,把科技创新作为国家战略,把科技投资作为战略性导向,利用科技创新带动国家经济的整体发展❶。科技创新对于一个国家、民族和企业的发展都是至关重要的。据统计,发达国家科技进步和科技创新对国民经济增长的贡献率在20世纪初期为10%~15%,20世纪中期为40%,20世纪70年代为60%,到80年代已经达到65%~80%❷。科技的发展不能仅仅局限在技术和设备的引进上,否则就会导致一个国家始终都是他国的附庸,科技创新才是一个国家实现经济独立的根本保障。如今,科技创新已经成为决定各国竞争力的重要因素,是保持经济长期持续增长的主要原因❸。

多年来,我国的经济发展和技术创新一直处在矛盾之中。我国的科技水平相对落后,基础差、底子薄,经济增长主要是靠人力、资金、能源等大量的投入来实现,经济发展以"粗放式"发展为主,大多数企业无法完成技术改造,无法得到及时的技术创新,无法适应市场需求的变化,生产能力得不到明显提高和改善,而各地各部门又热衷于铺新摊子,出现许多低水平的重复建设项目❹。目前,我国科技创新对经济增长的贡献率远远低于发达工业国家,甚至也低于某些新兴的工业国家,科技创新能力不强,对经济增长的贡献不足,基本上走的是一条高消耗、高投入、低效益、低产出的粗放型发展的路线,出现了典型的创新诱导不够、创新投入不足、创新质量不高、创新能力不强的发展状况,这也给我国自然资源、自然环境带来了严重影响。因此,走新型工业化道路和推动经济增长方式转变是中国现代化进程中的一个特定的历史阶段和发展目标,这离不开科技创新的支撑作用。只有这样才能在激烈的世界竞争中立于不败之地,否则我们依然要走高投入、高耗能的老路。

---

❶ 钟钰,王海江:《科技创新与我国经济发展方式转变》,科技与经济,2009(1):15-17。
❷ 赵远亮:《从科技进步对经济增长的作用看我国西部大开发》,科学管理研究,2001(2):57-59。
❸ 李海萍,等:《培养科技型企业家:大学科技园的首要任务》,高科技与产业化,2003(8):52-54。
❹ 苏俊:《科学教育是经济发展的决定性因素》,石家庄经济学院学报,1998(5):518-521,532。

目前，我国的科技创新能力与发达国家还有相当一段距离，如果我们仅仅把科技创新停留在企业的努力、国家政策的引导这些层面上，而忽略了作为人才创新基础的科学教育，忽略了科学教育中学生的探究能力、创新能力，我们就始终无法从根本上解决国家创新和发展的问题。人们的教育理念和对教育的政治、经济、文化价值的看法，随着现代科技和知识经济的迅猛发展从根本上发生了改变，人们对教育功能、模式、目标与手段诸多方面的传统认识也受到科技发展的影响。已有的教育模式与教学模式已经远远无法适应新时代的要求，教育不创新必然导致学生缺乏创新能力，学生创新能力的缺乏也必然导致国家科技创新能力的缺乏，提高学生的科学探究能力正是在这样的背景下被倡导的。这是科学探究之所以受到重视的现实根源。

2. 我国新课程标准中的"科学探究"

科学探究作为一种学习方式在国外已经有几十年的发展历史，但对于我国来说却是一个新生事物，它是随着我国新课程改革而逐渐被教育界所了解和认识的。如今，科学探究俨然成为新课程学习方式的标志性话语，在教育科学研究、教师公开课、高考中考等方面都成为最受关注的时髦话题之一，在各科的课程标准中也被频繁提及。例如，《全日制义务教育科学（3～6年级）课程标准（实验稿）》中对于科学探究进行了明确的规定和要求，强调"科学学习要以探究为核心"，认为"探究既是科学学习的目标，又是科学学习的方式……科学课程应向学生提供充分的科学探究机会，使他们在像科学家那样进行科学探究的过程中，体验学习科学的乐趣，增长科学探究能力，获取科学知识，形成尊重事实、善于质疑的科学态度，了解科学发展的历史……"❶并进一步指出，"科学探究不仅涉及提出问题、猜想假设、制订计划、观察、实验、制作、搜集证据、进行解释、表达与交流等活动，还涉及对科学探究的认识，如科学探究的特征。"❷在《义务教育初中科学课程标准（2011年版）》中，科学课程的五个基本理念之一就是突出科学探究的重要意义，认为"科学探究是一种让学生理解科学知识的重要学习方式"❸，并在课程目标的分目标中对科学探究进行较为详细的说明。在"内容标准"的第一条中，分别针对科学探究

---

❶ 中华人民共和国教育部：《全日制义务教育科学（3-6年级）课程标准（实验稿）》，北京，北京师范大学出版社，2001：4。

❷ 张建国：《比较东西方传统文化差异，开展小学科学探究》，上海教育科研，2011（9）：88-89。

❸ 中华人民共和国教育部：《义务教育初中科学课程标准（2011年版）》，北京，北京师范大学出版社，2011：4。

过程的七个要素所对应的学习要求和达成目标做了详细的阐述，在第四部分"实施建议"的教学建议中，也强调注重科学探究的教学❶。其他理科课程标准也对科学探究进行了明确要求和说明，如初中物理课程标准对科学探究作出了明确要求，2011年修订的《义务教育物理课程标准》中的"课程基本理念"部分对科学探究的要求是"提倡教学方式多样化，注重科学探究"，并做出进一步的解释，"注重采用探究式的教学方法，让学生经历探究过程，学习科学方法……"❷；课程标准的第三部分"课程内容"将"科学探究"与"科学内容"并列，作为物理课程内容的两个部分。在物理课程标准后续的展开说明中，在"科学探究要素"和"科学探究能力的基本要求"部分对科学探究进行了详细的说明、规定和解释。《普通高中物理课程标准（实验）》的第三部分"内容标准"的第一部分同样提及科学探究，并详细说明了科学探究的七个要素，要求学生"初步经历对自然规律的探究过程，从中体会物理学的思想，并在情感态度与价值观方面等受到熏陶"❸；并在"教学建议"环节提出，"……关注学生在科学探究过程中的学习质量，进一步加深对科学探究的理解，提高科学探究的能力"❹，强调高中阶段应该在初中物理探究学习的基础上，进一步加深对科学探究的理解。可见，课程标准对科学探究的重视程度已经远远超越了以往的任何一次课程改革，科学探究作为新课程改革所倡导的自主、合作、探究三大学习方式之一，已经受到我国新课程改革实施者的高度重视。科学探究以理论话语的形式体现在课程理论之中，以制度话语的形式呈现在制度文本之中，以实践话语的形式呈现在课堂教学之中，科学探究已经成为我国当前理科课程改革的核心话语之一，受到了教育改革倡导者、教育行政管理者和广大师生的一致关注。

3. 教学实践中的"科学探究"

虽然科学探究在我国新课程改革中屡屡出现，成为课程改革的一项重要内容，在改革的各个环节都得到解释、说明和规定，但在实践中，科学探究并没能得到合理的运用，也没能起到应有的效果。在对我国某省中学物理教师开

---

❶ 中华人民共和国教育部：《义务教育初中科学课程标准（2011年版）》，北京，北京师范大学出版社，2011：45。

❷ 中华人民共和国教育部：《义务教育物理课程标准（2011年版）》，北京，北京师范大学出版社，2012：3。

❸ 中华人民共和国教育部：《普通高中物理课程标准（实验）》，北京，人民教育出版社，2003：49。

❹ 同❸。

展的一次调查中发现，中学物理教师在课堂教学方法的运用方面与新课程改革的理念之间存在着严重的矛盾：一方面，中学物理教师认为开展科学探究可以提高学生的创新能力和实践能力，在思想上非常认可、重视科学探究方法；另一方面，却因为受到高考（中考）分数和升学率的影响，不得不大量运用传统的教学方法（如讲授法等）开展教学。教学目标作为课堂教学的指向标，是开展教学的依据，教师的教学活动主要围绕教学目标展开。此次调查的"应然目标"结果显示，60.1%的被调查者（中学物理教师）认为物理教学应该注重培养学生的"动手能力和创新能力"，30.3%的被调查者认为应该培养学生的"物理思想和方法"，其他仅占9.6%。"实然目标"的调查结果显示，课堂教学过程"注重物理知识和技能"的占37.9%，注重"做题和考试"的占45.5%，其他占16.6%。在物理教学目标中，教师所追求的"应然目标"和"实然目标"截然不同，差别明显，这也必将对教师教学产生直接影响。教学方法对学生学习方式的影响是非常直接的，决定了学生学习方式的选择。此次调查结果显示，物理课堂教学中最经常用到的教学方法是"讲授+演示实验"，占被调查教师的78.8%，"讲授法"占13.6%，"实验探究"和"讨论法"分别占4.5%和3.1%。从调查中可以发现，虽然新课程改革全面实施已有二十多年的时间，新课程标准对物理探究教学也有明确的要求和规定，但在新课程改革的教学实践中，传统的教学方式和学习方式仍然占有绝对优势，科学探究并没有得到广泛的运用与推广❶。可见，科学探究在课堂教学实践中并没有占据其应有的地位，科学探究对传统教学的冲击只是空言无补而已。

魏欣认为，目前小学科学课堂教学中普遍存在只有形式而无实质的假探究活动，存在着强调形式，忽视实质；重视结论，忽视过程；鼓励优秀，忽视差异的现象❷。她进一步用探究教学案例"凸透镜"进行说明。当学生在探究过程中看到物体在远处成倒像后，便可能提出各种问题，如"如果把两个凸透镜重叠起来，能不能把像正过来""怎么成倒像，而不是正像""怎样让像正过来"等问题，但教师为了不影响正常的探究教学活动，对学生的各种问题置之不理，仍然让学生按照教材安排去设计实验，并提出在什么条件下成放大的像、什么条件下成缩小的像的问题，学生根据教师提出的问题开展了有针对性的"科学探究"，并按时"圆满"完成了教师安排的探究任务。可以看出，这

---

❶ 刘茂军，等：《吉林省中学物理教师实施新课程情况的调查与反思》，牡丹江师范学院学报（自然科学版），2012（1）：55-57。

❷ 魏欣：《小学科学课探究活动存在的问题及解决策略》，世界教育信息，2007（3）：53-55。

位教师的探究教学过程,是提前设计好问题让学生探究,而不是在课堂上通过学生自己的观察、疑问开展探究。而且,为了顺利地完成所有的探究活动,当学生得出的探究结论有悖于标准答案或与标准答案不一致时,教师总是急于找优秀生说出教师设定好的标准答案,从而顺利地完成教学任务❶。从这里可以看出,教师给学生布置探究问题会保证教学秩序,使学生按照教师的思路开展探究活动,否则学生根据自己的观察所提出的探究问题往往会不着边际,教师就无法把握教学的重点,课堂教学也会显得乱糟糟的。在这个案例中,教师对探究教学的控制是非常"严密"的,他的主观思想还是尽力去控制学生、控制课堂,他认为在课堂教学的探究过程中不出"任何问题"才是正常现象,尤其在公开课和研讨课上就更不能出现任何问题,否则,驾驭不了课堂是一种失败。因此,控制住学生的操作、控制住学生的问题、控制住学生的思维就成了探究教学中教师不敢懈怠的主题。在这个案例中,教师提出的问题是封闭性的,名为"探究",实则不然,学生还是被教师牵着鼻子走,其想象力和创新意识很有可能在这一过程中被彻底剥夺了。这种科学探究的效果也会大打折扣,所谓的"探究"也失去了其本身的意义和价值。也有研究人员在调查实践中发现了类似现象,在《中学物理探究教学的现状调查与分析》中,作者列举了我国科学探究教学存在的问题,主要包括:学生有探究欲望,但没有主动探究的意识和习惯;课堂教学中,教师主要运用传统的方式进行授课,为学生提供的探究机会很少,没能教会学生探究的研究方法;探究学习环境有待改善;等等❷。

这些案例都说明在我国的课程改革实践中,忽视科学探究、不能正确运用科学探究的情况并非个例,我国新课程改革所倡导的科学探究活动的开展存在诸多问题。这些问题出现的原因不仅仅来自技术理性的层面,更与科学探究的哲学本质、文化基础、终极价值、社会改造相联系❸。因此,将我国课堂科学探究成败与我国传统文化联系起来开展探讨不失为一种更有意义的尝试。

4."科学探究"现实境遇的文化因素探析

虽然科学探究受到社会各界的高度重视,但科学探究在我国课堂实践中并没有得到合理而广泛的应用,究其原因,除了科学探究在我国缺乏足够的教

---

❶ 魏欣:《小学科学课探究活动存在的问题及解决策略》,世界教育信息,2007(3):53-55。
❷ 金银书:《中学物理探究教学的现状调查与分析》,南京,南京师范大学,2011:摘要。
❸ 赵长林:《科学探究与民主社会:解读杜威科学探究思想的深层结构》,全球教育展望,2010(1):79-82。

育实践外，更根本的原因还在于文化方面的影响和制约。

（1）中国传统文化的影响

中国传统文化是指中华民族在几千年的生存和发展过程中形成的、具有中国本土特征的文化精髓，它具有相对稳定的结构，是理论化和非理论化的共同精神、心理状态、思维方式和价值取向等精神成果的总和❶。它是对中国传统封建社会和自然经济的反映，在很大程度上影响着我国整个社会的发展和变迁。中国传统文化中的儒家文化是影响科学探究实施的重要因素之一。

天人合一思想的影响。中国经历了漫长的农业文明时期，古代的天人合一思想是农业文明的产物。中华民族主张人与天地万物融会贯通，认为人是自然界的一部分，人与自然是不可分割的整体，注重人与自然的和谐相处，强调人应该"道法自然"，这反映了人与自然息息相关、相依共存的密切关系❷。这一思想强调人应该顺应自然、尊重自然，遵循自然界的普遍规律，其所追求的终极目标是实现人与自然的和谐交融。中国这种传统的文化和心态过分强调安定和谐，把变革、超越、创新视为畏途。

中庸思想的影响。中国传统的中庸思想是儒学的最高境界，是儒学的理论内核和准则，具有典型的重和谐、轻竞争的倾向❸。中庸思想重统一、轻多样，害怕与众不同，扼杀冒尖，个性鲜明的气质往往不会得到提倡和保护。中庸作为儒学"仁、礼、理、心"的主要范式，认为只有符合了中庸之道才是天理，才能使社会的政治、伦理、道德秩序不走极端，才能趋于平和稳定达到国泰民安的状况，从而避免社会矛盾激化。同时，中庸思想强调不偏不倚，对各种片面性观点兼收并取，从而整合为统一全面的认识❹。这就会陷入害怕矛盾、冲突和竞争的消极状态。因此，在中庸思想的影响下，要实现创新和超越，要突破传统经典成为难上加难之事。

（2）传统教学文化的影响

中国传统教学文化深受传统文化中道德中心化倾向的影响，伦理道德在中国传统文化结构中居于中心地位，师生之间的伦理道德关系成为中国文化道德中心化的典型代表。我国有着厚重的"尊师重道"传统，甚至有"天地君亲师"的说法，君臣、父子、师生等关系成为制约人们行为的无形准绳，教师具

---

❶ 李宗桂：《中国文化概论》，广州，中山大学出版社，1994：10。
❷ 朱瑞：《中国传统文化中的"天人合一"思想及其现代价值》，攀登，2005（3）：204-206。
❸ 高新芝：《探究式教学的文化自觉》，江西教育学院学报，2012（3）：181-184。
❹ 崔刚：《论我国基础教育英语教学的中庸之道》，课程·教材·教法，2011（6）：55-60。

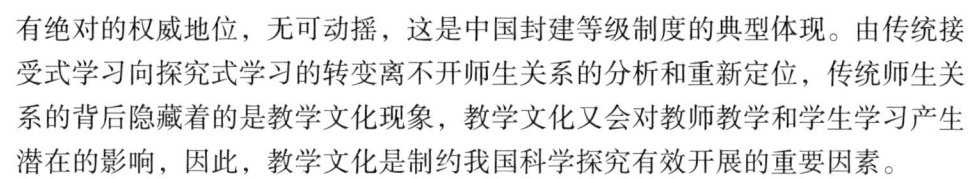

有绝对的权威地位，无可动摇，这是中国封建等级制度的典型体现。由传统接受式学习向探究式学习的转变离不开师生关系的分析和重新定位，传统师生关系的背后隐藏着的是教学文化现象，教学文化又会对教师教学和学生学习产生潜在的影响，因此，教学文化是制约我国科学探究有效开展的重要因素。

教学文化是指师生在课堂教学中形成的价值体系、行为方式❶。教学文化体现了某种文化对于教学内隐的行为模式、观念、价值倾向。一个国家的教学文化深受该国文化传统的影响，教学方式、教学目标、师生关系等都会深刻地留下一个国家文化传统的痕迹。在教学文化的影响下，尤其是在价值观、思维方式、行为习惯等文化的深层部分的影响下，师生的自主意识、自主精神会不经意地迷失在宏观的文化背景之中。

课堂教学改革的过程就是新旧课堂教学文化碰撞、融合、生成的过程，本质上也是一种文化变迁，只有从文化的高度审视教学改革，才能在中国传统文化的氛围下生成科学探究的文化。

（3）传统科学文化的影响

我国传统的价值观念是"重义理轻艺事"的义利观或"道本器末"的道器观，这种"实用"的价值观念导致了对科学技术的轻视，实验科学甚至常常被视为"奇技淫巧"，与实用无关的科学技术理论没能得到合理的发展。同时，我国传统文化重视伦理道德而忽视科学实验，科学技术教育融入儒家人文教育，也依附于政治教育，而后者在中国传统教育中占据主导地位，科学技术教育往往成为附庸。这就导致我国古代教育中缺乏科学实验方法，也没能形成严密的科学理论逻辑体系，我国古代的科学发现只能停留在直觉经验的层面上❷。

西方文化与此不同。在西方人的意识中，只要依靠自然科学的发展和技术的不断改进，人类生活就会得到改善和提高。这是由于西方文化来源于希腊文化和基督文化，前者是一种以"求真"为目标的"科学型"文化；后者也并不完全排斥科学，有时他们还把自然科学作为论证神的合理性工具❸。而且，在科学史上，西方开创了近代科学的革命，伽利略的实验科学思想的建立和发展奠定了近代科学的基石，成为近代科学尤其是西方近代科学发展的模板，科学技术取得了突飞猛进的发展，并逐渐在科学结构内部形成了"理论—实验—

---

❶ 晋银峰：《新课程实施中的教学文化研究》，兰州，西北师范大学，2009：摘要。
❷ 王宏霞：《中西方课堂教学差异的文化探源》，上海，华东师范大学，2005：26-28。
❸ 吴永军：《课程社会学》，南京，南京师范大学出版社，2001：23-24。

理论"的循环加速机制，科学家在继承前人理论成果的基础上不断提出新的学说，这种新理论为实验方案的进一步完善和设计提供了方向❶。这也使西方科学技术、科学实验和科学理论在相互鼎立的过程中获得了加速发展，出现了以实验为验证手段和开拓创新的新模式。我们从西方和中国的理论、实验、技术在各个世纪总积分中所占的比例可以看出其中的奥妙（表4-1、表4-2）。

表4-1　西方理论、实验、技术在各世纪总积分中所占比重❷　　单位：%

比重	世纪												
	-6	-4	-2	2	4	…	12	13	14	15	16	17	18	19
理论	49	77	38	60	18	…	90	21	2	5	47	61	31	33
实验	9	11	37	6	46	…	5	23	1	6	20	22	20	29
技术	42	12	25	34	36	…	5	56	97	89	33	17	49	38

表4-2　中国历代理论、实验、技术在该朝代总积分中所占的比重❸　　单位：%

比重	朝代												
	春秋	战国	秦	西汉	东汉	魏、西晋	南北朝	隋	唐	北宋	元	明	清
理论	12	23	0	6	10	13	15	2	8	4	8	16	40
实验	2	8	0	9	14	1	13	0	11	6	12	3	1
技术	86	69	100	85	76	86	72	98	81	90	80	81	59

从上表中可以明显地看出，西方16世纪科学的加速发展和理论、实验、技术这三项数值的趋近一致这一规律是密切相关的。而中国古代并没有形成理论、实验、技术三足鼎立的结构，实验的比重一直很低❹，在秦朝和隋朝竟然

---

❶ 中国科学院《自然辩证法通讯》杂志：《科学传统与文化——中国近代科学落后的原因》，西安，陕西科学技术出版社，1983：12。

❷ 中国科学院《自然辩证法通讯》杂志：《科学传统与文化——中国近代科学落后的原因》，西安，陕西科学技术出版社，1983：15。

❸ 同❷。

❹ 中国科学院《自然辩证法通讯》杂志：《科学传统与文化——中国近代科学落后的原因》，西安，陕西科学技术出版社，1983：16。

毫无贡献,即使到了明清时期,实验对社会的贡献也是微乎其微的。可见,中国缺乏注重科学实验的文化氛围和历史传统,这也是我国基础教育中科学探究意识弱、水平低、亟待提高的重要原因。

由此,在缺乏实验传统的氛围下,提倡以实验为主要形式的科学探究难以在课堂中得到有效运用,加之在中国传统中以道德水平和治人之术为内容的人才选拔机制的约束和限制,普通公民对实验更加缺乏认识,无法知晓实验科学的发展和意义,实验成了远离现实生活的镜花水月。因此,在我国古代和近代的很长时间里,课堂教学中并没有探究的话语地位。直到近代以来,随着国外教育思想的不断涌入和一些科学家的大力倡导,课堂中的科学探究才逐渐在我国科学教育范畴中占有一席之地,并随着社会科技创新和国家发展的需要逐渐被基础教育改革领导者和广大民众所重视,成为备受关注的话语之一。

课程改革首先体现了人们对将要发生的教育实践的一种理想化的追求,而出现的结果却可能偏离最初的设想,现实中的科学探究即是如此。科学探究话语的出现体现了社会现实的迫切需求,而其难以推行的原因则更多是文化语境的束缚——中国传统的儒家文化、师生文化、科学文化都不具备科学探究生长的"良田沃土",科学探究在我国的境遇不仅仅是技术层面的操作问题,更存在着深层的文化基因影响。

五、课程评价的话语体系转换:由"选拔"到"发展"

(一)以"选拔"为核心的课程评价话语体系的发展与特征

课程评价是学校教育过程的重要一环,是根据某种标准、按照指标体系设定的内容,运用一定的方法确定课程与教学是否或多大程度上实现了课程目标,从而对课程实施的结果进行价值判断的过程。课程评价的科学化直接考量出其所体现的价值观、人才观、教育观等,对人的行为具有重要的指引意义[1]。一般来说,课程评价包括对学习结果的评价和对课程本身的评价两个方面,课程评价表现为这两个方面的有机统一。通过对学生学习结果的评价,人们也可以发现课程方案的优势与缺陷,达到评价课程方案本身的效果。因此,课程评价更多地倾向于对学生学习结果的评价,通过对学生学习结果的评价可以反映课程实施的效果[2]。

---

[1] 白雪峰:《论中小学课程功能的实现》,太原,山西大学,2013:19。

[2] 杨明全:《课程概论》,北京,北京师范大学出版,2010:280。

在基础教育阶段，升学选拔的目的是实现对有限的教育资源的分配和利用，促进各级各类教育在既定条件下的整体和谐发展，从而更好地促进学生科学、合理地发展❶。然而，我国传统的评价纯粹是以选拔为宗旨，选拔的目的带有很强的功利性，教育行政部门基本上完全充当了评价的组织者、选拔者，这种评价主体的单一化也导致评价标准过多强调共性和一般趋势，忽略了学生个体的差异性，导致学生的个性变成了单调、统一、整齐的模式，抹杀了学生的多样性。

评价作为教育质量监控的工具和手段，掌握教育情况、提供反馈信息、促进学生发展理应成为其主要功能，这些功能在我国教学大纲时期却被选拔功能所取代。选拔性评价的直接目的是水平检验，把学生的成绩与事先制定好的目标或标准做比较，尤其是升学选拔这样的高利害性评价，要求有必要的区分度，因此，选拔性评价是一种典型的"目标参照评价"，在我国教学大纲时期学生的学业成绩评价中被大量运用❷。这种目标参照评价不与个人以前的成绩做比较，只追求在单一的知识技能检测评价中获得较高的效度和信度，运用的是一种与他人成绩无关的评价，其目的就在于甄别、选拔、区分学生，为学生分等。这就导致选拔性评价在思想上给学习困难的学生造成了很大的压力，学生的学习兴趣和创造性思维受到了抑制，学生的能力、情感、价值观及个性化表现等品质得不到应有的重视，这种评价方式在评价学生发展的全面性、基础性、差异性等方面失去了效度。这种单纯为了鉴别和选拔的评价简化了评价的大多数功能，不顾及教育的基本原则，只重视结果不注重过程，不能帮助师生改进教学和学习，一味采用"偏、难、怪、繁"的标准❸，舍弃了全面的基础性发展的标准，对学生的人格、心理素质以及个性发展造成了极大的伤害，以致对低年级学校及其学生产生误导，使评价成为一种单纯的筛选工具，影响了学生的身心健康发展和素质教育的推进，背离了我国全面发展的教育方针和开展素质教育的初衷。

选拔性评价与我国千百年来的科举考试有着不可分割的联系。随着封建社会的发展和人才需求的增加，评价开始被当作一种选拔社会人才的重要工具，评价的选拔功能被突显出来。

---

❶ 彭德昭：《促进发展：学生评价之本》，教育导刊，2007（1）：21-24。

❷ 吴永军：《我国基础教育课程现代化的若干理论思考》，南京师大学报（社会科学版），1997（3）：58-62。

❸ 同❶。

本质上，生产力发展水平不高、经济基础薄弱、教育资源有限是导致选拔性评价长期存在的另一根源。从历史上看，在教育资源极其有限的年代，精英教育与选拔功能成为我国教育历史运转的两大联动轴心，对我国的基础教育产生了重要作用。我国早在孔子时代就开始了从"学在官府"向"学在四野"的知识普及历程，但成效甚微。到20世纪20年代，一些仁人志士为了使广大公民得到良好的教育普及，先后发起过"平民教育""乡村教育"和"职业教育"运动，但这些努力都没能彻底改变中国广大公民受教育的现状。中华人民共和国成立后，教育普及逐渐展开，1986年，《中华人民共和国义务教育法》颁布，义务教育具有了法律上的保障，但义务教育经费投入长期不足，加之国家义务教育政策公平性的缺失，教育普及一直发展缓慢，并逐渐形成了区域之间、城际之间、城乡之间、校际之间发展的严重失衡。为了获得更好的学习机会，进入资源丰富的学校，选拔、竞争就成为中考和高考不得已而为之的选择。在这种情况下，课程评价扭曲了整个学校教育，没能对学生起到应有的促进作用，反而损害了学生根本性的发展❶。在经济实力有限的条件下，教育无法使所有的社会成员接受全面的教育，而只能选择少数符合某些"规定"的人接受教育，此时的评价是为从多数人中选拔符合条件的少数人服务的，目的在于选择适龄儿童。广大基础教育一线面对教育资源有限的困境，不得不牺牲普及性而采取一切措施确保和提高升学率，基础教育课程在目标、结构、类型、组织与实施等方面的普及功能名存实亡，这无疑会损害义务教育的公平性和均衡性。因此，只要教育资源与教育需求之间存在着较大差距，无法使全体适龄儿童接受充分而全面的教育，选拔就是不可避免的。从这个意义上讲，要想真正改变课程评价单一的选拔功能，根本的途径在于发展社会生产力，不断丰富教育资源，提供充足的教育机会❷。

（二）由"选拔"到"发展"的话语体系转换

一直以来，我国的课程评价主要依据课程结果，而远离了作为被评价主体的学生的生命世界，评价结论更多地用于甄别和选拔评价对象的目的，新课程改革在课程评价方面作出了明显的调整。新课程强调课程评价应该是服务于学生发展的，以人为本、一切为了学生的发展是此次新课程改革的基本理念，促进学生发展成为课程评价的最终目的❸。《纲要》明确提出，"改变课程评价

---

❶ 彭德昭:《促进发展：学生评价之本》，教育导刊，2007（1）：21-24。
❷ 梁冠文:《建构生命化的教育评价》，桂林，广西师范大学，2006：4。
❸ 杨明全:《课程概论》，北京，北京师范大学出版，2010：280。

过分强调甄别与选拔的功能，发挥评价促进学生发展、教师提高和改进教学实践的功能""评价不仅要关注学生的学业成绩，而且要发现和发展学生多方面的潜能，了解学生发展中的需求，帮助学生认识自我，建立自信。发挥评价的教育功能，促进学生在原有水平上的发展"❶。《国家中长期教育改革和发展规划纲要》中也明确指出"要改革考试评价制度和学校考核办法，建立学生课业负担监测和公告制度等。"❷这些制度话语为新课程改革的评价奠定了基调，成为课程评价改革的重要理念。由此可见，新课程改革倡导以促进学生发展为直接目的，改变传统评价过分强调甄别与选拔的功能，突出评价对学生发展的导向、诊断、激励、调控和改进功能。发展性评价的提出改变了我国传统评价的工具性质和功利观念，有利于促进学生的全面发展，有利于将我国课程评价引入一个崭新的方向。

发展性评价是指运用发展性的评价技术和方法对学生素质发展的状况进行评价解释，使学生在教育活动中不断发展，优化其自我素质结构，不断地认识自我、完善自我、发展自我，促使学生在德、智、体诸方面得到全面、生动、和谐发展❸。发展性评价充分考虑不同学生的个体差异，注重个体发展的独特性，注重发挥学生多方面的潜能，将学生某一方面或某些方面的真实情况准确地呈现出来，找出优势和劣势，及时提供反馈信息，使评价成为学生成长提高的重要依据，这也是发展性评价的前提❹。发展性评价作为课程开发过程中的反馈调节系统，以促进评价对象的发展为根本目的，是重过程、重主体性的综合性课程评价，注重对学生创新能力、实践能力、心理素质、科学精神等综合素质的评定，有利于评价的本体性功能的充分发挥。可见，发展性评价不再是"为了评价而评价"，而是"为了发展而评价"。发展性评价的出发点不是甄别和选拔，其目的在于促使个体的潜能最大可能地得到全面发展❺。对于评价形式而言，发展性评价强调书面测验、考试不再是评价学生的唯一途径，成长记录袋、课堂观察、教学日记等评价形式成为评价的重要依据，开始进入

---

❶ 朱慕菊：《走进新课程：与课程实施者对话》，北京，北京师范大学出版社，2002：254-257。

❷ 中华人民共和国教育部：《国家中长期教育改革和发展规划纲要（2010—2020年）》，北京，人民教育出版社，2010：10。

❸ 刘川，王仕尧，张承德：《发展性评价的实践与思考》，教育研究，1999（3）：75-76。

❹ 刘茂军，郑晓光：《在物理教学论课程中对学生实施发展性评价的研究》，长春大学学报（自然科学版），2009（4）：95-97。

❺ 左春凤：《国家新课程改革的伦理学意义及挑战》，辽宁教育研究，2005（2）：67-68。

发展性评价的实践环节，联系学生生活实际的真实性评价、表现性评价也受到了重视。并且，发展性评价在评价内容方面实现了多元化，认为学业成绩是学生评价的重要对象，但绝不是唯一的对象，学生的道德、情感、心理、能力等都是评价的重要内容。发展性评价注重对学生综合素质的考查，包括学生的知识、技能、心理素质、学习兴趣、情感意志、个性品质、创新精神、实践能力、世界观、价值观等方面的发展❶，是包括德、智、体、美等方面在内的全方位评价。

发展性评价是一种自我参照的评价。学生的基础是有差距的，只有在学生原有水平上进行评价才是有意义的，学生在原有水平上的提高才是良好发展的表现。学生的发展也是一个不断变化的过程，教师需要用发展的观点从多个视角评价学生，评价过程切忌僵化、一成不变，更不能把考试成绩作为衡量学生的唯一标准。因此，发展性评价强调评价过程的动态化，即将学生评价贯穿于日常的教育教学行为和学生的日常表现之中，关注学生的发展过程。同时，发展性评价还强调教师在日常学生评价过程中，不能把评价作为一个孤立的、终结的活动来看待，要淡化学生之间的评比，提倡学生与自己的过去比较、与课程标准的要求比较，从而发现学生的进步与不足，要看到他们发展的潜能性，更要看到他们为取得成绩而付出的努力，通过评价促进学生在原有水平上的提高，以便有针对性地进行激励，提出改进、补救的措施。

发展性课程评价体现了基础教育课程改革"以人为本"的理念。教学大纲时期的教学活动完全是一种以知识为本位、忽视人的存在的认识活动，知识成了课堂教学的一切。教师教的是知识，教师的主要任务是按照计划把知识传递给学生；考试评价的是知识，知识的系统性、完整性和理论性至高无上，学生的灵性、人格僵死在程式化的课堂里。这样的教学实质上成为学生生命完整发展的桎梏，教学过程和评价都成为一种"无人"的活动。在这种情况下，课程评价一直比较重视共同的价值观念、共同的行为准则和集体意识，却忽视了学生的个性发展、独立精神、创新意识等方面的内容。现代课程理论表明，课程评价关注的不应是生物学意义上的、单向度的、抽象的人，而应是具体的、现实的、活生生的、完整的人，这是课程改革内在的价值追求。❷发展性评价正符合这样的理念，其过程摒弃了传统考试模式的弊端，使课程评价成为一个洋

---

❶ 刘岗，孙名符：《关于我国新课程改革中考试与评价问题的思考》，教育理论与实践，2005（24）：33-35。

❷ 刘志军：《发展性课程评价体系初探》，课程·教材·教法，2004（8）：19-23。

溢着生命力的动态过程，促使学生个体的生命价值得以实现、生命意义得以升华，更多地满足学生的个体精神需要。因此，发展性评价是一种以人为本的评价，学生是作为生命而存在的，每一个被评价者的起点和发展过程都应该成为评价的重要参考——发展性评价基于评价对象的过去，重视现在，着眼未来。在这种人文精神的指引下，发展性评价关注学生与教师的尊严和感受，注重主体精神生命的成长与发展，已成为当前课程评价改革的重头戏。

我国传统的学生评价是完全以教师为中心、由教师来实施的，教师只会更加注重学生的学习成绩，忽视了学生各方面潜能的发展和个性品质的培养，学生的主观能动性得不到良好发挥，学生也就很难得到全面发展，这样的评价有失公平性。发展性评价是社会民主化的一种体现，有利于推进教育公平向前发展。随着社会的发展，社会公平性水平和民主化程度越来越高，这些体现在社会整体的每一个要素之中，教育也不例外，教育公平是社会公平价值理论在教育领域的延伸和体现。教育公平并非简单地使学习者达到完全一致的发展水平，而是要为适龄儿童、青少年创造享有同等的受教育的机会和权利，按照每个学生的个性特征，在教育结果上培养出适应社会多样化需求的人才类型，促使学生的综合个性得到最全面、最大程度的发展，让受教育者人人学有所得、学有所用。为了促进教育公平，世界各国采取了不同的策略，而其中最为有效的策略就是利用发展性评价促进学生学习，如南非、斯里兰卡等国已经将发展性评价作为正式考试的补充，[1]以此来提高教育公平性水平。从我国现实的国情来看，学校无法自动提供全面、丰富、足够的教育资源，但学校可以通过发展性的评价制度，为学生提供一个能够有效释放学生潜能、使他们免于不公平对待的教育环境。[2]

进入21世纪以来，我国更加重视课程改革在促进公平性方面的作用，政府不断加大教育投入，不仅改善了办学条件，促使公共教育资源服务向社会弱势群体倾斜，为学生提供更多的教育机会；更为重要的是，通过评价改革来转换评价机制、促进人才培养、提高教育质量，课程评价尤其是发展性评价在督促培养更多人才方面发挥了积极的促进作用。[3]而且，发展性评价的主体是多元化的，学生、教师、家长、管理者共同组成评价主体，克服了教师以分数作

---

[1] 北京教育科学研究院课题组：《国际社会促进教育公平的实践及其对我国的启示》，当代教育与文化，2009（3）：24-31。
[2] 王凯，张文华：《从教育公平的视角审视我国中小学学生评价工作》，山东教育学院学报，2008（6）：38-40。
[3] 刘尧：《基础教育评价：应由选拔性转向合格性》，教育测量与评价（理论版），2010(8)：1。

为唯一评价标准的评价弊端。发展性评价重视学生的自我评价,学生本人对自己的过去和现在所掌握的评价信息更加可靠、可信,教师也会协助学生查找优势与不足,及时对学生的发展进行指导,使课程评价更加公平。❶正是由于发展性课程评价具有人本性、过程性、多元性等特征,发展性评价可以公平地对待所有学生,从而内在蕴含着公平的品质,成为基础教育课程改革公平诉求的一个重要实践。

六、课程管理的话语体系转换:由"刚性"到"弹性"

(一)"刚性"课程管理话语体系的发展与特征

简单地说,课程管理就是在课程规划、编制、实施和评价等过程中,通过采取一定的管理措施,有领导、有组织地协调课程中的人、物与课程的关系,以达成理想的课程目标、实现课程的育人价值的过程❷。课程管理包括组织结构设计、权力与利益分配、管理过程中冲突的协调与处理、监督与控制及其运行机制等❸。课程管理分为宏观和微观两个层次,宏观的课程管理主体是中央和地方领导的教育行政管理部门,主要职责是课程行政管理,包括课程立法、课程政策与发展方向的制定、课程改革的设计与实施、课程标准的制定、课程实施和课程评价的监督等;微观的课程管理主体是学校的管理者和教师所开展的课程管理,微观课程管理承担着国家课程的执行和落实,其执行的效果取决于对宏观课程的解读和自身的管理水平,也在很大程度上决定着校本课程的开发水平。课程管理的科学化强调遵循课程发展的内在规律,改变原来不合理的管理模式,主张科学规划、多元主体、权力分享、愿景式领导和生成性执行,营造民主化的环境,促使学生有效地学习和体验❹。

教学大纲从教学的角度对教学管理进行了全面的要求,因此在教学大纲时期,真正意义上的课程管理几乎是不存在的。教学大纲对教学要求非常严格,往往以"要求""课时分配""教学要求""基本要求""按照课程计划规定""课时安排"等话语对学校的教学工作提出建议,对教学相关的每一个方面几乎都做了标准的、强制性的规定,这些话语体现了国家对课程管理的基

---

❶ 王凯,张文华:《从教育公平的视角审视我国中小学学生评价工作》,山东教育学院学报,2008(6):38-40。

❷ 廖哲勋:《课程学》,武汉,华中师范大学出版社,1991:328。

❸ 黄春平:《课程管理研究综述》,教育实践与研究,2006(1):18-21。

❹ 方丙丽:《课程管理:涵义、缘起与意义》,邢台职业技术学院学报,2010(4):20-23。

本要求。例如，在1988年的《关于印发〈义务教育全日制小学、初级中学教学计划（试行草案）〉和二十四个学科教学大纲（初审稿）的通知》中，在"时间安排"要求中不仅明确规定了具体的教学周数，还明确规定了上课、复习、考试的时间，还对家庭作业量进行了明确的规定。上述文件还明确要求，"小学一、二年级一般不留书面家庭作业，三、四年级每天课外作业量不超过30分钟，五、六年级不超过45分钟，初中每天不超过一个半小时"❶。再如，1992年的《九年义务教育全日制初级中学物理课程教学大纲》对课时提出了明确要求，要求初中物理总课时为164课时，具体安排为，"讲课105课时，学生实验19课时，乡土教材教学、平时复习和机动40课时。"❷即使到1996年，教学大纲仍然对课程管理做了充分而详细的要求，如1996年的《全日制普通高级中学物理教学大纲》在必修物理课程的教学内容和要求中提到，"按课程计划规定，总课时为158课时，建议安排：讲课128课时，学生实验16课时（不含学生随堂实验），平时复习和机动14课时；"❸在必修和限选物理课的教学内容和要求中提到，"按课时计划规定，总课时为306课时，建议安排：讲课238课时，学生实验38课时（含专题中的实验，不含学生随堂实验），平时复习30课时。"❹类似这种规定在教学大纲中随处可见。这种要求体现了课程管理者的基本理念：尽可能地将课程计划严格规定，以便教师按照管理部门的要求顺利完成教学任务。这种思想带有明显的硬性规定性质，即它属于一种"刚性"的规定和要求，属于刚性的话语体系。

中小学校一直是我国国家课程管理的隶属机构和执行部门，学校的课程管理形成于中央统一的课程管理政策之下，课程实施需要严格执行国家的课程管理规定和安排，中小学校一直具有较少的课程管理自主权，在课程理念、课程设置、课时安排、课程实施、课程评价等方面完全听从国家的统一安排，其参与课程管理的主要内容是围绕教学活动管理展开的，按照国家的统一要求对教师的教学活动进行管理和控制。从管理的角度看，以刚性为核心的话语体系

---

❶ 课程教材研究所：《20世纪中国中小学课程标准·教学大纲汇编：课程（教学）计划卷》，北京，人民教育出版社，1999：352。

❷ 课程教材研究所：《20世纪中国中小学课程标准·教学大纲汇编（物理卷）》，北京，人民教育出版社，2001：399。

❸ 课程教材研究所：《20世纪中国中小学课程标准·教学大纲汇编（物理卷）》，北京，人民教育出版社，2001：405。

❹ 课程教材研究所：《20世纪中国中小学课程标准·教学大纲汇编（物理卷）》，北京，人民教育出版社，2001：415。

明显表现出行政管理的特点，学校的课程管理需要统一、稳定、秩序确保国家课程目标的实现，学校相关制度来自国家的统一规定，学校中出现的任何问题都需要学校通过召开行政会议作出决策，学校的教学管理是典型的忠实取向，学校建立了自身的管理模式，建立了校长、教务主任、教研组长、任课教师的教学管理体系，加强对课程实施的监督和管理，这属于典型的科层取向的等级结构。这种具有科层倾向的课程管理因其追求稳定和秩序的特点，正好迎合了我国中央集权制的行政管理形式，在我国新课程改革之前一直占据绝对优势地位。在这种情况下，教学管理自然被纳入学校行政管理系统[1]。另外，除了国家对课程的管理和控制外，中小学还制定了严格的有关教学管理的规章制度，教学管理依附于学校的行政管理体系，其本身的僵化使学校无法及时解决课程实施中出现的问题。由于课程管理的主要权力在国家，学校教师获得的课程权力非常有限，教师对课程的意义也主要在于教学环节。因此，在教学大纲时期课程管理的研究重点是教师的教学而不是课程，这样做的目的就是对教师的教学行为进行有效控制。

教学大纲时期的这种刚性的话语体系的生成有着特殊的历史背景。传统上，我国基础教育一线的教师和管理者对课程管理的理解基本上止于教学管理的层面，教学成为基层课程管理的全部。新中国成立初期，我国严格按照苏联的模式建立了较为完整的课程管理体制，在苏联的教育实践中，课程安排是由中央统一制定的，中央调集一批教育专家集中力量制订中小学的课程计划和大纲，学校只需按照中央的要求安排教学工作。课程编制的整个过程都是不为学校管理人员和教师所知的，课程目标、课程内容的选择和组织、课程方案的评价等内容都是事先制订好的，学校管理者的工作重点是对教师的教学活动进行监督和评价，教师的作用在于按照制订好的课程计划开展教学活动，因此，课程管理活动也被称为教学管理而非课程管理。这种管理模式经过多年的发展已经相当成熟，即使我国后来与苏联在政治上分道扬镳，借助强大的惯性该管理模式也一直对我国的基础教育实践产生重要影响。

为保证国家整体课程与教育目标的实现，确保基础教育课程的稳定性，在教学大纲时期集权式的课程管理制度下，国家基本掌控了全部的课程权力，国家层面存在着一个权威的、统一的评价标准；地方和学校的课程权力微乎其微，地方和学校几乎不存在教学管理之外的课程管理权力，极少能够形成对学

---

[1] 郑学燕，马忠丽，路宏：《从教学管理到课程管理——论我国中小学的教学管理改革》，甘肃高师学报，2009（6）：87-90。

校课程的修改和干预，地方和学校要严格按照国家的要求开展教学管理工作，这种课程管理模式体现出了课程实施的忠实取向。同时，教科书的管理也纳入中央统一部署之中，组建了人民教育出版社，成为中央的权威课程开发机构，承担全国中小学教材编写任务。20世纪70年代末期，中央政府加强和完善了社会主义法制，在教育领域也产生了相应的效果。为了进一步统一中小学校的教学计划，教育部于1978年1月颁发了《全日制十年制中小学教学计划试行草案》，在全国范围发行和使用各科教学大纲和统一编制的教材。直到20世纪80年代中期，这种由国家统一管理的模式才得到一些松动，地方和中小学校逐步获得了一定的自主权。1985年，《中共中央关于教育体制改革的决定》指出，"实行基础教育由地方负责、分级管理的原则"，表明国家在一定程度上放宽了对课程的控制和管理，地方开始正式具有了一定的课程管理权力。2001年，《纲要》正式提出，"为保障和促进课程对不同地区、学校、学生的要求，实行国家、地方和学校三级课程管理"❶，标志着我国在课程管理方面向打破集中体制、实行权力分享的目标迈出了重要的一步。

（二）由"刚性"到"弹性"的话语体系转换

在西方的课程理论中，课程管理至少包括课程编制、课程实施和课程评价三个基本领域的管理，因此，课程管理是一个比教学管理宽泛得多的概念，教学管理只是课程管理的一部分。在我国计划经济时代，课程管理变成了教学大纲对教学的基本要求，教什么的决定权完全取决于中央，随着社会的发展和进步，这种由中央统一管理的课程管理政策已经无法适应基础教育课程改革的要求。随着教育国际化的不断推进，西方的课程理论逐渐被引入我国的教育理论中，我国的课程管理也开始超出教学管理的范畴。为了实现基础教育课程改革的客观要求，使中小学校积极、自主地发展，建立学校课程管理的新体制、突破教学管理的旧框架，就成为新课程改革的必然选择❷。

在教学大纲时期，我国的教学管理其实是非常严格、僵化的，甚至每节课完成多少知识教学都是规定好了的，教师需要完成的也就局限于执行高层管理者分配的教学任务。随着新课程改革的实施，这种理念发生了根本性的变革。在新课程改革过程中，课程管理首先改变了传统国家权力至上、全国统一要求的模式，在宏观层面将权力下放给地方和学校。《纲要》对课程管理作出

---

❶ 朱慕菊：《走进新课程：与课程实施者对话》，北京，北京师范大学出版社，2002：258。

❷ 郑学燕，马忠丽，路宏：《从教学管理到课程管理——论我国中小学的教学管理改革》，甘肃高师学报，2009（6）：87-90。

了明确说明,"改变课程管理过于集中的状况,实行国家、地方、学校三级课程管理,增强课程对地方、学校及学生的适应性"❶,并进一步对国家、省级、学校三个不同层次的课程管理权力的分配进行了说明,"教育部总体规划基础教育课程,制定基础教育课程管理政策,确定国家课程门类和课时。制定国家课程标准,积极试行新的课程评价制度";"省级教育行政部门依据国家课程管理政策和本地实际情况,制订本省(自治区、直辖市)实施国家课程的计划,规划地方课程,报教育部备案并组织实施。经教育部批准,省级教育行政部门可单独制订本省(自治区、直辖市)范围内使用的课程计划和课程标准";"学校在执行国家课程和地方课程的同时,应视当地社会、经济发展的具体情况,结合本校的传统和优势、学生的兴趣和需要,开发或选用适合本校的课程。各级教育行政部门要对课程的实施和开发进行指导和监督,学校有权力和责任反映在实施国家课程和地方课程中所遇到的问题"❷。即使在微观的教学管理层面,也体现了课程管理的宽松,在这一层面上更加注重的是引导、建议,甚至是体验、感受等无法定量规定的要求。对应于以往教学大纲中的"知道""掌握""理解"等层次,课程标准在教学管理方面更多提到"了解""调查""列举""收集""经历""通过实验"等词汇对教学中应该达到的标准进行要求,那些硬性规定的话语也转变为"教学建议""活动建议""实施建议""评价建议""教材编写建议""课程资源开发与利用建议"或者"说明"等。可以说,新课程制度文本对教学管理的新要求充分体现了课程管理的弹性化,而不再是严格规定性的、强制性的,这是我国课程管理话语体系和课程管理权力分配的重大转变,新课程改革使我国教学大纲时期的"刚性"课程管理话语体系转换为"弹性"话语体系。

刚性话语体系强调的是课程管理的严格化、精确化、统一化,实现了对课程的严格控制,课程管理的职能定位重在"控制",殊不知,这种刚性的管理方式带来的往往是不科学、不准确的。由于国家的严格管理,地方和学校无法根据地区或学校特点制定适合自己的方案,地方和学校的积极性严重受损,自主性、创新性更无从谈起。而弹性化的课程管理体系,不仅体现在微观教学管理上,更体现在赋予地方和学校一定的课程管理权限,使之参与到较为宏观的课程决策、课程设计、课程开发等方面,充分发挥两者课程管理的能动性和积极性,大大提升了地区和学校的自主性,提升了课程管理的效度。在弹性课

---

❶ 朱慕菊:《走进新课程:与课程实施者对话》,北京,北京师范大学出版社,2002:254。
❷ 同❶。

程管理体系所控制的课程中,学校课程管理在多重主体的共同作用下形成,课程参与的主体也是多样的,不同课程主体的课程诉求都能够在学校课程中得到某种程度或某种形式的实现。学校课程因此而具有多种制度,成为一种利益多元化下的统一体,学校的课程活动和学生的发展都具有比较大的自由度。学校可以根据自身的条件和特点建设和实施适合自身的课程,从而使得不同学校的课程呈现出各不相同的格局。这种弹性课程管理也带来了课程实施的变革,在弹性课程管理话语体系的引导下,课程的实施过程也是多向度的,教师和学生可以根据自身的条件和需求采用各种课程内容,允许不同的内容、经验进入课程,允许课程以多种方式和过程促进学生的发展,并采用各种课程实施方式完成课程学习,具有较大的自由度,使每个学生都能够在课程中实现自身全面、能动的发展。

当然,由于每个学校的发展轨迹、课程哲学、教师素质、整体水平等存在较大差异,学校对国家课程进行解读并相应地采取措施的过程可能存在较大的差异,从而造成各学校课程管理水平的差异和不均衡,影响学校教育的质量。如果把课程管理的权力全部下放到学校,国家若没有统一的标准和基本要求,就容易出现混乱,降低课程管理的效率。第二次世界大战之前,与国家分权的政治体制相一致,很多西方国家采取了与地方分权政治体制类似的课程分权管理制度,国家对课程的管理和监督十分有限,学校具有较大的课程管理权力和空间,学校课程实施与管理的主动性与创造性在一定程度上被充分发挥出来。但与此同时,由于缺乏统一的课程标准,各学校对学生的学力水平要求不一,出现了明显的差异,严重影响了基础教育的整体水平。为了改变这一状况,实现课程实施的有效性,那些实行地方分权的西方国家在20世纪六七十年代普遍加强了国家层次的课程控制,美国的课程管理就是典型。20世纪70年代,由于州级以下的地方教育当局和学校提供给学生的课程和课程管理质量较差,无法达到各州的基本要求,美国许多州政府为了确保全州最低的课程标准和目标,从20世纪80年代中期开始大力提升自己的课程角色,积极运作州级统一的课程架构和相关管理举措,部分课程管理的权力被收归州政府所有[1]。

中央、地方、学校共同分享课程权力的管理模式将此三者以及教师都纳入课程管理之中,让地方、学校和教师充分发挥其特长和能力,使课程管理结构灵活敏捷,实现了学校内部课程管理的权力分享和责任分担,也充分调动了多元课程管理主体的积极参与。这种管理权力的下放不是单纯的行政分权,而

---

[1] 方丙丽:《课程管理:涵义、缘起与意义》,邢台职业技术学院学报,2010(4):20-23。

是减少学校课程管理的中间层次,加快信息传递的速度,确保决策的有效执行❶。因此,在保证国家对课程管理的宏观调控的基础上,地方和学校参与课程管理是创造性地、有效地推进课程实施和改革的重要基础和必要条件,在多方参与之下,课程资源的不均衡、课程改革的不适切、教育实践的不公平、教育质量的不一致等问题,都会因地方和学校参与课程管理而得到改善,这也是世界各国课程管理发展的方向。

---

❶ 郑学燕,马忠丽,路宏:《从教学管理到课程管理——论我国中小学的教学管理改革》,甘肃高师学报,2009(6):87-90。

第五章 课程改革话语体系转换的本质揭示与溯因分析

一、课程改革的话语体系转换体现了社会变迁的现实需求

(一) 话语的社会之维❶

话语既是人类信息的载体,又是人类信息传播的工具。随着不同社会价值的渗透,话语的功能发生了"异化",由最初传递信息、解释世界的功能转变为改造世界的功能❷。在后现代思想家的论述中,话语成为知识、权力、社会的重要研究工具,他们认为话语有效地建构、调节并控制了知识、社会关系和机构。话语对人的社会身份和行为进行建构,超越了语言学的意义而与社会实践联系起来。在不同的学科领域,不同的研究人员因不同的研究立意给予了话语不同的诠释。语言学家把话语看作超句单位的序列,社会学家把话语看成不同群体的行为方式在语言层面上的反映❸。很多思想家们明确指出,话语不是由"漫无目的的选择词汇和陈述构成的,而是按照一定的规则建构起来的语言,这些规则有助于形成各种产生特定话语的实践活动。"❹福柯认为,话语通常是指适合一个机构有关的语言,这些由符号组成的话语所做的远不止使用这些符号以确指事物❺,"话语(产生过程)意味着一个社会团体依据某些成规

---

❶ 刘茂军,孟凡杰:《孕育与生成:课程话语与社会的理论探析》,教育理论与实践,2012(22):53-56。

❷ 徐国民:《话语、权力与社会价值》,求索,2008(7):43-46。

❸ 陈汝东:《论话语研究的现状与趋势》,浙江大学学报(人文社会科学版),2008(6):130-137。

❹ 孙叮平:《理科教育展望》,上海,华东师范大学出版社,2002:56。

❺ [法]米歇尔·福柯:《知识考古学》,谢强,马月译,北京,生活·读书·新知三联出版社,1998:53。

将其意义传播于社会之中,以此确立其社会地位,并为其他团体所认识的过程。"❶ 巴赫金也强调,"话语是一种社会事件,它不满足于充当某个抽象语言学的因素,也不可能是孤立地从说话者的主观意识中引出的心理因素。"❷ 批判语言学者认为语言结构与社会结构有关,语言是意识形态的中介,语言背后隐藏着超越语言表面的价值和意义;通过分析话语的语言特点和藉由话语生成的社会历史语境来考察语言结构背后的意识形态意义,认为语言结构是与它在社会经济系统中的位置相联系的,进而揭示语言、权力之间的关系,语言的分析成为揭示意识形态运作过程中的权力和控制来源的有力工具。以富勒等为代表的英国批判语言学继承了批判社会学的思想,他们认为把话语和社会割裂开来进行研究,忽视语篇及其描写的事件或过程的社会生活场景以及它们相关的历史背景是以往语言学研究的主要缺陷❸。

不同的话语观体现了不同的研究内容和理论倾向。以语言学为向度的话语分析侧重文本和文本分析,这一向度无法使话语简单地从文本中被解读出来,话语的各种解释必须基于上下文,解释者才可能是全面的、完整的、趋于言说者原本意义的,这意味着话语的社会意义不可能不考虑文本在社会分配、消解和解释中的模式和变化❹。这种以语言学为向度的话语分析"没有充分重视话语至关重要的社会因素"❺,越来越不被后现代研究人员所运用。以社会为向度的话语观强调话语具有丰富的社会学意义,认为话语以及话语使用过程的生成、演变与广泛的社会文化联系在一起。福柯对话语与社会结构的辩证关系研究作出了重要贡献,他认为话语生成于并受制于社会结构,话语有助于社会身份、社会关系以及知识与信仰体系的重构,话语反映了更深层次的社会现实,话语可以引起社会变革,话语是社会的来源❻。诺曼·费尔克拉夫也认为话语在反映和描述社会实体与社会关系的同时也起着积极的建构作用,不同的话语以

---

❶ 王治河:《福柯》,长沙,湖南教育出版社,1999:159。
❷ 李润洲,楼世洲:《教育改革背景下的学者话语言说》,清华大学教育研究,2009(6):23-27。
❸ 辛斌:《语言、权力与意识形态:批评语言学》,现代外语,1996(1):21-26。
❹ [英]诺曼·费尔克拉夫:《话语与社会变迁》,殷晓蓉译,北京,华夏出版社,2003:28。
❺ [英]诺曼·费尔克拉夫:《话语与社会变迁》,殷晓蓉译,北京,华夏出版社,2003:5。
❻ 张红燕,梅高蓓,刘纯:《论话语与社会的辩证关系》,武汉科技学院学报,2005,18(12):227-229。

不同的方式构建各种社会实体，并将人们置于社会主体的地位❶。因此，话语既是一种表现形式，也是一种行为方式——话语是社会实践的一种形式，而不是一个纯粹的个体行为或情景变量的一个折射。对话语与社会之间存在的复杂辩证关系，费尔克拉夫在《话语与社会变迁》中进行了详细地陈述："在话语和社会结构之间存在着一种辩证关系……话语是由社会结构所构成的，并受到社会结构的限制，受制于社会层次的阶级和其他关系，受制于诸如法律或教育等特殊机构所特有的关系，受制于分类系统，受制于各种规范和各种习俗。话语有助于社会结构的所有方面……话语不仅是表现世界的实践，而且是在意义方面说明世界、组成世界、建构世界。"❷

总之，话语与社会之间存在着复杂的辩证关系。不同的社会阶级、身份、地位、各种规章制度和习俗等都会对话语产生影响，在不同的情境中要表述不同的话语，话语受制于社会结构；同时，话语一旦生成也会对社会身份、主体地位、人与人之间关系的建构起到积极的促进作用，话语的内涵也会发生根本性转变。正如福柯所强调的，"话语实践也反过来改变着它将它们之间建立起关系的那些领域。"因此，话语与社会之间的关系是双重的、相互的，而非唯一的、单向的。"话语形成了社会权威，并利用权威使自身成为权威。只有权威话语才能在社会话语场（域中）发言，社会的存在运行离不开话语。"❸

（二）课程话语与社会的理论关系分析

1. 课程话语孕育于社会之中

课程话语属于教育现象，表面上看，课程话语描述或反映的是课程理论与实践，但从根本上讲，课程话语仍然在描述和体现社会问题——课程话语孕育于社会之中，课程话语是一种重要的社会实践。

课程话语深受社会政治、经济、文化、科技发展的影响，在不同的社会状态下表现出不同的内容和取向。从宏观层面看，一定社会的政治、经济制度决定教育的性质❹，表现在教育行政、教育目的、教育机会、教育内容等方面；

---

❶ [英]诺曼·费尔克拉夫：《话语与社会变迁》，殷晓蓉译，北京，华夏出版社，2003：3。

❷ [英]诺曼·费尔克拉夫：《话语与社会变迁》，殷晓蓉译，北京，华夏出版社，2003：59-60。

❸ 刘晓红：《话语研究及其在教育学中的渐进》，宁波大学学报（教育科学版），2008，30(1)：29-33。

❹ 吴文侃，杨汉清：《比较教育学》，北京，人民教育出版社，2009：616。

社会意识形态对教育的影响主要表现为教育都打上了一定意识形态的烙印❶。以制度话语为例。制度话语是由国家教育行政管理者代表国家发出的，代表"政策""正统"或"职责"等公共意识及其关系，承担着公共性课程责任，传达着国家和社会对课程的要求与期望，具有作为纲领或框架的课程功能，制度话语"在一定程度上是在日常课程活动之外先于实践决定的框架"❷。政治、经济、意识形态等对学校课程的影响主要通过制度体现出来，学校规定的教育目标与教育计划等作为制度话语发挥作用❸。同样，理论话语和实践话语也都不同程度、不同方面地受到社会的影响。

伯恩斯坦对课堂层面的研究揭示了课程话语的社会来源属性。伯恩斯坦的研究以教学话语为考察重点，透过教学话语自身的社会特质，解释社会结构与权力对课程的影响机制❹。伯恩斯坦认为"课堂话语和教科书话语主要为精致编码（elaborated language code），而不是大众语言编码（public language code），符合社会中、上阶层儿童的语言习惯和话语方式，这导致了学校里中产阶级出身的儿童成绩要好于下层阶级的儿童。"❺

2. 课程话语促进新的社会文化的生成

来源于社会之中的课程话语并非"无所作为"，它在为社会培养人才的同时，又反作用于社会——影响人才培养的目标、知识结构和人才质量。通过人才的培养和控制，课程话语间接地影响社会的发展与变迁，影响并生成新的社会结构与文化，不同的课程话语在社会变迁过程中起到相应的反作用。

中国封建社会占统治地位的意识形态是儒家的思想意识，其课程话语基本围绕"三纲五常""君权神授""安邦治国"等主要核心词汇，体现了课程话语在政治、道德方面的教化功能。汉代为加强封建统治，文教政策上采取"罢黜百家，独尊儒术"的措施，董仲舒主张"君权神授"，以提高君权的权威，巩固封建统一政权。他首创今文经传，建立了一套神学的世界观——"天人感应"理论，又明确地树立了"三纲"的道德观念，对中国两千多年来封建社会的政治、学术、教育和各项社会制度都产生了重大影响❻。

---

❶ 吴文侃，杨汉清：《比较教育学》，北京，人民教育出版社，2009：616。
❷ 伍雪辉：《论课程话语的演变及其发展》，华中师范大学研究生学报，2005（3）：83-86。
❸ [日]佐藤学：《课程与教师》，钟启泉译，北京，教育科学出版社，2008：4。
❹ 闫引堂：《超越社会建构主义》，教育学报，2011（4）：54-63。
❺ 陈振中：《论课堂社会的话语场域》，广西师范大学学报（哲学社会科学版），2004（2）：100-105。
❻ 吴永军：《课程社会学》，南京，南京师范大学出版社，2001：12-13。

我国近代科学课程话语的发展亦是如此。我国在引进近代科学之初，主导者过分注重科学技术的"器物"层面而忽视了深层的"科学文化"的培育，导致学到的或引进的往往是局限于以科学技术知识和设备为核心的科学技术成果，而没有汲取蕴含在这些科学成果里面的科学方法和科学精神，更没有用这些科学方法和科学精神对我国的传统文化进行改造。当时的科学课程话语中更多的是"知识""技术""实业"，缺乏了"科学精神""科学本质"等话语，这是我国当前中小学科学课程仍然忽视科学精神教育的重要原因之一❶。

总之，社会与课程话语的关系不是单向的线性作用，而是双向的相互作用：社会是课程话语生成的"动力场"，任何课程话语都孕育于社会之中；课程话语又会反作用于社会，影响社会人才的培养，生成新的社会结构和文化。两个方面的相互作用交织在一起，不断地向前发展、变化、孕育、生成。

3. 课程话语与社会的理论模型建构

课程话语与社会之间的关系是辩证的：从共时性角度看，课程话语与社会存在着相互作用，课程话语生成于一定的社会基础，社会是其孕育、生成与嬗变的"动力场"；从历时性角度看，课程话语通过对人才培养的控制，进一步对社会产生反作用，前一时期的课程话语影响后一时期社会的人才培养，进而再次影响课程话语的生成与变迁，不断循环。两者理论关系如图 5-1 所示。

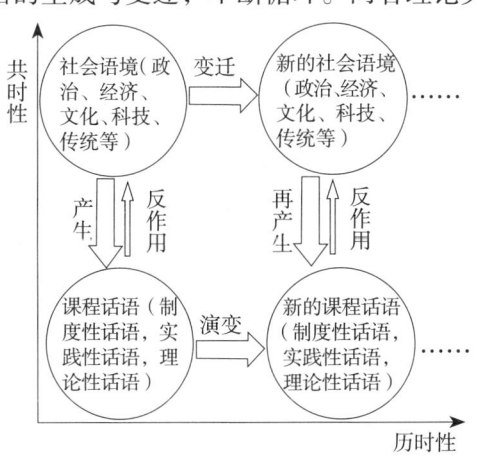

图 5-1 课程话语与社会理论关系模型

这种关系模型仅仅是一种关于课程话语与社会关系的生成与解释，并非简单的线性因果关系。

---

❶ 涂艳国：《科学教育与自由教育》，合肥，安徽教育出版社，2007：116。

首先，课程话语并非随着社会历史的发展而总是进步的，亦可能出现倒退的情况。例如，我国近代以来的制度性课程话语中，"课程标准"与"教学大纲"所经历的就是一种"否定—终止—肯定—沿用"式的循环，并非简单的直线演进关系。

其次，教育具有继承性，课程话语亦然。课程话语不可能随政治的改变而明显地变迁，即使经历了大规模的课程改革，后一个时期的课程话语也可能是前一个时期的延续，不会是对前一时期的全部否定，政治时期只是考察课程话语生成的一个方面，而不是全部依据。

再次，社会对课程话语生成的影响以及课程话语对社会的影响是隐性的，并不会明显地在短期内表现出来，但通过系谱学的研究方法，在一段相对较长的历史时期内，尤其经历了多次大规模的课程改革之后，通过"批判的"话语分析，可以考察出两者之间的微妙关系。

最后，课程话语属于社会实践，是社会实践的一种特殊方式，并非独立于社会之外或与社会并列，而是建构或构成社会结构。

（三）课程改革话语体系生成与转换的社会因素分析——以"科学素养"话语为例

1."科学素养"的重要意义

随着21世纪信息时代的快速发展，科学知识的更新速度越来越快，转化为生产力的能力也越来越强，科学技术的进步带来了世界文明的进化，科学日益深刻影响着社会文化实践和人类的日常生活——科技发展为人类带来了诸多便利，使人们的生活更加丰富多彩。但不可否认，在现今社会中存在着大量争议性的议题，这些议题可能是高科技层面的，也可能与人民的生活密切相关，如果不能科学、合理地处理好这些议题，可能会引起人们的盲目信任或恐慌。例如，核电站是经济发展的重要保障，也是减少空气污染的重要手段，但同时也存在着安全隐患，核电站的存废就是一个典型的两难议题。再如，大型公共交通建设可以促进地方繁荣，带动地方与外界的交流、促进地方经济发展，但也可能对环境造成无法估量的灾难。同样，大型水库、基因工程、燃烧发电、大型化工厂的建设等都存在类似的难题。这些议题的解决需要全体公民对科学和技术有相当程度的认识和理解，需要公民具有较高的科学素养水平，科学素养水平的高低直接影响人们的思维方式和价值取向，较低水平的科学素养会影响公民对外部事物的判断从而容易作出错误的决定。因此，只有提高广大公民的科学素养才能使公民充分地、理性地享受现代科学技术带来的舒适生活❶。人们若不具备较高的科学素养水平，就无法更好地生活在科技发达的世界之中。

在当今自由民主的社会中，政府有很多决策受到民意监督，人民依法享有权力参与公共政策的讨论与制定，所以，不论是政府官员、人民代表还是普通公民都应具备良好的科学素养，只有这样才能在面临公共议题的决策时以科学的观念参与问题讨论，参酌政治、经济、环保、文化等各方面的考虑，作出符合大众福祉的决定，才能将科技发展的效益提升至最大，使科技发展产生的负面影响降至最低。相反，如果公民对与科技相关的事物所知有限，甚至完全不了解，仅以情绪反应或以少数科技观点为参考，就无法作出理性、正确的判断，使政策无法顺利推行。由于传统的原因，我国公民的科学精神和科学态度等方面的素养存在着严重不足，这也导致科学工作者与普通公民的隔阂日益加深，形成知识、信息独断的两极化现象，科技与人文之间存在着隔阂，在涉及与科技相关的社会问题时就难以达成共识。如果政府官员欠缺科学素养，就可能采纳少数专家的偏狭短见而作出错误的决策，从而给社会、自然、环境甚至人类社会带来严重的负面影响。因此，提升国民的科学素养可以促进社会的和谐与进步，社会上具有科学素养的公民人数越多，参与讨论或解决问题的成效就越高，越有可能充分地应用理性作出科学的决策，促进社会繁荣，提升国家在世界上的竞争力。由此可见，科学素养的重要性小至教育目标的建立、协助人民解决生活上的问题、改善环境质量；大至攸关国家政治与经济的发展、国家的竞争力与民主社会的延续，影响经济发展、社会进步和国际竞争力。提升公民科学素养的重要性可见一斑。

2. 我国课程标准中的"科学素养"

在我国新课程改革中，提升学生的科学素养作为课程改革的宗旨和理念受到政府和相关教育部门的高度重视，《纲要》的课程改革目标部分首次提出使学生具备初步的"科学和人文素养"，❷科学课程标准也明确了科学素养的具体内容和要求。例如，《全日制义务教育科学（7～9）年级课程标准（实验稿）》的"课程性质和价值"部分中明确提出，"科学课程是以培养学生科学素养为宗旨的科学入门课程，"❸并对此进行了展开说明，内容包括"学习必要的

---

❶ 刘克文:《科学素养：当代科学教育改革的主旋律》，教育科学研究，2007（10）：16-18。

❷ 中华人民共和国教育部:《基础教育课程改革纲要（试行）》，北京，北京师范大学出版社，2012。

❸ 中华人民共和国教育部:《全日制义务教育科学（7-9年级）课程标准（实验稿）》，北京，北京师范大学出版社，2001：1。

基本科学知识和技能""通过科学探究的学习方式，让学生体验科学探究活动的过程和方法""培养学生良好的科学态度、情感与价值观，使学生初步认识科学的本质以及科学、技术与社会的关系……培养社会责任感""合理地解决个人生活、工作和社会决策中所遇到的问题"等❶。在第二部分课程目标的总目标中，开宗明义地指出，"科学课程以提高每个学生的科学素养为总目标"，并将科学素养细分为"科学探究""科学知识与技能""科学态度、情感与价值观""科学、技术与社会的关系"四个方面❷。在课程标准后续的"分目标"和"内容标准"中有更为详细的论述和说明。同样，《义务教育物理课程标准（2011年版）》的"前言"部分提到，"应发挥在培养学生科学素养方面的重要作用，"❸在"课程性质"环节中提到"科学素养"时的表述为，"义务教育物理课程作为科学教育的组成部分，是以提高全体学生科学素养为目标的自然科学基础课程，"❹并在第二部分"课程基本理念"中的第一条提出"面向全体学生，提高学生科学素养"等内容。本次课程改革的其他理科的课程标准也明确提出了"科学素养"，并对其进行了明确的要求。

可以说，新课程改革将科学素养作为课程改革的核心价值和终极目标，将之提高到了作为理科课程教育宗旨的高度，体现了科学素养在本次理科课程改革过程中的重要地位，也体现了新课程改革的制定者和国家对于理科课程改革的美好愿景和期待。随着新课程改革的不断深入，有关科学素养话语的研究和分析也不断增加，科学素养已经成为我国科学课程改革的核心理念和目标。

然而，科学素养话语的含义是什么？为何我国本次新课程改革如此强调科学素养的重要性？科学素养话语的提出又有怎样的话语背景？只有对这些问题进行深入、系统地回答，才能对科学素养话语有完整的认识。

3."科学素养"话语提出的社会语境分析

（1）科技社会化的客观需求

20世纪50年代兴起的新科技革命对人类和社会发展产生了十分重要的影响，其重要程度是历次科技革命都无法比拟的。科技向社会转化的这一过程被

---

❶ 中华人民共和国教育部：《全日制义务教育科学（7-9年级）课程标准（实验稿）》，北京，北京师范大学出版社，2001：2。

❷ 中华人民共和国教育部：《全日制义务教育科学（7-9年级）课程标准（实验稿）》，北京，北京师范大学出版社，2001：7。

❸ 中华人民共和国教育部：《义务教育物理课程标准（2011年版）》，北京，北京师范大学出版社，2012：2。

❹ 同❸。

称为科技社会化,科技革命的背后是迅速发展的科技社会化。科技社会化表现为科技对人类的社会生产、生活和社会实践产生着重要而深刻的影响,它已经成为知识经济的重要支撑和社会发展的根本动力,对人们的世界观、价值观等都产生了深刻而巨大的影响。科技正以迅雷之势向社会和生活的各个领域渗透,在人类生产和生活的现代化过程中发挥着越来越重要的作用,社会生活越来越依赖于科技的进步和发展。现代科学技术深入人类社会运行的整个过程和每一个环节,不仅渗透到人类的社会生产、经济发展中,同时也渗透到人类的衣食住行、休闲娱乐乃至社会生活的每一个角落中,离开了科技的社会生活是难以想象的。科技生活化、生活科技化以及科技普及成为当前社会日益重要的社会活动,推动科技与社会的互动成为各国政府的重要事宜,同时也得到了社会各界的广泛支持和参与。科技社会化主要呈现出以下特点。

第一,科技社会化促进科技知识的加速增长。随着科学技术的飞速发展,人类创造科技知识的能力不断增强,科技知识呈指数级增长,现代科技知识的增长速度超过了以往的任何时代——现代社会已经出现了"知识膨胀""信息爆炸"的发展态势。据有关方面统计,人类在近30年时间里所创造的科技知识和科技成果比过去2000年的总和还要多,并且随着时代的发展,人类创造科技知识的能力将不断增强,预计在21世纪初人类所拥有的知识比20世纪90年代所拥有的知识还要翻一番。

第二,科技向社会化转化过程的加快。科技社会化过程的另一个特点是科技向社会生产的加速转化,科技向社会生活的加速渗透,从科技成果到以科技为支撑的产品的转化过程加快,科技成果转化为社会产品以及这些科技产品进入社会市场并被普通公民所接受的周期大大缩短,不同的科技产品更新换代的速度也在加快。从科技成果转化为普通商品的周期明显缩短,平均来看,这一过程在18世纪大约为70年,在19世纪大约为20年,在20世纪中叶只有几年,发展到目前这一过程的周期已经缩短到18个月左右了[1]。现代科技正在全方位地影响着人类的衣、食、住、行等基本的社会生活。

第三,科技社会化涉及的范围广泛。科技向社会的渗透和转化几乎涵盖了人类社会生活的各个领域。日常生活、医疗、交通、通信等领域都非常明显地体现出高新科技的渗透和影响。工农业生产中处处体现着当代科学技术的影响,我国的工农业产品的科技含量也越来越高,普通的工农业生产随处可见新科技的影响。

---

[1] 张冬:《科技社会化与社会科技化》,社会科学论坛,2005(8):49-51。

科技向社会转化的有效程度、科技在社会生活中的价值体现以及科技使用过程的正负面效应等问题在很大程度上取决于科技的使用者，即社会公民对科技意识、科技知识等的掌握程度，即社会公民的科学素养成为科技社会化效果的重要决定因素之一。科技社会化过程带来了当今世界全方位的变化，这种变化大多是积极的、正面的，但也无法排除负面效应的影响。这些负面效应产生的根本原因不仅有不负责任地滥用技术，即目的性的道德评价，也包括技术应用中出现的事与愿违的现象，即目的性的异化❶。为了对科技发展的负面影响进行有效的认识和预防，社会普通公民必须具备一定的科技知识，包括科技产品的基本原理、使用方法，科技产品的维护维修、保养等，以及科技产品在使用过程中可能出现的对自然界的负面影响、科技副产品处理的基本知识等，同时还包括一些科技产品使用过程中对人类所具有的危害等方面的相关知识和技能等，这些都属于科学素养。公民所具有的科学素养水平在一定程度上制约着科技在社会化过程中起到的作用，甚至对自然环境、人文环境等方面都会产生不同程度的影响。例如，对食品添加剂的安全使用、废旧电池的处理、化肥的有效利用、电子产品的淘汰处理、电磁辐射的原理与预防、核电的开发与利用、转基因食品的安全等相关知识的掌握和了解，都需要公民具备基本的科学素养。公民具备科学素养的能力和水平是科技社会化的重要支撑。因此，科技社会化在客观上要求社会成员具备较高的科学素养水平，在科学技术已经渗透到的，如国防、工业、农业、教育、医疗、文艺、公共福利事业等领域中发挥科技的最大社会价值，降低其负面影响。

（2）我国公民科学素养的现实需求

随着科学技术在社会生活各个层面的不断渗透，科技社会化对社会公民也提出了相应的要求，科学和公民之间已经形成一种互动的关系。从近年世界各国科普事业的发展来看，随着科技对社会生活的影响的扩大，公民对科学知识的了解和需求变得越来越明显，科学家单向地对公民进行科普知识的传授已经无法满足这种需求，而需要公民通过各种手段和渠道认识和理解科学，科学事业也需要公民的理解和支持，这些支持都是建立在最基本的科学素养的基础之上的❷。

了解一个国家公民所具备的科学素养的基本途径主要是科学素养水平调查，这已经成为一项重要的社会事务。这种调查在国外开展得较早。我国公民科学素养调查始于1989年，中国科学技术协会专门成立了中国公民科学素

---

❶ 李毅，汪滨琳：《技术负效果的起因与技术评价》，中国软科学，1999（11）：87-91。
❷ 游雪晴：《立法能够推动"公民理解科学"吗？》，科技日报，1999-1-23。

养调查课题组,借鉴了国际上普遍使用的依据米勒的科学素养标准设置的公民科学素养调查研究体系和问卷,采用国际通用的指标和调查方法进行大规模抽样调查。调查对象是成年公民,年龄为18～69周岁,主要采用入户面访的方式,调查的内容包括我国公民了解科技知识、科学原理、科学方法的基本程度、获得渠道等,以了解公民对科学技术的兴趣、态度和看法等方面的情况[1]。自20世纪90年代以来,已经针对我国公民进行了多次的科学素养调查,截至2010年11月已有8次[2]。为了比较我国公民科学素养水平,笔者整理了我国和国外部分国家的科学素养调查结果,如表5-1、表5-2所示。表5-1是我国1996年之后科学素养调查的基本数据,表5-2是国外部分国家在不同年代所做的科学素养调查数据。

表5-1 中国公民科学素养水平调查结果[3]

年份	比例/%	年份	比例/%	年份	比例/%	年份	比例/%	年份	比例/%	年份	比例/%	年份	比例/%
1996	0.2	1998	0.2	2001	1.4	2003	1.98	2005	1.6	2007	2.25	2010	3.27

表5-2 国外部分国家公民科学素养比例

国家	年份	比例/%
加拿大	1989	4
日本	1991	3
欧盟	1992	5
美国	1990	6.5
美国	2000	17

从调查的数据中可以看出,我国公民的科学素养整体水平不高,但有快速增长的发展趋势,尤其是从1996年到2010年10多年的时间里,我国公民的科学素养水平增长超过了10倍,科学素养整体水平已经有了显著提高。但从表5-1与表5-2的对比中可以看出,我国公民的科学素养水平普遍落后于发达国家,与发达国家相比还存在很大差距。即使在科技资源丰富的北京,2010年调查的结果显示,具备科学素养的公民比例也不超过10%,远低于发达国家的全国平均水平。

---

[1] 周一杨,刘俊,尹传红:《谁动了我们的科学素养》,科技潮,2012(5):16-29。
[2] 郑爱成:《科学探究在培养学生科学素养中的作用》,新课程研究,2013(1):140-141。
[3] 数据来自中国技术协会和《提高公民科学素养与科学教育新理念》等文献。

而且，我国公民对科学素养不同要素的了解程度存在较大差异。例如，在2010年的一次中国公民科学素养的调查中，我国公民"崇尚科学精神"的占64.94%，"了解必要的科学知识"占14.67%，"掌握基本的科学方法"的占9.75%，三者的交集即为具备基本科学素养，仅占3.27%。从这次调查的结果可以发现我国公民的科学素养水平普遍较低，"崇尚科学精神"所占的比例最高，超过60%，"了解必要的科学知识""掌握基本的科学方法"所占的比例最低，表明我国公民在科学素养结构上存在差异。

从我国历年的统计结果来看，不同性别、不同受教育程度、不同地区、不同年龄段、不同职业的公民所具有的科学素养的差异很大[1]，各项指标存在着严重的不平衡现象，表明我国公民科学素养水平差别明显。例如，中国科学技术协会在2003年开展的科学素养调查结果显示，我国公民的科学素养水平因性别的不同而存在明显差异。2003年，我国男性公民具备科学素养水平的比例为2.3%，女性为1.7%，具有一定的差别。同时，受教育程度也对科学素养水平具有显著影响，受教育程度越高，具备科学素养的比例越高，初中、高中、大专和大学以上依次为1.5%、6.2%、10.7%和13.5%。而且，不同年龄段的差异明显：年龄越大，具备科学素养水平的比例越低。城乡差异的表现为：城市居民的科学素养水平明显高于农村居民，城市居民具备科学素养的比例为4.1%，而农村居民具备科学素养的比例仅为0.7%[2]。即使是教师，不同地区也存在着非常明显的差别。例如，2000—2001年小学科学课程标准研制组对我国12个省、直辖市、自治区的小学自然教师进行了科学素养方面的调查研究，结果如表5-3所示。

表5-3　我国自然教师科学素养总体情况[3]

样本	优秀 （80以上）/%	中等 （60～80分）/%	较差 （60分以下）/%	最高分	最低分	平均分
样本总体	16.9	58.8	24.3	90	24	67
东部	17.2	68.7	14.1	86	24	70

---

[1] 教育部基础教育司科学（3-6年级）课程标准研制组：《全日制义务教育科学（3-6年级）课程标准（实验稿）解读》，武汉，湖北教育出版社，2002：36。

[2] 中国科学技术协会：《2003年中国公众科学素养调查结果发布》，北京，科学普及出版社，2003：3。

[3] 教育部基础教育司科学（3-6年级）课程标准研制组：《全日制义务教育科学（3-6年级）课程标准（实验稿）解读》，武汉，湖北教育出版社，2002：27。

续表

样本	优秀 (80分以上)/%	中等 (60～80分)/%	较差 (60分以下)/%	最高分	最低分	平均分
中部	23.1	59	17.9	86	29	69
西部	13.4	57	29.6	90	24	65
北京	22.9	42.7	34.4	90	29	65

从调查总结中可以发现，我国自然教师的科学素养水平高于普通公民，但存在良莠不齐的情况，达到优秀水平（80分以上）的情况为：西部地区达到的比例较低，中部最高；达到中等水平（60～80分）的情况为：东部最高，北京最低；样本总体中还有高于20%的人存在不及格的情况。此次调查的结果还显示：男性教师的科学素养水平明显高于女性教师，年龄越高得分越低，而且东西部地区差别明显。

还有的研究人员针对我国学生的科学素养做了国际比较，结果显示我国中学以下学生的科学素养与美国仅相差1%，中学阶段与美国学生相差11%，大学阶段与美国学生相差36%[1]。中国的学生与美国的学生相比，年级越高，科学素养水平相差越大。中、美两国公民的科学素养水平差距从中学阶段开始拉大，到大学阶段则明显增大，我国大学生具备科学素养的比例不足美国的一半。同时，我国科学素养调查还发现，针对不同的问题，不同受调查者显示的情况也有显著差别。

总之，从我国公民科学素养水平的调查和统计中可以发现，虽然我国公民的科学素养在20世纪90年代还比较低，但有明显提高的趋势，不过与发达国家相比还存在较大差距；同时，科学素养水平存在不平衡的情况，不同群体间的差距较大。提高我国普通公民的科学素养水平已经成为一项重要的社会课题。

4."科学素养"话语体现了我国社会语境的现实需求

随着人们对自然和社会认识的不断深入，现代社会早已走出了混沌和懵懂的无知状态，科学技术为社会的发展提供了先进的技术支持，科学和社会俨然已经融为一体，当代科学技术对个人和社会都产生了深远而有意义的影响。在当代科学课程改革的目标系统中，科学技术与社会的关系是一项十分重要的内容，科学技术的发展渗透了政治、经济、文化等各种社会因素，而且与国家

---

[1] 谭小琴：《从公民科学素养看科学全球化中的中国教育》，自然辩证法研究，2008（1）：85-89。

行为、社会决策、国计民生息息相关，科学已经成为一项十分重要的社会建制，同时也是一项较难把握的内容。公民的科学素养关系着社会的发展乃至国家的存亡，对此应引起足够的重视。因此，每个公民都应该具备起码的科学素养❶。在这种情况下，面对由科技社会化所导致的经济发展知识化、全球化和生态化等现象和结果，各国政府需要通过各种渠道尤其是科学教育来逐步提高劳动者的科学素养水平，科学地开发、运用科技成果，把经济发展建立在科技进步和劳动者素质不断提高的基础之上❷。因此，提高整体学生的科学素养水平是改善我国科技发展语境的重要方式，是提高我国公民科学素养整体水平的有效手段。科学素养水平的提高对于我国社会科技、环境、文化发展都具有现实意义。

我国公民科学素养低的现实状况成为科技发展和社会进步的重要障碍❸。"科教兴国"的口号喊得响彻云霄，科学素养也得到了广大社会公民的一致关注，而现实却不容乐观。从最近几次我国科学素养调查的数据统计来看，我国公民的科学素养整体水平还比较低，而且参差不齐。虽然我国在一些科技项目上比较先进，甚至处于世界领先水平，但我国科技的总体水平仍旧呈现一种落后的局面。其中很重要的原因在于我国劳动人口的科学素质总体水平偏低，劳动人口中专业人才所占比例较小。除此之外，我国科学教育过程过分注重科学知识的教育而忽视了科学素养的培养也是一大原因。因此，我们应该及时地将我国丰富的体力资源转化为宝贵的智力资源，将智力资源和科学素养的提高作为我国科技发展的重要支撑，改变我国大多数公民思想落后的局面和状态，实现中华民族的伟大复兴。

正是在这种形势下，我国在新一轮的课程改革中明确提出了要提高学生的科学素养水平，并将其作为科学教育相关学科的基本理念和目标。这一话语受到多方重视，显示出我国社会的客观需求和现实科学教育的不足。在我国传统的科学教育中，科学素养本应成为科学教育的重要目标，然而占据主导地位的往往是科学知识的传授，科学精神、科学方法等方面的教育内容往往受到忽视，这也是我国公民科学素养偏低的主要原因之一。因此，科学教育的目标不能局限在科学技术专业人才或科技精英的培养上，更不应局限在单纯知识传

---

❶ 教育部基础教育司科学（3-6年级）课程标准研制组：《全日制义务教育科学（3-6年级）课程标准（实验稿）解读》，武汉，湖北教育出版社，2002：37。

❷ 李太平：《科技教育和道德教育》，南京，南京师范大学，1998：34。

❸ 教育部基础教育司科学（3-6年级）课程标准研制组：《全日制义务教育科学（3-6年级）课程标准（实验稿）解读》，武汉，湖北教育出版社，2002：36-37。

授的水平上，培育学生的科学素养作为一个整体应贯穿于科学教育的始终，以促进学生在掌握科学知识的同时正确地理解科学的本质，具备科学的意识和精神，掌握科学研究的方法和过程，不断提高学生的科学思维和创新意识❶。

可见，科学素养的提出并非我国盲目学习西方话语的直接证据，科学素养的提出在我国有着客观的现实需求，科技发展的正负效应都需要公民具备较高的科学素养水平，而我国公民现实的科学素养状况却不容乐观，公民的科学素养整体水平偏低、地区发展不均衡、群体差异明显等都成为科学素养提出的重要依据。

二、课程改革的话语体系转换显示了权力之间的纠葛

话语是权力的表现，话语中包含着权力，有什么样的话语，就存在着什么样的权力，对话语过程、语境的控制体现着话语的权力意义❷。话语体现出一种权力关系，这种权力我们称之为话语权力，简称话语权。话语权是话语主体拥有的一种控制力、支配力和影响力，体现了权力拥有者对他人进行控制、支配和影响的力量，体现了话语中所蕴含的强制性力量，意味着谁有发言权，谁无发言权。这种权力具有一种无形的威慑力，其本质是在一种社会关系中哪怕遇到反对者也能够"实现权力者的意志"的力量❸。话语权是说话者社会权力和地位在话语符号系统中的折射和反映，它并不来源于话语符号系统本身❹，而体现为在特定的语境中形成的一种控制性的关系和行为。权力是制度和文化传统赋予的，在特定社会中产生出来的话语权力必然受到社会政治、经济、文化以及由此衍生出来的各种规章制度的影响。

斯宾塞（Herbert Spencer）的"什么知识最有价值"的命题指向知识价值的讨论，当代课程学者阿普尔针对这一命题提出了"谁的知识最有价值"，认为知识的选择不仅仅关注知识自身的价值，更为重要的是谁来选择知识。因此，他对这个问题的回答则是"统治集团的利益"，也就是统治集团具有明显的话语权。由于话语权的存在促使了文化资本在教育领域的重新分配，当我们均衡分配话语权或者使话语权的相互制约达到一种平衡状态时，有限的文化资

---

❶ 范冬萍：《提高公民科学素养与科学教育新理念》，华南师范大学学报（社会科学版），2006（6）：9-13，157。

❷ 杨增成：《话语分析的社会文化视角》，广西社会科学，2007（11）：147-150。

❸ 卢佳，余勇：《权力：教育规范有效运行的条件》，教育理论与实践，2012（10）：18-22。

❹ 徐祖胜，商秀梅：《学生话语权的缺失及构建》，沈阳教育学院学报，2007（4）：84-86。

基础教育课程改革的话语体系转换研究
以我国2001年基础教育新课程改革为例

本就不会出现过度集中的状况，从而推动整个社会的教育朝公平化方向发展。在同一社会空间内不同的个人和团体会主动地获取更为主动的话语权，通过教育实践改善教育场域内的话语权分配和资本分配，进而推动课程改革的发展。课程改革中话语体系的转换同样伴随着权力的行使和变迁，每一个新的话语体系的出现、每一个旧的话语体系的消逝都体现出权力在课程理念、课程实施、课程管理等方面的变化。

（一）课程改革话语体系转换的权力因素分析

1. 课程改革话语体系转换受到行政权力的影响和制约

教育是国家的发展大计，从无阶级社会到阶级社会，课程的发展改革过程始终无法逃脱国家对课程的控制，"权势话语""意识形态话语"等作为国家政治权力的潜在因素一直对课程改革有着深度的影响❶。由于教育行政部门通常站在整个国家的立场上，其主导的改革话语是上层的，拥有较为强大的话语权力，通过组织教育调研、课程改革以及制定与颁布教育法律法规政策，并通过财政支持、政策引导等手段加强国家对课程改革话语体系方向的控制，从而主导教育资源的分配和课程改革的发展方向，因此，教育行政部门对基础教育课程改革拥有直接的干预权和决定权。同一社会空间内不同的个人和团体话语权的获取主要通过文化资本的掌握进而推动教育发展，主导社会前进方向。文化资本关涉教育场域内各方力量对话语权的支配，课程话语体系总是与政治意识相联系，并高度体现政治意识，尤其是中央集权制的国家，教育行政化的趋势更加明显，课程改革受到行政的干预和影响更加严重。行政力量的介入使自身在教育场域内占有更多的文化资本，也使得教育场域内的权力呈现不平衡的分布状态。因此，课程改革话语体系的选择总是体现一定统治阶级的意志和利益，也体现统治阶级的政治意识。倘若教育行政忽略教育研究人员、理论研究人员、教育基层人员的各种争鸣，使基础教育课程改革话语权转变成权力的集中，势必导致教育基层权力的缺失，导致课程改革脱离基础教育的实际，使课程改革在教育基层无法进行有效的实施，影响课程改革理念的贯彻以及目标的实现。行政话语权力的过度发挥还会导致行政部门事先制定大量"规则"，并通过行政力量直接加诸教师，再由教师和学生去适应这套标准，从而导致课程改革变成了纯粹的行政主导，失去了课程改革的科学性。随着社会追求民主、

---

❶ 谢益民：《新课改中教育话语权的审视与回归——兼对教育争鸣的进一步思考》，中国教育学刊，2013（5）：43-47。

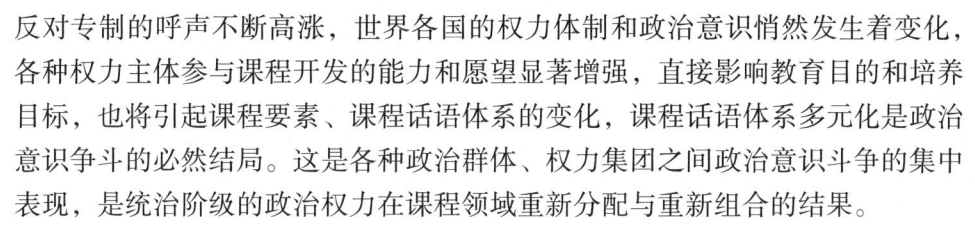

反对专制的呼声不断高涨,世界各国的权力体制和政治意识悄然发生着变化,各种权力主体参与课程开发的能力和愿望显著增强,直接影响教育目的和培养目标,也将引起课程要素、课程话语体系的变化,课程话语体系多元化是政治意识争斗的必然结局。这是各种政治群体、权力集团之间政治意识斗争的集中表现,是统治阶级的政治权力在课程领域重新分配与重新组合的结果。

2. 课程改革专家影响课程改革话语体系的生成与转换

课程改革专家一般包括以教育科研为主的专家、学者等学术精英和教育理论工作者。课程改革专家从专业和理论的视角出发研究和分析课程改革,为了探索课程改革的可行路径,其关注点涵盖了宏观和微观的不同层次,并能将理论与实践相融合,其观点既理论深刻,又能体现实践的需求,专家的话语对于课程改革具有引领作用。课程专家们从各方面纠正疏漏,尽自己最大努力完善课程改革,他们的话语往往成为重要的制度文本的核心内容和思想,成为指导课程改革的蓝本。他们是课程改革新话语体系的生成者与建构者,是课程改革政策的参与者和制定者。课程改革专家的通过在课程改革过程中话语权力的使用维持其职业地位和学术声望,并从中争取特定的话语权力。课程改革专家一般具有国际视野和本土经验,其话语往往带有明显的新颖性和学术性,他们的话语涵盖了课程改革的基础、目标、方式、实施、评价、管理等诸多方面,足见其影响范围之广、话语权力之大。课程改革专家的话语权力往往体现在"课程专家组"的言行之中,课程专家组在制定课程改革方案、审定教材,或者在考察课程改革实施效果的过程中的建议和总结往往是国家教育行政工作的重要参考,其重要性可想而知。而且,课程改革专家也因其特殊地位对课程改革新话语的生成起到直接的作用,我国新课程改革中的众多新话语都直接出自专家之口,可见其话语权对课程改革的影响之大。近些年来,随着我国政治民主化程度不断提高,政府将课程改革的权力逐渐下放给了课程专家,专家越来越多地参与到课程改革之中,他们的话语权也呈现增长的趋势,他们对课程改革的影响明显增强。然而,我们也不得不承认,行政主导下的新课程改革确实不缺乏学者的声音,但大多数专家学者只决定着他们在各自场域内发出自己的声音,缺乏对等的机制与合理的渠道对学者话语的认真倾听和理性吸纳,因此,在教育场域内专家学者的教育话语权能否真正发挥效能仍然堪忧。

3. 课程改革过程中师生话语权力畸形发展

课程改革的实施过程离不开师生之间的参与和互动,师生在课程改革过程中有着不同的话语权。在教育场域内,教师是教育环境与受教育者相互作用的组织者、调节者和控制者。传统教育体制下的教师话语依附于制度性的权力，教师在课堂上拥有对学生绝对的话语权，教师被理解为课堂教学中的主宰者、灌输者。传统的课堂关系是典型的主客模式：教师作为教学的当然主体，具有高度的话语权，是课堂的主角；学生则处于客体地位，是教师话语的接受者，是课堂教学的配角。教师凭借社会和职业所赋予的权威，可以将话语的控制兑换为一种权力去运作[1]，师生间很难形成有效的话语沟通方式。实际上，课堂教学是师生通过对话进行知识与情感的交流与沟通的过程，是师生运用想象力从事意义创造和分享的过程[2]。课程改革的首要任务就是改变原有的单纯接受式的学习方式，形成和建立师生积极参与、充分对话的平等实践方式。因此，课堂实践层面的改革就是使话语主体（在传统课堂教学中主要是指教师）在正确行使话语权的前提下，充分尊重弱势一方（在传统课堂教学中主要是指学生）的话语权。师生之间形成真诚的交流和对话，教师的课堂话语尽可能具有真实性[3]，让教学过程成为建立共通的话语体系的过程，共享教学话语权，让"失语"的一方也能发表自己的观点与看法[4]，让教师与学生在平等的话语权中分享教育过程，将教与学的权力平等地分配给实践中的主体。这就意味着教师话语权的"释"与学生话语权的"获"，即教师话语释权、学生话语获权，让实践话语权回归本真的状态——真正实现实践主体间的平等对话。这种对话体现了教师主体与学生主体的双主体性，有助于消除长期以来存在于教育教学实践中的师生主客二元对立现象，实现教学主体之间真正互动、理解、沟通与交流的目的。在课堂实践中，教师和学生应同是课堂教学的言说主体，教师要积极地引导学生主动地建构知识，努力发挥学生的想象力和创造力，使学生在主体对话过程中行使自己的话语权力，完成知识的建构；同时，师生之间的对话也是情感的交流，教师要以自己真实而完整的品格真诚地与学生交流，把握学生的个性特点、情感与价值观、优势领域以及自由创造和选择的倾向，实现师生间情感的交流与互动。只有教师话语释权和师生都作为主体对话，才能将课堂言说的权力还给"失语"的学生，保证学生正常享有和利用自己的话语权力，从而得到更完满的发展[5]。

---

[1] 马维娜：《学校场域中的话语再制与话语再生》，教育评论，2002（4）：44-46。
[2] 邢思珍，李森：《课堂教学话语权力的反思与重建》，教育科学研究，2004（12）：13-15。
[3] 程晓堂：《论英语教师课堂话语的真实性》，课程·教材·教法，2010（5）：54-59。
[4] 杨晓奇：《课程改革背景中的教育话语冲突及其融通》，教育科学，2011（3）：29-33。
[5] 刘茂军，孟凡杰：《基础教育课程改革的话语层面论析》，教育理论与实践，2013（1）：53-56。

（二）"三级课程管理"话语体系的权力因素分析

新中国成立到改革开放之前，我国的课程管理一直是高度集权式的。国家教育行政部门组织专家学者对课程进行统一的开发和管理，国家对课程的管理和选择主要以有利于国家发展为标准，学生面对的是国家统一设置的课程。国家通过政治权力对课程进行统一管理，在全国范围内推行，充分体现了国家的意志。这导致基础教育课程管理高度统一化，国家是课程发展的主体，地方和学校几乎没有课程管理的权力。国家课程管理体现在官方课程文件中，如教育法令、课程发展纲要、课程标准、教学大纲、教育部的通知和意见等。在教学大纲时期的义务教育阶段，我国国家课程占了绝大部分。我国实施全国统一的教学计划始于1952年，教学大纲所列的教学科目全部为必修的国家课程。这种状态持续了很长一段时间，即使到1992年，《九年义务教育全日制小学初中课程计划（试行）》中规定的"国家课程"仍占总课时的93.1%，达到9 458课时，"地方安排课程"仅占总课时的6.9%，只有704课时，而"学校安排课程"则完全没有[1]。那段时期，国家在课程安排的过程中很少考虑地区、城乡、校际之间的差异性，忽视了我国社会不同地区发展的多样性需求。如果某一地方需对国家统一的课程管理规定进行变动，就必须层层上报，得到中央的明确批示后才能调整原有的教学计划。例如，1963年颁布的《关于实行全日制中小学新教学计划（草案）的通知》（简称《新教学计划》）明确指出，学校"开设的课程以及各种课程的教学时间和要求，全学年的上课周数、劳动时间和假期，应该执行教学计划的规定，不得随意变动；如果必须变动，应该由省、直辖市、自治区教育厅、局报经教育部审批。"[2]其他各时期的教学计划也都对地方、学校教学计划的实施作出了类似的规定。这种完全以国家统一管理为主的课程管理体系主导了我国基础教育课程管理几十年的发展。

不同的国家教育体制不同，国家、地方、学校三者在课程决策上的权力也就不同，在课程格局中有不同的影响，各自所占的课程"份额"也就不一样[3]。总体来看，我国的基础教育课程在1992年以前几乎都是国家课程，国家课程统治着我国的基础教育，国家决定了课程的一切，从教材的编写、选择到课程之间的组织、课时比例等方面，全部由国家统一规定。课程发展的理念是

---

[1] 吴康宁：《知识的控制与分等》，教育理论与实践，2000（11）：24-25，32。
[2] 课程教材研究所：《20世纪中国中小学课程标准·教学大纲汇编：课程（教学）计划卷》，北京，人民教育出版社，1999：295。
[3] 陈静：《我国基础教育课程结构的社会学分析》，当代教育论坛，2006（2）：31-32。

满足社会控制的需要,课程发展主要为国家意志服务,地方和学校几乎不具有课程决策权,即使在国家尚没有"精力"涉足的领域被赋予的一点自由权也是非常有限的。例如,我国中小学各科教科书一直由人民教育出版社统一出版,1963年实行的《新教学计划》对此作出了一定的调整,规定各省、直辖市、自治区可以自编历史、地理、生物等课程的乡土教材,也可以结合当地的实际情况自编生产常识、生产知识课程的教材,作为国家通用教材的补充,但此时教材编写的主导权力仍然掌握在国家手中。在这一阶段,地方课程、学校课程严重缺失,国家下放给地方的是微弱的补充性的课程权力。

随着教条化、模式化、规范化、统一化的课程管理所带来的一系列问题的出现,社会上要求改变国家课程管理过于集中的呼声越来越高。从20世纪90年代开始,我国对高度划一的课程结构进行了大力改革,地方、学校逐渐被赋予一定的课程管理权力,成为课程管理的主体之一,课程管理的发展也朝着"混合体制"演变。1999年,国务院颁布了《中共中央、国务院关于深化教育改革全面推进素质教育的决定》,以法律形式确立了国家、地方、学校三者在课程决策权力中的地位,规定,"调整和改革课程体系、结构、内容,建立新的基础教育课程体系,试行国家课程、地方课程和学校课程。"❶国家第一次从政策上确立了地方课程的"合法地位",重视地区差异、照顾地方特色的地方课程正式被列入全国统一的课程计划之中,地方和学校成为课程管理的主体之一,参与课程决策的主体呈现出多元化的趋势,基础教育课程管理变革取得了观念上的突破。但前期国家对课程的管理过于严格,地方课程的概念、内容、性质、作用等理论研究缺乏或模糊不清,加上这一时期地方课程所拥有的课时比较有限,导致大多数地方课程在实施过程中流于形式,没能取得良好的效果,但这也在一定程度上给地方课程的发展奠定了基础。

1992年后,国家对课程的管理政策进一步放宽,地方课程和校本课程逐步设立。但整体而言,国家课程仍然占据主要地位,地方和学校在整个课程体系中所占比例仍然不高。例如,1992年国家教育部门制定的《九年义务教育全日制小学、初级中学课程计划(试行)》的课程设置部分,除了"国家安排课程"外,还明确设立了"地方安排课程",当时小学总课时为6 528课时,小学阶段地方安排课程为544课时,占8.3%;初中总课时为3 634课时,地方安排课程为160课时,占4.4%;九年义务教育阶段地方安排课程为704学

---

❶ 陈静:《我国基础教育课程结构的社会学分析》,当代教育论坛,2006(2):31-32。

时，占总课时（10 162 课时）的 6.9%[1]。1994 年颁布的《关于印发〈实行新工时制对全日制小学、中学课程（教学）计划进行调整的意见〉》和《〈实行新工时制对高中教学计划进行调整的意见〉的通知》，适当调减了原有教学计划中语文、数学、外语等学科的课时，而将课时增加到地方安排课程中。根据文件规定，地方安排课程中，小学课时合计为 340 课时，初中课时合计为 228 课时，总计为 568 课时，所有课程课时总计为 9 250 课时[2]，中小学地方课程占总课时的 6.14%。可以看出，当时国家课程在基础教育中占据绝对的"统治"地位，地方课程所占比例还很低，地方所拥有的课程权力也很小，只是象征性的，无法与国家课程相比。但总体而言，地方课程的设立有利于反映地方的经济文化特点，打破了长期以来国家课程一统天下的局面，也在一定程度上提高了各省、直辖市、自治区的课程权力。

2001 年，新课程改革充分考虑了国家独霸课程管理的弊端，正式确立了国家、地方、学校三级课程管理体制，提出了实行国家、地方、学校三级课程管理的政策，这是新中国成立以来我国在课程管理领域的一次重大变革。有关地方课程、校本课程的理论和操作分析等问题得到了广泛讨论，地方和学校都参与到课程管理中，成为课程管理的主体之一，实现了课程管理主体的多元化，使得完全国家课程的结构体系被彻底打破。国家、地方、学校三者共同形成了课程管理三足鼎立的局面，三者拥有的课程在课程门类格局中各自占有一定的份额，三者在课程决策上都具有一定的权力。在这种形势下，国家行政机构、地方政府、学校内部都可能成为课程发展的动力来源[3]，课程主体呈现多元化的趋势，由以前的集权式的课程管理向分权式课程管理前进了一大步。就实际情况来看，国家对课程决策的影响、权力和责任都是最大的，地方和学校相对较小。但无论怎样，三级课程管理昭示着我国课程管理在向科学化方向转变的过程中取得了突破性进展，这种进步从课时比例和课程结构上可见一斑。在新的课程计划中，国家课程的比重在下降，对传统的优势科目所占的比重进行了不同程度的下调，地方课程和校本课程的比重在上升，国家课程下调后积累下来的课时量分配给了地方课程、校本课程和综合实践活动，明确了地方课程、校本课程的重要地位，校本课程争取到 10%～12% 的课时空间。这充分

---

[1] 课程教材研究所：《20 世纪中国中小学课程标准·教学大纲汇编：课程（教学）计划卷》，北京，人民教育出版社，1999：372-381。

[2] 课程教材研究所：《20 世纪中国中小学课程标准·教学大纲汇编：课程（教学）计划卷》，北京，人民教育出版社，1999：387。

[3] 杨明全：《课程概论》，北京，北京师范大学出版，2010：104-105。

反映了我国课程决策权力下移以及再分配的态势，表明地方、学校正在对课程改革起到积极的促进作用，其需求与作用已经具有一定的影响。在中小学教学实践中，在课程专家、教育管理者、学校校长、教师以及社会各界人士的共同参与下，地方课程和校本课程得到了有效开发，课程管理的统一性和灵活性得到了初步的统一❶。

　　三级课程所代表的不仅是管理形式的变化，更为重要的是三级课程话语自身所引起的课程管理权力的变化。20世纪90年代以来，我国课程权力开始下放，三级课程管理模式继承了这一时期所取得的成就，国家对基础教育课程的控制力有所下降，将课程权力进一步从中央下放到地方和学校，国家只在宏观上制定课程标准，规定课程结构和基本课时，为地方、学校和教师的课程建设、开发和创生留下了大量的权力空间。伴随着国家课程、地方课程和校本课程的正式形成，国家、地方和学校三级课程管理制度开始实行，作为一种新的课程管理方式，三级课程话语的出现是课程改革话语权力的重大调整，三级课程管理制度的确立为课程分权提供了制度保障❷。这样，国家将部分课程管理权力下放给地方和学校，地方和学校获得了更大的课程权力，并鼓励教师对国家课程进行创生性实施。地方教育行政部门首先要制订自己实施国家课程的计划，同时规划并组织实施地方课程，甚至省级管理部门还可以根据社会、经济等发展的具体情况，向国家教育主管部门申请编制和开发适合本地区的课程标准和教材，大大解放了地方在基础教育课程管理上的自由和权力。这直接导致我国许多省份积极开展基础教育教材开发，教材编写呈现出"一纲多本"的多元化发展局面。同时，学校在课程安排、课程设计和课程实施上拥有了比较大的自由空间，各个学校可以开发和选用适合本校的课程，充分体现学校的传统、优势、特色和实际需要❸。这些都充分说明，新课程改革在课程管理的取向上是分权式的。但三级课程管理也并非意味着完全的权力均等，并非要求放弃国家对基础教育课程的主体控制，国家在宏观要求、基本标准制定等方面仍然是占主导地位的，国家课程在基础教育课程体系中也占据主体地位。

　　我国地域辽阔，文化差异较大，各地区的文化特点和各学校的实际需要存在显著差异，考虑到这一因素，三级课程管理的实施必将有力推动我国课

---

❶ 周瑛：《试论基础教育课程结构的变革及启示》，河南职业技术师范学院学报（职业教育版），2009（3）：102-105。

❷ 同❶。

❸ 容中逵:《论基础教育课程管理改革中的权力下放》，课程·教材·教法，2005（9）：3-6。

程管理的民主化、科学化、多元化，使课程管理逐渐走向分权，它是基础教育课程公平诉求实现的重要条件。分权式课程管理有利于打破集权式课程管理的统一性和封闭性，解放学校的课程权力，使学校课程摆脱单纯为国家利益服务的局限。而且，这种管理模式使学校课程不再仅仅作为促进国家经济社会发展的工具，而将学生发展所需要的内容和经验纳入学校课程，促进个体发展的功能在这种课程管理体制下获得更大的发挥空间，有利于消解竞争性学习所带来的学生间的等级分化，使学生有可能在各个方面实现特色发展，使学生间的公平发展成为可能，从而使基础教育课程从效率取向转向公平取向具有了现实可能性[1]。

当今世界各国都非常重视教育民主化和管理科学化，强调学校向多样化、特色化发展，重视个体的主体性、创造性，科学管理的理念逐渐深入人心。我国的课程管理权力一直高度集中在国家手中，随着社会民主化进程的推进，我国课程开发、课程管理的主体结构也发生了巨大变革，国家课程一统天下的局面开始改变，课程越来越成为广大社会成员共同的事业和责任，这也潜在地反映了我国社会权力格局正在发生变化[2]。我国传统高度统一的管理体制导致了教育管理体制一直是中央集权式的，国家对课程实施全方位的统一管理；不仅高度统一了教学大纲、教材，甚至连教师如何备课、上课、授课方式、授课进度、实验等都有明确规定。高度集权主要依靠行政命令、法令条例和规章制度执行，其管理不是基于科学化、规范化的，而是服从长官意志和权力控制，长此以往容易导致课程管理实践中的官僚化倾向，以及课程与教学的管理方式单一，这种管理方式是不利于个体创造能力的发展的。高度集权的措施会忽视各地的实际差异，妨碍各地各类中小学发展的创造性和合理性，抑制教师的创造性和学生个体丰富多彩的发展。因此，应当有效释放中央高度集中的课程权力，将部分权力给予地方和学校，使其从单纯的被动实施课程转变为主动调整课程实施，将原来单一的行政命令管理手段转向立法、规划、督导、咨询、拨款、舆论等多种间接的手段，将地方与校本课程的开发、选择以及教材编制使用上的管理权力逐渐由国家过渡到地方和学校，给予地方和学校以一定的自主权，使其积极参与到课程开发和管理之中，增强其责任感和创造性，改变其只等上级文件通知的消极状态。随着三级课程管理的实施，国家独揽课程决策权

---

[1] 龙安邦：《基础教育课程改革中的效率与公平》，重庆，西南大学，2013：130-133。
[2] 高维：《我国义务教育课程结构变革的社会学分析》，天津师范大学学报（基础教育版），2014（2）：11-16。

的局面已经不复存在，课程变成了国家、专家、教师多方认同、协商、妥协的产物，大量选修课程被开设，地方课程、学校课程不断涌现，扩大了地方和学校在课程方面的决策权，切实调动了相关主体参与课程管理的积极性，增加了课程实施过程中的适切性。当前，我国课程权力下放的前提还应是基于中央集权之下的，在分权的具体运作过程中也不能操之过急，应坚持中央集权前提下的适度分权，逐渐将管理权力转交给地方，一些地方性权力或措施应当得到中央教育部的批准与备案，否则容易产生混乱。课程权力的分配格局反映着我国整体的社会权力关系格局，有助于我国课程实践的发展与完善。

不同社会文化、民族传统、意识形态会形成不同的政治体制，不同的政治体制决定了不同的教育体制，不同的教育体制决定了不同的课程管理体制，不同的课程管理体制决定了国家、地方、学校三者在课程格局中具有不同的影响，拥有的课程权力也就存在着差别。因此，课程管理的不同体制受到国家政体的影响。在中央集权型的政体下，课程决策权力相对集中在具有统治地位的阶层、集团手中，国家是课程发展的主体和决定力量，他们具有绝大部分的课程决策权力，地方和学校几乎没有或只有很少的决策权。实际上，课程决策不可能完全且仅仅受到国家的控制，国家只是间接地影响课程决策，起着一种指导作用。课程决策应更多地反映地方和学校的"文化利益"和"公民需要"，并且总是处在不断的变革之中，以满足日益变化的社会需要。因此，课程管理的主体应该是地方和学校，这就体现了课程管理分权的制度特点。在分权的体制下，社会各种群体对课程决策都可能产生或大或小的影响，参与课程决策的主体是多元化的，权力分配呈"放射状"态势，其文化利益和需求在课程中都有可能得到或多或少的反映。在分权的体制下，课程决策主要受到五类因素的影响，即中央政府、地方政府及其领导下的教育委员会，各专业团体，学校行政管理部门，地方社区和各种官方、非官方的团体❶。实行分权型课程管理的国家更容易推行地方课程和校本课程❷。

从当今世界各国的教育行政制度改革研究中可以看出，集权与分权作为两种典型的相互对立的课程管理形式各有优缺点，且在各国不同的历史发展阶段都先后起到了不同的作用，目前，总的趋势是中央集权和地方分权正在相互取长补短、均权融合。在实际运作当中，这种均权化还是以其原有管理核心理念为基础的，并没有向对方完全转化的倾向。中央集权的管理方式虽然释放了

---

❶ 吴永军：《课程结构的社会学分析》，南京师大学报（社会科学版），2001（1）：83-88。

❷ 杨明全：《课程概论》，北京，北京师范大学出版，2010：103。

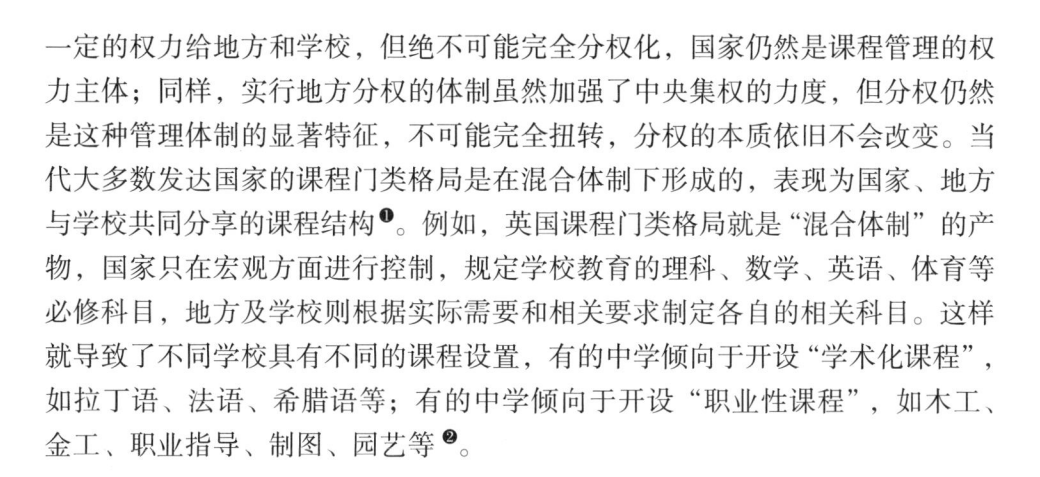

一定的权力给地方和学校,但绝不可能完全分权化,国家仍然是课程管理的权力主体;同样,实行地方分权的体制虽然加强了中央集权的力度,但分权仍然是这种管理体制的显著特征,不可能完全扭转,分权的本质依旧不会改变。当代大多数发达国家的课程门类格局是在混合体制下形成的,表现为国家、地方与学校共同分享的课程结构❶。例如,英国课程门类格局就是"混合体制"的产物,国家只在宏观方面进行控制,规定学校教育的理科、数学、英语、体育等必修科目,地方及学校则根据实际需要和相关要求制定各自的相关科目。这样就导致了不同学校具有不同的课程设置,有的中学倾向于开设"学术化课程",如拉丁语、法语、希腊语等;有的中学倾向于开设"职业性课程",如木工、金工、职业指导、制图、园艺等❷。

三、课程改革的话语体系转换潜藏着意识形态的干预

"意识形态"一词源于希腊文,是由"idea"(思想)和"logos"(理论)两个单词构成的,是关于系统的观念的理论,可以被理解为一种具有理解性的想象、一种观察事物的方法(如世界观),或者是社会统治阶级对所有社会成员思想观念的集合。意识形态的概念并没有统一的定义,如今这个概念的含义已经变得众说纷纭、莫衷一是。一般来说,意识形态是以一定社会的经济、文化、政治为基础的,随着经济基础的变化而变化,是社会经济形态、文化信仰和政治制度的反映,包括道德、宗教、哲学、政治思想、法律思想、文学艺术以及其他社会科学等。

法国思想家德·特拉西(Destutt de Tracy)在《意识形态原理》一书中首次提到意识形态的概念,他认为意识形态是人们揭示观念的成见和偏见根源的"思想科学"(science of ideas),作为观念学的意识形态本身就具有意识形态性,并以此作为与以往的"非科学"相对立的新的社会和政治秩序的研究基础❸。当拿破仑(Napoleon)发现以特拉西为代表的哲学家有反对他的帝国的野心时,起初还支持这个学说的拿破仑便转而反对它,把特拉西及其同事仁斥为"空想家""意识形态家",从而使意识形态的概念被抹上了一层浓厚的政治意义和否定色彩❹。

---

❶ 吴康宁:《知识的控制与分等》,教育理论与实践,2000(11):24-25,32。
❷ 吴永军:《课程结构的社会学分析》,南京师大学报(社会科学版),2001(1):83-88。
❸ 韩月香:《意识形态理论:回顾与展望》,当代世界与社会主义,2007(2):102-104。
❹ 申小翠,肖瑛:《马克思与曼海姆的意识形态理论的比较研究》,广西大学学报,2004(4):28-32。

特拉西之后，思想家们对意识形态开展了大量研究。马克思（Karl Heinrich Marx）和恩格斯（Friedrich Von Engels）系统地研究了意识形态的相关问题，于1924—1932年出版了他们的合著《德意志意识形态》，对意识形态概念基本上是持否定态度的。他们的研究引起了思想家对意识形态问题进一步研究的浓厚兴趣。随后，意识形态理论在以卢卡奇（Lukacs）、葛兰西等为代表的西方马克思主义者的研究中得到了进一步发展，并在法兰克福学派那里达到了一个崭新的高度。德国哲学家曼海姆（Karl Mannheim）被誉为当代意识形态理论的奠基人❶，他认为意识形态是指那些同社会现实不一致的思想、观点。这种意识形态观带有典型的评价性质。他提出意识形态的含义有广义和狭义之分，而且两者是相对的。如果说狭义的意识形态是指他人提出的在真实性和合理性上具有虚假性或可疑性的观点和陈述的话❷，那么广义的意识形态则是指一定社会阶层或集团所持有的世界观及其要素的总和❸。曼海姆进一步指出意识形态是人们在一定的社会条件下，基于一定的利益取向而形成的观察客观对象的方式❹，任何社会成员都无法脱离意识形态的影响。曼海姆的意识形态思想与马克思比较接近，与马克思的后继者们却相差甚远：马克思关于意识形态理论的论述大多是针对封建贵族和资产阶级的思想意识而言的，他的意识形态理论往往被看成是保守的甚至反动的思想因素；而卢卡奇等人认为意识形态同时指谓资产阶级和无产阶级的思想理论——前者往往是反动的、保守的，后者往往是正确的、客观的。

（一）话语与意识形态

随着对话语问题研究的深入，人们已经意识到话语与意识形态之间存在着紧密的关联——语言是研究审视意识形态的重要途径，语言通过再现意识形态操作、影响社会过程，语言只是话语的外在形式，语言存在一定程度的阶级属性和意识形态属性❺。研究者们普遍认为话语不单单是语言学问题，话语研究已经超越了语词结构、词法句法的层面，而上升到话语权力、话语意识形态等

---

❶ 郁建兴，陈建海：《意识形态理论的当代新发展》，哲学研究，2007（10）：24-32。

❷ [德]曼海姆：《意识形态与乌托邦》，黎鸣，李书崇译，北京，商务印书馆，2000：56。

❸ [德]曼海姆：《意识形态与乌托邦》，黎鸣，李书崇译，北京，商务印书馆，2000：58。

❹ 周宏：《意识形态理论与当代中国意识形态理论研究》，安徽师范大学学报（人文社会科学版），2007（5）：283-288。

❺ 赵自立：《语言的意识形态指涉与思想政治教育的责任》，焦作师范高等专科学校学报，2009（6）：53-57。

层面，承载着话语主体的思想、观念、意志以及一定的权力和身份。话语的生成机制和表达方式使每个话语都以特有的方式承载着意识形态的信息，体现出特定的世界观和价值观，同时，语言形式也可以通过意识形态得到阐释。伍拉科特（Woollacott）认为现代符号学理论已经超越了结构主义者对一个自足的系统内部各部分之间关系的关注，而时常采用马克思主义的方法，开始重视意识形态的作用[1]。按照阿尔都塞有关意识形态国家机器的观点，话语总是反映和渗透着某种意识形态，是与国家法律、政治并列的，都会表现为一种具体的意识形态国家机器，因此，对话语的抵制必然是对意识形态的抵制[2]。沃洛西诺夫（Volosinov）十分注重语言、符号与意识形态之间的依存关系，认为意识形态贯穿整个符号学领域或全部表义系统。伽达默尔（Hans-Georg Gadamer）、洪堡特（Wilhelm von Humboldt）和维特根斯坦（Ludwig Wittgenstein）等人都认为语言具有意识形态性质，认为话语就是世界观，谁拥有话语，谁就拥有世界[3]。虽然从表面上看，话语只是履行传授知识、传达意义的职责，实际上"它却在做事"[4]。话语传授意识形态的过程亦是权力运作的过程——意识形态话语通过意义符号维持或者动摇社会的权力秩序[5]。一旦话语与政治生活相结合，参与了社会关系的构成，它就成为一种社会实践，无论你是否喜欢意识形态，不论你是否意识到意识形态的存在，你其实都身处意识形态之中，无法逃避意识形态的萦绕——意识形态是再现及建构社会的特殊方式。

话语与意识形态不可分割，意识形态正是通过语言载体来表现自己，没有语言就没有意识形态。意识形态从来就没有离开过语言，人们在教育过程中使用语言进行交流、传授，总是不自觉地以官方规定或自己认可的意识形态为导向，一定的意识形态总是借用一定的语言和术语表达自己。在马克思看来，一个人如果不加批判地使用某一意识系统所常用的基本术语，那么他的思想是不可能超越这一意识形态的[6]。在现实生活中，人们通过语言认识客体世

---

[1] 赵自立：《语言的意识形态指涉与思想政治教育的责任》，焦作师范高等专科学校学报，2009（6）：53-57。

[2] 陈越：《哲学与政治：阿尔都塞读本》（上），长春，吉林人民出版社，2003：121。

[3] 同[2]。

[4] 王晓升：《权力、话语与意识形态——意识形态的叙事效果分析》，哲学动态，2012（3）：9-17。

[5] THOMPSON J B：*Studies in the Theory of Ideology*，Berkeley，CA：University of California Press，1984年。

[6] 辛斌：《批评语言学：理论与应用》，上海，上海外语教育出版社，2005：13。

界并与之打交道,任何一种意识形态都是以话语的形式呈现在人们面前的,意识形态的宣传和传授都是通过一定的话语实现的❶——意识形态要用话语描述现实、用话语传达思想、用话语进行"科学"研究、用话语对社会公民进行教育。个体要从一个纯粹的自然人、生物人成长为社会人、文化人,就不可能摆脱社会文化的影响,就不可避免地要接受以语言为媒介的教化,而且只有这种教化是最为有效的。正如澳大利亚学者文森特(Vincent)所言,"一个人只有通过教化与一种意识形态认同,才可以与以这种意识形态为主导思想的社会认同。"❷语言教化使人在不知不觉中接受了某种意识形态的支配,意识形态通过语言载体把自然人教化成社会主体,个人的主体性的实质是意识形态的主体性,从而实现人们身份意识的塑造。巴赫金也曾指出,在个体社会化过程的早期,文本之外的影响具有特别重要的意义,这些影响主要通过话语或者其他符号体现出来。由于语言自身带有一定的意识形态色彩,意识形态不是空洞的说教,在某种意义上可以说传授语言、通过语言进行交流的过程隐含着意识形态的传递。因此,个体接受教化的过程也就是接受意识形态的过程,意识形态实际上就成为为了利益而争斗的话语域❸。正如曼海姆所说,"没有人可以逃离意识形态"❹,完全脱离意识形态的影响而获得彻底的"解放"是天真的。

以意识形态为视角开展话语分析是一种批判的话语分析。批判话语分析主张话语实践有助于生产和再生产不平等的权利关系,如社会阶级、女性和男性、种族和文化的多数团体和少数团体等,它们都是意识形态的结果,这些话语实践所承载的意识形态和意识形态底下的权利关系通常都是不明显的。基于意识形态的批判话语分析要考虑到话语如何被诠释与接受,以及文本所具有的社会影响,其目的在于使这些不透明的话语变得更清楚,破解话语的意识形态特征。对批判话语分析而言,意识形态对于建立和维持不平等的权利关系具有重要意义。

(二)课程改革过程中制度话语的意识形态分析

课程改革中的意识形态话语是国家、政治、权力深度介入教育的结果。

---

❶ 王晓升:《权力、话语与意识形态——意识形态的叙事效果分析》,哲学动态,2012(3):9-17。

❷ [澳]安德鲁·文森特:《现代政治意识形态》,袁久红等译,南京,江苏人民出版社,2005:45。

❸ 孙士聪:《影响与对话——西方马克思主义意识形态批评研究》,上海,上海世纪出版集团,2008:124。

❹ 陈文团:《意识形态教育的贫困》,台北,师大书苑有限公司,1999:23。

课程改革不仅仅是一个理论和实践的问题，还是一个制度问题。课程制度是一个国家课程改革与发展的关键，一国的课程体制与该国的国家体制有着内在的关联，集中体现了本国社会经济、政治和文化环境的特殊性❶，意识形态话语大多体现在制度层面的文本和载体之中。制度话语是课程理论与实践两个层面相互作用的产物、中介和目标，"在制度层面上，课程话语主要用于界定学校课程或使学校课程典型化"。❷制度话语是我们把握和理解课程的重要切入点，从制度层面研究课程话语有着重要的历史与现实意义。制度话语是学校的"文法"和"章程"，通过多样的制度性话语各自的修辞，课堂成为"构成、制约、控制每一个人的经验的场所"❸。制度话语用来规范课程的宗旨，用以指导课程建设和实践，是教育行政管理者代表国家发出的权势话语，具有较强的社会话语权。其功能在于告诉人们课程行为约束的基本信息，即在课程领域什么能做，什么不能做，该怎么做，不该怎么做。制度话语对人们的教育行为进行约束或限制，也就等于告诉了人们有关课程发展的信息。借助制度话语提供的信息，人们可以确定自己的教育行动，同时还可以预期他人的教育行动❹。

制度话语构成了多层次的话语空间，"各自的话语提供独自的修辞，起着有意义地构成并控制课堂的经验的作用"❺。制度话语按照其功能和规范范围可分为宪法（教育法）、法令（纲要）和课程标准（教学大纲）三个层次。宪法层次的课程话语是课程发展的最高要求和规范，有着最高的法律地位；法令（纲要）层次的课程话语是国家对课程发展宗旨的解读，并根据当下社会发展而制定的课程发展的具体内容与导向；课程标准层次的课程话语直接关系着课程实践，对教科书、课程实践与改革有直接的指导价值。不同层次的制度话语具有程度不同的权威性或强制性。其中，教育法律中的话语具有最高的权威性，它不仅要求相关法律规范之内的人们服从和执行，而且对于违反和破坏相关话语规定的行为实施制裁，从而将人们的教育行为限定在法律话语的范围之内，确保教育宗旨的权威性和教育政策的落实。国家宪法中的课程话语具有最强的法律约束性，是所有课程管理和相关人员必须遵守的最高要求，代表着国家的意志，是国家强制的法律性话语。而课程标准（教学大纲）中的话语主要

---

❶ 钟启泉，张华：《世界课程改革趋势研究》（上），北京，北京师范大学出版社，2001：1。

❷ [美]威廉·F. 派纳：《理解课程》，张华译，北京，教育科学出版社，2003：685。

❸ [日]佐藤学：《课程与教师》，钟启泉译，北京，教育科学出版社，2008：4-5。

❹ 李江源：《教育制度：概念的厘定》，河北师范大学学报（教育科学版），2003，5（1）：20-31。

❺ 同❸。

用来指导教科书建设、课程实施等具体环节，其法律权威性和强制性相对较弱。例如，1947年《中华民国宪法》第五节"教育文化专节"部分共有九条规定，它是民国时期各类教育组织和教育法令必须遵守的最高规定话语。其中第一五八条为："教育文化，应发展国民之民族精神、自治精神、国民道德，健全体格、科学及生活智能。"❶这一话语是当时教育的基本宗旨，体现了当时国家和民族对教育的期望和要求，是教育发展的纲领性规定，带有很强的强制性和法律效力❷。

课程改革的制度话语往往体现了该国政治因素对课程改革的影响。一般来说，课程改革中的意识形态话语往往以政府工作报告、改革方针、政策、法律、法规、文件等形式出现在公众的视野里，意识形态话语以合法的身份潜藏在课程相关制度的字里行间，并形成了对课程改革宗旨、改革目标、实施评价等的一系列约束与控制，将统治阶级的意识通过制度话语渗透到改革文本之中。在教育泛政治化的年代里，意识形态话语对课程改革具有至高无上的指导价值，在"政教合一"的体制下，意识形态话语还会以领导人的语录、口号的形式出现，在这种情况下，意识形态话语则成为课程改革政策的"指导手册"，导致整个课程改革话语系统完全被统治阶级"垄断"，统治者往往对教育产生广泛而深远的影响，课程改革无法以符合教育科学规律的思维向前发展。

（三）课程改革话语始终无法回避意识形态的影响

课程改革是社会运行的重要方式，是社会政治、权力参与教育实践的主要途径，迥然不同的政治意识形态衍生出形形色色的课程观和课程政策，课程改革的路向也就千差万别。

任何课程改革过程都不可能是价值中立的，其中充斥着众多的意识形态话语，它们往往以无形的方式潜藏在各种文本之中，任何声称课程改革与意识形态无涉的说法都是不可信的❸。课程改革的最终状态是各种意识形态和政治势力的力量对比、竞争和相互博弈的结果❹。因此，课程改革话语体系始终会受到意识形态的影响。以课程目标为例。课程目标具有思想性与方向性，是国

---

❶ 宋恩荣，章咸：《中华民国教育法规选编》，南京，江苏教育出版社，1990：69。

❷ 刘茂军，孟凡杰：《制度性课程话语研究引论：问题、方法与意蕴》，教育理论与实践，2013（13）：61-64。

❸ 许立新：《意识形态·政治权力·国家课程改革——英国个案研究》，外国中小学教育，2007（1）：1-5。

❹ 同❸。

家对课程的方向性要求,体现了国家的课程价值观念,往往明示着课程价值定位及其框架,是学校提供给学生学习知识内容的具体价值规定。所以,它与国家主流意识形态之间的吻合程度最高,在整个课程中理所当然地居于权威地位。因此,对于课程目标的评价除了具有技术层面的标准,更应具有政治方向、民族精神、文化品性等属于思想层面的规范和要求。而且,课程目标往往以言简意赅的形式体现价值要求,具有单义性与直白性,那些与国家主流意识形态不符的价值观念难以隐藏在课程目标中❶。正是由于课程目标与课程的价值定位、基本架构和课程规范性之间的关联,课程目标必然与国家主流意识形态之间保持着一种近乎天然的联系——只要社会统治阶层希望学校课程为维护国家主流意识形态有所贡献,课程目标中就必然会出现相应的价值定位及其基本架构❷。每一次重大的课程改革都起始于课程目标的改革,这是社会统治阶级进行思想意识控制的最典型的说明与写照。

在教学大纲时期,课程目标中充斥着大量明显的意识形态话语,尤其在中华人民共和国成立初期,这种表现更为明显。例如,1952年的《中学暂行规定(草案)》总则"中学教育的任务"的规定中提到:"中学教学的任务,是用马克思列宁主义的力量与中国革命实践相结合的毛泽东思想和普通文化知识教育青年一代,使他们的身心获得全面的发展,以便为升入高等学校或参加建设工作打好基础。"在对学生目标要求的第二条中提到,"发展学生为祖国效忠、为人民服务的思想……。"❸即使在各学科的教学大纲中,这种情况依然存在。1952年《中学物理教学大纲(草案)》物理教学的任务规定中提到,"使他们奠定辩证唯物主义世界观的基础""培养学生的爱国主义和国际主义思想"❹。1992年颁布的《九年义务教育全日制小学、初中语文教学大纲(试用)》中提到:"使学生理解革命领袖、千千万万共产党人和广大人民群众在革命和建设事业中作出的杰出贡献,培养学生热爱中国共产党的思想感情;使学生理解社会主义建设事业取得的辉煌成就,理解在资本主义国家里劳动人民受压

---

❶ 吴康宁:《价值的定位与架构:课程目标的一种社会学释义》,教育科学,2000(4):22-24。

❷ 同❶。

❸ 课程教材研究所:《20世纪中国中小学课程标准·教学大纲汇编:物理卷》,北京,人民教育出版社,2001:206。

❹ 课程教材研究所:《20世纪中国中小学课程标准·教学大纲汇编:物理卷》,北京,人民教育出版社,2001:144-145。

迫、受剥削的状况，懂得社会主义好，从而更加热爱社会主义。"❶可见，课程目标中带有明显意识形态的话语，这种状况一直延续着，即使在新课程改革的目标中，仍然不乏意识形态话语。《纲要》的目标中提到，"要使学生具有爱国主义、集体主义神精，热爱社会主义，继承和发扬中华民族的优良传统和革命传统；具有社会主义民主法治意识……。"❷这些都规定了基础教育阶段学生必须遵从的社会共同文化要求❸。

对课程改革意识形态话语进行分析，不仅有利于厘清意识形态参与课程改革的思路和方式，而且有利于揭示意识形态话语背后的力量和实践，尽量消除意识形态话语的负面影响，促进课程改革的顺利推行。

---

❶ 国家教育委员会基础教育司：《九年义务教育教学文件汇编》，北京，北京师范大学出版社，1994：42。
❷ 钟启泉，等：《为了中华民族的复兴为了每位学生的发展》，上海，华东师范大学出版社，2001：22-26。
❸ 黄忠敬：《意识形态与课程——论阿普尔的课程文化观》，外国教育研究，2003（5）：1-5，15。

第六章　话语多元：新语境下课程改革话语体系转换的应然诉求

一、语境与语境分析

语言交际不可能在真空中进行，话语的解释和分析不能只从词汇意义和语法意义理解，离开语境分析而单纯地分析话语意义容易出现模糊性和歧义，致使话语意义无法被准确理解。语言的生成、传递、接收过程总是在一定的环境中完成的，这个语言运用和交际的环境就是语境。语境是话语产生和使用的环境，是语言环境或言语环境的简称，"语境对话语意义的恰当地表达和准确理解起着重要的作用"[1]。语境研究的目的是解决话语理解的问题。考察或研究课程改革中的话语体系不仅仅在于理解话语的"字面意义"，还必须依据当时的语境推导出话语体系的"言外之意"，即话语体系背后的机制和权力运作。语境是语言赖以生成的根基，需要结合具体的语言环境才能使修辞表达效果得到科学的解释，因此，语境是修辞学的基础，也是与其他学科相关联的一个重要概念，不同的话语研究者都持有一定的语境观。人类学家马林诺夫斯基（Bronislaw Malinowski）的语境观对语境概念的发展影响很大，其发展经历了漫长的历程。他先前的语境论主要关注"情境语境"（context of situation），而对话语与文化之间的联系关注不够；之后随着他对文化差异的关注和研究，他明确提出了"文化语境"（context of culture）的概念，对话语在不同语境中的功能进行了深入系统的研究。马林诺夫斯基十分强调语境在话语研究过程中的重要意义，他认为话语与语境是紧密联系的，如果没有语境，词就没有意义[2]。语境分析对于话语研究是不可或缺的，一种语言植根于说该语言的民族

---

[1] 索振羽：《语用学教程》，北京，北京大学出版社，2007：17。
[2] 谭弘剑，刘绍忠：《近年来国外语境研究综述》，四川外语学院学报，2002（6）：106-110。

的文化、社会生活和习俗之中。他指出，对语言意义的把握必须突破语境的局限，结合情境和文化等言外语境因素来考察，必须进入情景语境和文化语境中开展研究，这表明言外语境视角对语言研究具有重大意义[1]。英国语言学家约翰·弗斯（John Firth）继承了马林诺夫斯基有关情景语境的观点，他把语境分为语言语境和非语言语境，认为把语言中各个有意义的方面同非语言因素联系起来是语言学研究的主要任务，他提出了在语言环境中研究话语的理论与方法。

一般来说，语境是由一系列同语言密切相关的主客观因素构成的，话语的阐释和理解在很大程度上会受到语境的影响和制约。从微观的角度说，语境是人们表达、写作的上下文，说话的前言后语；从宏观的角度说，语境是指人们所处的自然环境、社会环境。话语同人类社会的交际活动是紧密交织在一起的，所以，语境是人们用语言进行交流、交际的基础。在某种意义上，语境决定了言语所要表达的特定意义——语言结构与话语意义之间没有永恒不变的联系，话语分析必须根据语境理解话语意义。任何语境都是相对的和具体的，一个特定的语境能使语言形式与特定意义联系起来，因此，语境不可能是绝对的和抽象的，否则就无法确定语言的真实意义，这就是语境的解释功能。因此，一定程度上可以说话语的意义完全依赖语境，语境不同，使用的语言和所获得的话语意义也就不同。话语意义与语境之间是相互关联的有机整体，是相互依赖的，语境是话语意义理解的依据，这也是人类运用语言进行交际的基础[2]。话语离不开语境，研究话语必须将之放到具体的语境中才能发现和阐释其意义，这个过程就是语境分析。

"任何一个语境要素的独立存在都是无意义的，所有的知识和经验都是相对于各种语境的，无论物理的、历史的、文化的和语言的，都是随着语境而变化的。"[3]因此，语境的变化必然引起意义诠释的多样性，若要尽量真实地掌握话语本义，对语境的分析则必不可少。语境分析的概念是广博的、丰富的，是语境论（contex tualism）最核心的研究方法，是当代分析哲学运动的基本诉求之一。[4]语境分析是语形、语义和语用分析的集合，语境分析的内容应包括

---

[1] 彭利元：《走出扶手椅，迈向田野——马林诺夫斯基语境论发展评析》，外语与外语教学，2008（9）：55-58。

[2] 黄仁峰：《语境分析与语言教学取向》，北方论丛，2001（5）：104-106。

[3] SCHLAGEL R H: *Contextual Realism*, New York: Paragon House Publish, 1986: 241。

[4] 殷杰：《语境分析方法的起源》，科学技术与辩证法，2005（4）：13-15。

对特定场合、范畴、目的、形式、语言、对象等方面的分析,通过对特定语形系统的确认而明确给定的语境难题,只有这样才能真实地理解和诠释话语的完整意义和意图,清楚语言交际的动机。语境分析表征了语境、逻辑的内聚性和一致性限制,是与科学的修辞分析、科学的心理意向分析以及科学的行为分析统一的,语境分析与各种具体的科学研究方法之间存在着内在的关联性和同一性。语境分析为语境概念规定了它在复杂系统或复杂结构中的适当性,与此同时,语境分析又确定了语境化的系统(contex tualized system)是发生于整个历史的因果链条或事件关联之中的。语境分析能够阐明特定理论范式的特点、区别和背景差异,使范式的阶段性与连续性、可析性与整体性、个体性与普遍性、解构性与重构性的意义在语境的基础上获得统一[1]。

二、我国当前的现实语境分析

改革开放以来,中国经济飞速发展,开始了以经济建设为中心、以实现工业化为目标的现代化建设和转型。国家政治进一步民主化,科学技术不断创新,国民经济快速发展,人民生活水平逐步提高,国家综合实力明显增强,文化建设多元化开放,社会各个方面的发展都取得了令人瞩目的成就,社会各领域发生了快速改革与变迁,但与此同时也出现了一系列现实问题,这些都是我国基础教育课程改革的现实语境。

(一)经济快速发展

近代以来,我国一直受到国际国内政治环境和因素的负面影响,国家的经济一直没能走上良性的运行轨道,没能得到很好的发展。经济发展以借鉴和学习发达国家为主,创新程度低,存在着大量直接引进外国先进技术的状况,经济基础较差,经济发展缓慢。新中国成立初期,经济发展主要以计划经济为主,压抑了市场对经济发展的调整作用,1966～1976年的经济发展更是陷入了停滞状态。1978年改革开放之后,我国社会各领域都发生了显著的变化,以政治变革和政策调整为先导的社会转型带动了经济转型;20世纪80年代以后,社会变革的重心逐渐转向了经济领域,经济领域的转型核心在于经济体制的转轨和变革。1982年,中国共产党第十二次全国代表大会(简称"十二大",以下同)提出以计划经济为主、市场经济为辅的发展模式,"十三大"(1987年)则确立了计划与市场内在统一的体制,"十四大"(1992年)明确提出了

---

[1] 郭贵春:《语境分析的方法论意义》,山西大学学报(哲学社会科学版),2000(8):1-6。

建立社会主义市场经济体制，并对产业结构、经济增长方式、经济资源配置和利益分配等问题提出了新的要求。在这一过程中，我国进行了全方位的经济体制改革和对外开放，突破了长期以来保守思维方式的禁锢，有效地解放了生产力，迎来了经济发展的黄金时期。经过多次经济改革与规划的不断探索和完善，我国逐步完成了对原有不合理经济体制的改革，最终确立了社会主义市场经济体制的整体框架，实现了从计划经济到市场经济的转变，我国经济得到了飞速发展。

随着国家宏观政策的调整和经济改革的进一步推进，中国经济发展取得了令人瞩目的成就，自改革开放以来国内生产总值（GDP）一直保持在较高水平。国家统计局数据显示，2010年我国GDP接近40万亿元，成为仅次于美国的世界第二大经济大国；2011年，我国GDP比2010年增长了9.2%，达到47.2万亿元❶。在21世纪初的10年左右时间里，中国经济发展速度明显超过世界平均水平，年均增长10.7%左右，而同期世界经济的平均增速仅为3.9%左右。在这一时期，中国经济总量占世界经济总量的份额有了显著提升，10年时间翻了一番还要多，已经从4%左右提高到10%左右；我国经济总量在世界的排序也明显提升，已经从2002年的第6位上升至2010年的第2位❷。而且，我国的工业化模式开始进入以资本技术密集型为主的发展阶段，以人力为主的劳动密集型和以物力为主的资源密集型产业在整个产业体系中的比例明显降低。同时，由于经济水平的不断提升，城镇化水平进一步提高，1978年我国的城镇化水平很低，城镇化率仅为17.8%，到2009年这一数据已经上升到46.6%，增长了28.7%❸。

在我国经济快速发展的同时仍要认识到，尽管我国在世界经济中的地位不断上升，但仍然面临着经济发展所带来的巨大的资源环境压力和诸多的社会问题，经济发展不应该成为社会发展进步的唯一标准和尺度。

（二）社会结构变化

随着改革开放的进一步深化以及中国加入世界贸易组织，我国开始全面参与到国际事务中，在经历经济飞速发展的同时，社会结构也发生了很大改

---

❶ 于卫国：《中国经济发展与环境污染关系的实证分析》，经济问题，2011（1）：23-26。

❷ 刘铮，韩洁，王攀：《中国经济平稳较快发展 经济总量跃居世界第二位》，https://news.sina.com.cn/o/2012-06-04/032924529437.shtml。

❸ 包双叶：《当前中国社会转型条件下的生态文明研究》，上海，华东师范大学，2012：49-50。

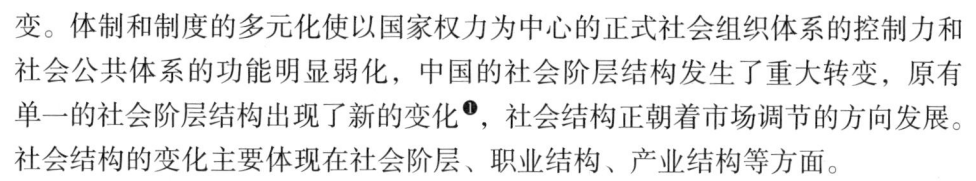

变。体制和制度的多元化使以国家权力为中心的正式社会组织体系的控制力和社会公共体系的功能明显弱化，中国的社会阶层结构发生了重大转变，原有单一的社会阶层结构出现了新的变化❶，社会结构正朝着市场调节的方向发展。社会结构的变化主要体现在社会阶层、职业结构、产业结构等方面。

1. 职业结构的变化

一定社会形态下的职业结构应该符合社会经济发展的要求，近些年来，我国社会职业结构发生了明显的变化。在计划经济时期，职业结构主要是由国家行政主导决定的，结构较为单一，变动较少，随着向市场经济转型，市场成为职业结构调整的主导力量，市场调节成为配置劳动力的主要方式，职业结构调整加快，各种职业从业人数变化加快。目前，随着技术进步的不断发展，职业结构形成了更加专业化的趋势，对劳动力质量也提出了更高的要求，技术已经成为劳动力职业结构和分布的重要因素。到目前为止，我国呈现出私营企业、公私合营、国有企业等形式共存的局面，不同职业的所有制分布变化显著。同时，由于我国不同地区经济发展的不平衡性，不同地区之间的职业结构也存在着明显的差异❷。

2. 产业结构的变化

传统上，我国主要以农业人口为主，随着产业结构的调整，人口结构也发生了巨大变化。2004年，我国的GDP中第一产业的贡献占13.1%，第二产业占46.6%，第三产业占40.3%；而在就业结构中，第一产业就业人口占46.9%，第二产业占22.5%，第三产业占30.6%❸。与国外发达国家人口产业结构相比存在明显差异，一些国家第一产业人口比重甚至低于10%，美、英等国仅为3%左右。1990年我国第一产业人口仍占60%❹，到2000年占52%，为3 557 6亿人口❺，与我国经济结构相比处于滞后状态。从第一产业向二、三产业转型，从传统的农业、农村社会向工业化、城市化、现代化社会转型，必然

---

❶ 曲晓伟：《当代中国多元文化的特征及引领》，哈尔滨，哈尔滨理工大学，2010：7。

❷ 郭宇强：《我国职业结构变迁研究》，北京，首都经济贸易大学，2007：摘要。

❸ 陆学艺：《发展变化中的中国农业、农村与农民》，中国社会科学院研究生院学报，2006（4）：42-48。

❹ 石人炳：《略论21世纪中国的人口结构问题》，湖北大学学报（哲学社会科学版），2000(3)：92-94。

❺ 米红，陈志坚：《21世纪初期（2001—2020）我国人口产业结构与环境污染、经济发展的关联模式仿真》，系统工程理论与实践，2004（4）：23-33。

有一个大量农业劳动力逐步转变为二、三产业从业人员的过程❶。

（三）科技不断进步

科技为人类带来了繁华、便利的生活，科学技术改变了生产力中的劳动者、劳动工具、劳动对象、管理方式，科学技术由生产力发展的从属变成了主导，科技成为人类克服自然障碍、打造人造世界的利器，人类文明的发展越来越依赖于科技的创新。随着现代科技的迅猛发展，劳动力、自然资源的投入已经不再是促进经济增长的主要方式，科学技术日益成为生产力发展的决定力量。科学技术的发展状况对于国家政治、经济、军事的重要性更是不言而喻。这些科技成果有的直接转化成为科技发展的核心技术，成为社会发展的直接推动力量，为中国经济发展、社会进步、民生改善和国家安全提供了重要支撑。

新中国成立初期，我国科技发展的口号是"向科学进军"，改革开放后则强调"科学技术是第一生产力"，之后又将奋斗目标确立为"科教兴国"和"建设创新型国家"。中国科技事业在推动现代化建设的过程中不断实现新的跨越，为改善人民生活、维护国家安全、促进社会发展作出了卓越贡献。改革开放以来，中国政府高度重视科技工作，作出了一系列重大决策和部署，科学技术的发展成为国民最为关心的重要议题。尤其是在全球经济竞争、政治竞争十分激烈的情况下，可以说谁掌握了某一领域的核心科技，谁就能够在该领域的竞争中取得主动权。我国在某些研究领域已经取得了令人鼓舞的成就，在很多领域取得了非常重要的创新成果，如量子通信、高温超导、纳米材料、航空航天、杂交水稻、高性能计算机、移动通信、军事设备、反卫星武器技术等领域取得了重大突破，很多成果达到世界先进水平，为中国乃至世界科技发展作出了重要贡献❷。

随着科技发展和科技创新的不断积累，国家创新体系建设取得重要进展，我国科技整体水平大幅度跃升，科技国际竞争力进一步提升，对经济社会发展的支撑作用显著增强，与世界最先进水平的差距不断缩小❸。虽然我国的科技水平有了较大提升，科技合作取得了一定成绩，参与全球产业分工的程度不断

---

❶ 陆学艺：《中国社会结构的变化及发展趋势》，云南民族大学学报（哲学社会科学版），2006（5）：28-35。

❷ 丁琦：《中国科技发展的大学因素分析》，长沙铁道学院学报（社会科学版），2012（4）：197-199。

❸ 张梦然：《中国科技发展为什么要走国际化道路》，科技日报，2011-8-26。

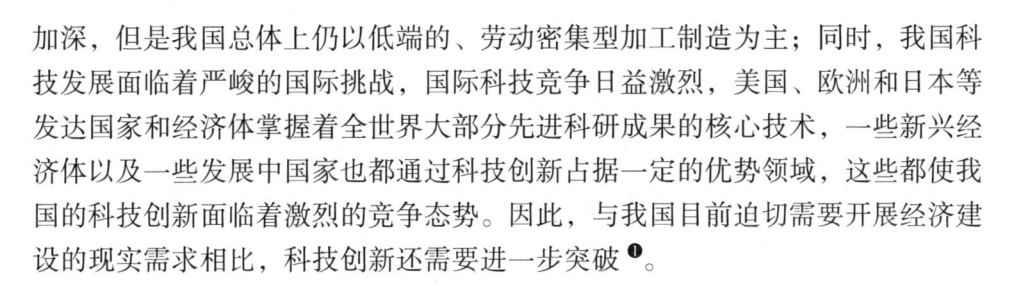

加深，但是我国总体上仍以低端的、劳动密集型加工制造为主；同时，我国科技发展面临着严峻的国际挑战，国际科技竞争日益激烈，美国、欧洲和日本等发达国家和经济体掌握着全世界大部分先进科研成果的核心技术，一些新兴经济体以及一些发展中国家也都通过科技创新占据一定的优势领域，这些都使我国的科技创新面临着激烈的竞争态势。因此，与我国目前迫切需要开展经济建设的现实需求相比，科技创新还需要进一步突破❶。

（四）信息技术发展

知识经济的到来客观上需要以信息技术为基础，同时也带动了信息技术的飞速发展，信息技术在各国经济结构中的地位急剧上升。新技术正在推进生产力信息化，高科技信息资源和服务业成为世界经济发展的新焦点。信息技术是指信息的获取、传输、处理、存储、显示和应用技术，微电子技术、通信技术、计算机技术和网络技术可称为信息技术的核心，信息技术主要涵盖信息技术的生产和应用两个方面。

计算机软硬件、电信设备、微电子生产等信息技术产业属于信息技术的生产方面；信息技术的应用则是指信息技术的扩散方面，包括信息服务、管理信息系统等❷。随着信息技术的发展，知识与信息的创造、储存、学习和使用方式都发生了重大变化，导致经济增长方式发生根本性变革。信息技术深刻地改变着人类的生产生活方式，信息技术产业已经成为国民经济的主导产业，信息技术的发展已使通信的无线化、电视的有线化、计算机的网络化成为现实，借助信息的国际网络，金融资本跨国流通正在加快，国际贸易持续高速增长，对外直接投资规模不断扩大，国家之间和区域之间的经济合作日益加强——信息化开创了经济增长的新方式。

进入21世纪，国家提出走新型工业化道路的发展战略，即以信息化带动工业化，以工业化促进信息化，突出强调优先发展信息产业，在经济和社会领域广泛应用信息技术。目前，我国信息技术产业已经获得了较快发展，2001～2007年我国电子信息产品制造业年均增长率近30%，电子信息产品制造业规模位居全球首位❸，远超美国和日本等发达国家。

---

❶ 张梦然：《中国科技发展为什么要走国际化道路》，科技日报，2011 8 26。
❷ 武俊霞：《信息技术的发展及其对社会的影响》，内蒙古科技与经济，2005（1）：39-40。
❸ 江泽民：《新时期我国信息技术产业的发展》，上海交通大学学报，2008（10）：1589-1607。

（五）思想文化多元

每一个国家、民族都有着与众不同的文化系统，这是先贤圣人遗留下来的思想精髓。文化是民族的灵魂，是民族赖以生存的精神食粮和精神家园。我国是一个有着悠久历史的多民族国家，各民族的文化特色一直受到政府的保护，并得以传承和延续。我国不同的地域和民族传统具有典型的文化特点，体现出不同的文化特征，当代中国文化呈现出多元化的发展态势。尤其随着国家民主化程度的进一步深入，传统的民族文化受到了更多的尊重，并形成了以汉族文化为核心、多民族文化并存的多元文化体系，它是一种以宗法家庭为背景、以儒家伦理道德为核心的庞大而复杂的文化体系。近些年来，我国政府高度重视民族文化的传承和保护，确保了我国传统文化多元态势的存在与发展。

随着全球化和国际交流的增多，不同国家之间的交往越来越频繁且深入，范围越来越广泛且多样，不仅给中国带来了外来的资金和商品，也给中国带来了典型的外来文化，尤其是西方文化。不同国家、不同民族的文化纷纷登场，在不同的领域发挥着不同的作用，也在与中国传统文化发生碰撞，文化建设领域形成各种思潮、流派并存的局面，这一过程也必将带来文化多元的格局。外来文化不断涌入，与中国传统文化产生了互渗互补的作用，也与中国传统文化形成了矛盾和冲突[1]。中国传统的文化观念和价值体系受到了严峻挑战，形成了多元文化冲突竞争的张力。当代中国形成了不同于以往任何时期的文化发展多元化的新态势，并出现了不同价值观的激烈冲突，形成了传统文化与现代文化、传统文化内部流派之间、民族文化与异域文化、精英文化与大众文化、主流文化与非主流文化等文化多元化的新景观[2]，这些文化形态都在与我国传统文化争夺空间和领地。同时，中国传统文化主要以儒家伦理文化为主，现代文化则反映了当代中国特色社会主义价值观，它们之间的矛盾就成为文化转型过程中最突出的矛盾，而且由于中国的文化转型是"后发"和外源性的，中国的传统文化和现代文化冲突必然更加激烈[3]。这些文化在碰撞过程中相互渗透、相互影响、此消彼长，在不同程度、不同范围内共同为促进我国文化的发展发挥作用[4]。

---

[1] 张慧娟：《中国的文化多元化与文化建设》，科学社会主义，2007（4）：99-101。
[2] 闫连朵：《当代中国文化多元化的困境及其出路》，石家庄，河北师范大学，2009：9。
[3] 闫连朵：《当代中国文化多元化的困境及其出路》，石家庄，河北师范大学，2009：13。
[4] 曲晓伟：《当代中国多元文化的特征及引领》，哈尔滨，哈尔滨理工大学，2010：8。

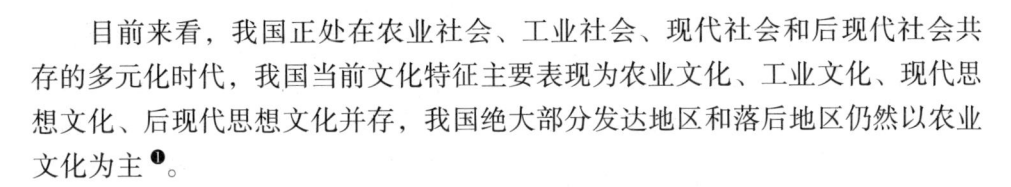

目前来看，我国正处在农业社会、工业社会、现代社会和后现代社会共存的多元化时代，我国当前文化特征主要表现为农业文化、工业文化、现代思想文化、后现代思想文化并存，我国绝大部分发达地区和落后地区仍然以农业文化为主❶。

（六）注重环境保护

经济开放带来了科学技术的进步，经济发展也带来了负面效应。从全球范围来看，最近几十年自然环境的恶化正在威胁人类的生存与发展，全球范围内不同程度地出现了环境污染问题，并随着经济和贸易全球化速度的加快而呈现国际化的趋势，成为世界性的社会问题。环境污染是指由人为因素导致的环境质量的降低，并对人类的生产、生存、健康、生态系统等造成不利影响的现象。环境污染是人类直接或间接地向环境排放超过其自净能力的物质或能量而引起的。环境污染具体包括水污染、大气污染、土壤污染、噪声污染、放射性污染等，前二者涉及的范围最为广泛，在我国也最为严重。工厂排出的废烟、废气、废水、废渣，交通工具（所有的燃油车辆、轮船、飞机等）排放的尾气，农业生产中大量使用的化肥、杀虫剂、除草剂等，以及人们日常生活排放的废水、废烟、垃圾等都是环境污染的重要源头。经济开放带来的技术进步与环境污染的关系在不同阶段有不同表现，在我国当前阶段技术进步对环境污染所起的作用主要是负面的，还无法起到明显控制的作用❷。

目前，环境污染已经不只是不发达国家的专有名词，我国的环境污染问题已经成为热门话题。随着我国经济的迅猛发展，我国粗放式制造业的扩张也达到极限，我国成了世界工厂。虽然我国GDP达到了较高的水平，但也付出了惨痛的代价，资源浪费、环境污染已经成为我国政府亟须解决的难题。我国的环境污染是比较普遍的，大气污染尤其是城市的大气污染现状是非常严重的。近几年来，雾霾已经严重影响了人们的出行和身体健康，我国雾霾天气呈现出越来越严重的态势：污染程度高、持续时间长、影响范围广、间隔时间短，体现了我国环境污染的严重程度和生态的极端脆弱性。雾霾的形成并非一两年的污染所致，也不是一两种污染引起的，雾霾的出现体现了我国环境污染的普遍性和严重性，它是随着科技、经济的发展而产生的。当然，雾霾也只是我国众多环境污染中的一个典型，中国的水污染问题也很突出：饮用水安全存

---

❶ 余吉生：《试论当代中国多元文化的冲突与整合》，江西农业大学学报（社会科学版），2004（1）：140-143。

❷ 温怀德：《中国经济开放与环境污染的关系研究》，杭州，浙江工业大学，2012：摘要。

在隐患，地下水污染严重，部分流域水资源开发利用程度过高，失去使用价值的河流长度的比例逐年上升❶，并且有进一步恶化的趋势。昔日清澈见底的一条条河流如今已经变成了臭水沟，这已不再是东部发达地区的特殊现象。据有关调查，中国主要流域和湖泊只有26.9%的断面可供人体接触或饮用，37.7%的工农业用水均失去可利用的价值❷。

环境污染给自然环境、生态系统和人类社会造成的破坏和影响有的是直接的，也有的是间接的，如沙漠化、森林破坏是人们在农业、牧业和工业生产中破坏环境的直接负面效应，水污染是工厂企业的污水排放引起的、能够立即被看见的污染现象；而温室效应、酸雨、臭氧层的破坏等则是大气污染衍生出来的环境效应，这种衍生的环境效应具有滞后性，一旦发生就表明环境污染已经发展到相当严重的程度。环境污染导致的直接后果是非常严重的，包括影响人类的生活质量、身体健康和生产活动，也可能影响到移民、投资、国际影响等一系列社会问题。我国已经开始注重自然环境的保护，这种理念在教育实践中也必将受到重视，得到体现。

三、话语多元：我国课程改革话语体系转换的应然诉求

党的十一届三中全会确立了解放思想、实事求是的思想路线和改革开放的伟大抉择。随着经济发展、思想解放和教育国际化的进一步加强，人们思想越来越活跃，对教育规律的认识越来越深入，开始了多元话语同生共存时代的探索。尤其是近年来，科技的发展为全球化、信息化提供了足够的技术支持，我国的课程中出现了话语多元化的状况。课程改革的深入发展必须体现多元文化的精神，课程改革的话语也将呈现多种样式。因此，课程改革必须正视多元文化所造成的需求差异，实现课程文化从单一文化向多元文化的转化，并据此设计开发丰富多样的课程体系，帮助学生形成民主的价值、信念以及跨文化的知识、技能和态度❸。文化多元必然导致课程改革话语体系的多元化，从而实现教育机会的公平与均等。

---

❶ 蔡庆华：《中国水污染综合治理的生态学思考》，环境保护，2007（7）：46-48。
❷ 米红，陈志坚：《21世纪初期（2001—2020）我国人口产业结构与环境污染、经济发展的关联模式仿真》，系统工程理论与实践，2004（4）：23-33。
❸ 靳玉乐：《多元文化背景中基础教育课程改革的基本思路》，教育研究，2003（12）：73-74。

第六章 话语多元：新语境下课程改革话语体系转换的应然诉求

从表现形式来看，我国基础教育课程改革话语体系多元化的趋势主要涉及以下几个方面。

1. 课程文化多元

随着不同国家、不同地区、不同民族之间平等关系的确立和多元文化的发展，不同文化之间都在相互汲取对方合理的成分，逐渐实现了从单一文化向多元文化的转变。体现在课程上，就需要充分尊重各民族的文化特性，用丰富多元的特色文化丰富已有的课程文化，并将之作为课程改革的基础。

2. 话语载体多元

课程改革的话语在传播过程中离不开一定的话语载体，通过载体的辐射可以形成一定的话语舆论，为课程改革的宣传、论证做好铺垫。随着多种大众传媒技术的成熟和发展，课程改革话语也会在多重载体中出现，如课程改革政策文本、学术刊物、数据网络、实践报告、课堂实践等都将成为课程改革话语赖以依存的场所。

3. 话语主体多元

确立了国家、地方、学校三级管理模式，改变了课程决策过程中"一家之言"的状况，更多的主体具有了参与课程改革的机会，国家、行政机关、学者、校长、教师、学生、家长、社会成员都有机会参与课程改革之中，成为课程改革过程中的话语主体，话语主体呈现出多元化的趋势。

4. 话语立场多元

课程改革的过程不仅是课程形式的改变，最根本的还是课程价值观念的更新❶。课程改革话语表达了主体的价值观念，给予不同话语主体独特的身份标示，促使不同话语主体坚守各自的话语立场❷。不同的话语背后隐藏着不同主体的教育价值理想，体现了话语主体的不同教育价值取向。教育决策者、理论研究人员、教育一线实践者都将以自己的话语立场在课程改革中陈述对教育的价值追求。

随着我国社会语境的变化，课程改革话语体系的多元化必将呈现出与社会语境相一致的特点，这些特点将围绕特定的主题展开，并引领我国课程改革话语体系的发展方向。具体来说，我国基础教育课程改革话语体系转换将主要围绕以下几方面的主题。

---

❶ 张人杰：《中外教育比较史纲·现代卷》，济南，山东教育出版社，1997：23-30。
❷ 刘国艳：《基础教育改革话语分析》，现代教育管理，2011（3）：1-4。

（一）人本化

我国传统文化注重集体主义精神，具有典型的"大一统"的文化历史与政治格局，注重社会本位的政治理念和文化理念，致使我国教育的终极价值指向社会、服务社会，缺少对人自身的关注[1]。

这就导致我国传统教育具有典型的社会本位倾向，强调教育的目的在于满足社会的需求，主张为了国家、社会而不是为了人自身来培养人，忽视了对人的关注和关怀，往往把文本知识、科学技术等凌驾于人之上，用标准件的生产方式对学生进行知识灌输，把教育等同于标准化、流水线式的工业生产，学生则成为社会机器的一个"零件"。这种方式体现了我国传统社会的文化传统，即不注重教育的人文价值和内涵，把课程视为社会发展的工具，忽视了课程中人的因素，忽视了以人为本的价值取向。长期以来，教育缺乏以人为本的人文精神，缺乏社会理想和人文关怀，致使许多受教育者虽然储备较多的科学知识，掌握较高的科学技术，但对科学技术与社会伦理、生态环境之间的关系等方面缺乏足够的认识，导致国家在资源保护、生态环境、道德风尚等方面暴露出严重问题。

传统的学校课程严重压抑了人的个性发展，甚至成为摧残人性的工具。20世纪70年代以后，人本主义教育思潮应运而生，到今天，人本主义思想所提倡的以人为本的理念仍然是世界各国课程改革所追求的目标。人本主义思潮对科学主义教育思潮进行了批判，提倡以人为本的课程观，提出"学校人性化"的口号，强调个人价值、潜能的自我实现，强调课程应该定位在人的发展上。在制定课程目标时，强调不应该把学生当作现代社会的工具来培养，而应该将人作为课程的出发点和归宿，课程不能局限于学科的知识结构、理论系统，应该从知识文本转到学生的特点、需要、愿望、兴趣等有关方面，促进学生个性与学习的和谐发展，从而达到"自我实现"的理想目标。

随着我国社会的进一步发展和社会发展对人才全面发展的需求，传统的教育方式压抑学生的主体性，不再符合社会的需求，我国的课程改革坚持以人为本的理念符合社会发展的现实需求——课程改革遵循以人为本的路向是我国社会政治民主化、经济市场化、文化多元化发展的产物，是信息化、全球化、个性化时代的根本要求，是知识观的后现代转向和我国教育理论发展的必然结果。在我国当代课程改革中，人的地位越来越得到凸显，人的自我实现和自由

---

[1] 冉亚辉：《文化价值观与中国教育改革》，内蒙古师范大学学报（教育科学版），2010（4）：1-4。

解放业已成为课程改革的终极目标,人本化的理念在新一轮课程改革中得到发展和升华❶。确立以人为本的课程改革必然要毫不动摇地坚持马克思主义的方法论,坚持以人为本的课程发展观❷。因此,新课程改革纲要和课程标准中都出现了大量与人本化有关的话语,如"面向全体学生""为了每个学生""注重每个学生的发展""注重学生的个体差异"等话语在新课程改革中已经司空见惯,不再陌生,这些都是重视人的最直接体现。可以预见,在今后的课程改革中,关注人的发展、为了人的发展的话语必然会在课程实践中进一步受到重视。

(二)信息化

信息技术革命的兴起和计算机应用的普及,以及信息网络化,信息传输、处理的高速化,都对学校知识的生产、创造、储存、传播和使用产生了根本性的影响。信息技术的发展为社会带来效益的同时,也对学校教育和课程改革提出了新的要求,带来了课程与教学的深层变革。以计算机为核心的信息技术的不断发展及其在教育中的应用,加速了知识的存取、选择和应用,深刻影响人们的学习和存储知识的方式,使教育模式发生了深刻的变革:教学不再局限于面对面的传授,真实的教学可以以"虚拟"的形式呈现,课程资源不仅丰富多元,而且可以人人共享,并且提取方便……现代信息技术文化逐渐渗透到教育教学领域,它将对课程的组织形式、课程结构、课程内容、教学方式、课程评价、课程管理等各个层面和维度产生变革性影响,浸染学校对教育教学的重新理解。

信息化的社会致力于对学生进行信息技术文化素养的教育,强调课程信息化。课程信息化是将信息资源、信息技术、信息方法等作为课程要素和组成部分渗入课程设计和课程操作的过程中,是将信息技术文化渗入课程各个环节建设的过程中,而不仅仅把这些要素看成是技术工具。课程信息化把信息技术和课程标准、课程内容、课程实施、课程评价有机结合在一起,其目标、内容和形式都体现出信息社会的文化观念和取向。课程信息化也是信息技术与课程整合的发展,是更高层次的信息技术教育形式❸。课程信息化是一种课程形态和实践形式,反映出信息社会对人才的要求和信息技术对课程实施所提供的便利,顺应了社会信息化时代的客观要求,使课程信息技术走向信息技术文化,

---

❶ 范涌峰:《新课程改革的人本路向检视》,重庆,西南大学,2010:1。
❷ 厉孝忠:《课程改革重在以人为本》,宁波工程学院学报,2005(3):95-97,101。
❸ 谢康:《教育信息化视野下的课程信息化》,中国电化教育,2005(5):35-38。

实现了信息技术从工具论到方法论的转变。当然这种变革决不是一蹴而就的，需要经历许多中间过程，需要计算机及其相关信息技术软硬件条件的全面发展与提升。

2000年，教育部颁发了《中小学信息技术课程指导纲要（试行）》，在小学到高中的各个阶段开设了信息技术课程，信息技术课程在课程结构中正式占有一席之地。可见，国家在新课程改革中已经开始注重信息技术文化的传播，注重信息技术教育，注重信息技术素养的培养。可以预见，随着社会信息化程度的进一步提升及其对社会发展的进一步影响，课程改革会越来越注重信息技术相关内容。因此，"信息化""数字化""网络化""计算机""多媒体""虚拟""模拟"等与信息技术相关的话语必定会更多地出现在课程改革之中，成为课程改革的新的生长点。

（三）协调化

协调化主要强调课程发展要注重科技、社会、环境的协调发展。众所周知，人类发展科技的根本目的是提高人类改造自然、开发自然的能力，通过科技的运用为人类提供更多的服务。然而，21世纪科技发展在促进人类实践活动愈加"高效"的同时，也导致了严重的问题：环境污染、资源浪费、生态破坏、生态失衡……这些都与科技发展密切相关，人类开始为自己的盲目行为付出沉痛的代价，深刻体会到了科技副产品的严重危害。很多学者主张人类在认识自然、改造自然的过程中，要珍惜自然、保护自然。如果一味地追求经济的发展和效益，大量发展高耗能、高污染的工业和产业，势必使我国的自然环境遭受严重破坏，势必导致科技异化这样的社会问题出现。所谓科技异化是指科技发挥作用的过程中所表现出来的非正常的或者病态化的状态，近年来洪灾、高温、泥石流等自然灾害频发就是科技异化最有力的证明❶。人类在运用科技的过程中，一方面有力地促进了社会的发展和进步，另一方面导致了有悖人类发展科技的原始目的，甚至威胁人类自身生存的科技异化的出现。科技异化的表现数不胜数，如环境污染、物种灭绝、能源危机、核污染等。其中生态环境的严重破坏是科技异化的最直接、最突出的表现，如果人类不采取措施阻止对环境的继续破坏，全球化的生态危机必将出现，最终必将导致人类自身的生存和发展出现危机。正如吉登斯所指出的，工业主义和资本主义一样都是导致现

---

❶ 于卫国：《中国经济发展与环境污染关系的实证分析》，经济问题，2011（1）：23-26。

第六章 话语多元：新语境下课程改革话语体系转换的应然诉求

代环境危机的元凶❶。

当前我国正处于社会急剧转型的历史时期，我国工业化整体水平远远落后于发达国家，经济发展模式仍然以粗放式为主，环境资源成本过大，对环境破坏较为严重，严重影响了人与自然的协调发展。近年来，我国雾霾天气增多、水资源污染加重、极端天气现象增多等都是环境污染造成的最直接后果。正如经济合作与发展组织所评价的那样，虽然我国的国民生产总值保持较好的增长势头，不断向发达国家靠近，但生态环境质量和重视程度远远低于发达国家。生态文明建设是我国经济发展过程中面临的最大考验。

科技、社会、环境的协调发展不仅仅是政府关注的焦点，其解决的根本还在于唤起广大社会公民的觉悟，尤其在基础教育阶段使中小学生懂得科技、社会、环境协调发展的重要意义，只有这样才能提升其日后的参与意识和积极性。因此，在新课程改革过程中，科学、社会、环境的协调发展成为政府和课程改革专家关注的重点。在新课程改革进行到第10年的时候，教育部对部分课程标准进行了修订，《义务教育初中科学课程标准（2011年版）》中的第三部分"课程内容"中，已经将"环境"提高到与科学、技术、社会等同的高度对待，意在使学生树立正确的科学技术与社会、环境协调发展的理念。同时，在《义务教育物理课程标准（2011年版）》中也提到关注资源利用与环境保护等问题，提到，"能源与人类生存和社会发展的关系""知道核能等新能源的特点和可能带来的问题""了解我国和世界的核能利用新进展""了解处理核废料的常用办法"等❷。这些都是新课程改革关注科技、社会、环境协调发展的重要体现。由此可见，科技、社会、环境的协调发展及其相关的话语已经成为新课程改革十分重要的主题，可以预见，只要这三者之间存在着不协调的情况，在未来的课程改革中就必定会受到关注。

（四）现代化

基础教育的每个阶段都要体现学科知识体系的完整性和关联性，精选适合学生发展需要的、在学科领域中最基本的一些概念和原理，即需重视不同学科经典知识、学科原理、规则、法则、方法等，体现出学科的基本架构。同

---

❶ 包双叶：《当前中国社会转型条件下的生态文明研究》，上海，华东师范大学，2012：172-177。

❷ 中华人民共和国教育部：《义务教育物理课程标准》（2011年版），北京，北京师范大学出版社，2011。

时，基础教育的课程内容和教学手段也要体现出现代化特征，以适应现代科技、现代社会发展以及未来社会对人才的要求。以课程内容为例。课程内容的知识选择受到社会的影响是非常直接的，只有当社会发展到一定程度才可能伴随新知识的产生，这些新知识再经过层层"筛选"进入课程内容之中，因此，社会发展对课程知识内容起着直接的影响。随着科技发展的不断加快，新知识被发现的速度也在加快，课程内容也必将随着新知识的发现而不断地更新。新课程改革要求选择那些能够反映科学技术发展的新成果作为课程内容，将最前沿的科学知识纳入其中，使教材体现时代气息——教学内容的现代化已经成为课程改革过程中一项重要理念。其具体表现就是引导学生注重对学科前沿知识的了解，并将现代社会、现代科技、现代生活、现代文明成果作为教学资源纳入教学过程中，体现现代文明的最新成就，以实现课程内容与社会现实的衔接。

教学内容现代化最直接的方式就是增加与新技术相关的学习科目。例如，2000年教育部在原来计算机教育的基础上颁布了《中小学信息技术课程指导纲要（试行）》，在我国基础教育的不同阶段增设了"信息技术"课程，作为对全球范围内信息技术发展与应用的回应，而在20世纪八九十年代该课程也只是设想而已。增加学习科目的做法往往容易导致学生在有限的时间内需要学习更多的知识，会导致学习压力的增大。另外一种普遍被采用的做法是在课程内容方面作出相应的调整，及时将陈旧的内容删除，增加反映现代科学技术最新成就的内容，从而促进课程内容的现代化。例如，在理科相关课程中增加有关地球、宇宙空间、环境和能源科学等方面的教学内容❶。可以说，在基础教育中渗透前沿知识已经是世界教育的基本趋势。

科技的发展已经超出了人们的想象，科技知识的更新更是举世瞩目，科技知识的更新在科学课程中的体现尤为明显，世界发达国家的科学教育改革重点都落实在教学内容的前沿性和现代化上，努力使课程内容符合时代要求，介绍最新的科学知识和方法，增加与学生密切相关的社会和环境问题，体现科学知识在实际生活中的重要性。例如，1988年美国物理教师协会（AAPT）在报告中指出："应当让中学生体验到物理学是一门发展中的科学，是现代前沿科学中最为激励人心的学科之一。"❷再以我国物理课程改革为例。《义务教育物理课程标准（2011年版）》中也提到："在内容上体现时代性……反映当代

---

❶ 齐放：《国外面向21世纪初等教育课程改革的趋势》，学科教育，2001（1）：42-45。
❷ 陈世鸥，王辉：《前沿物理教学与新课程改革》，复旦教育论坛，2005（3）：49-53。

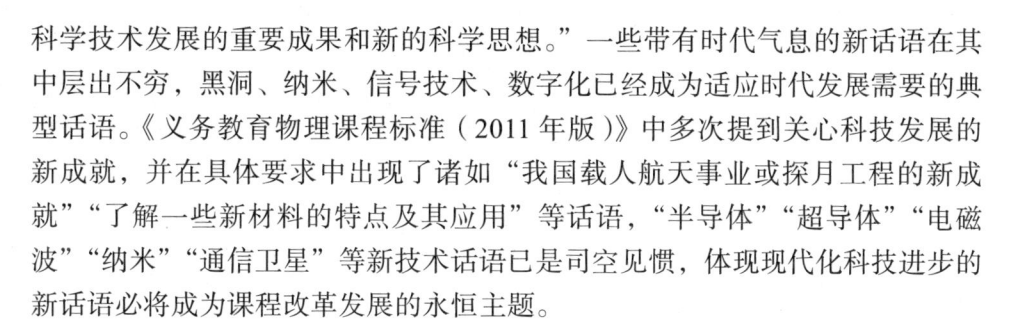

科学技术发展的重要成果和新的科学思想。"一些带有时代气息的新话语在其中层出不穷，黑洞、纳米、信号技术、数字化已经成为适应时代发展需要的典型话语。《义务教育物理课程标准（2011年版）》中多次提到关心科技发展的新成就，并在具体要求中出现了诸如"我国载人航天事业或探月工程的新成就""了解一些新材料的特点及其应用"等话语，"半导体""超导体""电磁波""纳米""通信卫星"等新技术话语已是司空见惯，体现现代化科技进步的新话语必将成为课程改革发展的永恒主题。

（五）综合化

综合化是将具有内在逻辑或价值关联的分科课程内容统整在一起，消除各类知识之间界限的过程，综合化有利于促使学生形成关于世界的整体性认识和全息观念❶。当前学科发展呈现出高度分化与高度综合相统一的趋势，每一个领域的科学发展都不断地分化、细化、深入化；同时，科学的发展也往往要求跳出自身的研究领域，与其他学科交叉融合，科技发展越来越呈现交叉的趋势❷。许多新兴学科多出现在不同学科的交叉点，日益出现整体化、综合化的趋势，各种综合学科、交叉学科、横向学科纷纷出现，这种交叉融合已经成为科学发展的新的增长点，体现了不同学科之间的横向联系和相互渗透。随着世界科技的发展，人类所面临的各种困扰和问题总是综合的，社会生活面临越来越复杂的问题，解决现实问题的知识越来越具有较强的综合性，即需要多种知识有效结合才可能解决现实问题。分科极端化将会使学生习惯于从各种学科的特定角度观察和思考问题，无助于人类解决各种社会问题，也无助于人类的生存和发展。人们已经认识到世界本来就是一个完整的统一体，人、自然、社会是作为整体存在和发展的，过度的分科会把原本完整的世界弄得"支离破碎"。环境问题、人口问题、能源问题等社会问题的解决，几乎都需要多种学科的联合、协调，单独凭借一两门学科是难以解决的。课程综合化会有效建立各学科间的彼此联系，因此，综合化是学校教育系统与社会进步系统、科学发展系统协同作用下的产物❸。

新课程改革对综合课程的重视程度是前所未有的。2001年，《纲要》明确提出要改变学科本位的状况，改变科目之间缺乏整合的状况，整体设置九年

---

❶ 钟启泉：《课程与教学论》，上海，华东师范大学出版社，2008：131。
❷ 裴娣娜：《现代教学论（第二卷）》，北京，人民教育出版社，2005：46。
❸ 同❶。

一贯的课程门类和课时比例❶，采用小学阶段以综合课程为主、初中阶段分科和综合相结合的方式。例如，我国小学低年级开设的"品德与生活"、高年级开设的"品德与社会"，初中开设的"历史与社会""科学"都属于综合课程的类型，而且综合性最强的综合实践活动课程也成为从小学到高中的必修课。《全日制义务教育科学（7～9年级）课程标准（实验稿）》中明确指出，科学课程试图通过统筹设计和整体规划，超越学科的界限，注重不同学科领域知识、技能之间的融通与联系，以实现各学科领域知识的相互渗透和联系整合。科学课程综合了生物、物理、化学学科内容，还将学生生活、科学技术应用等方面的知识纳入其中，除了科学知识的学习外，更加强调科学方法、科学道德方面的教育，明显地体现出课程综合化的趋势。

由于历史的原因，我国的课程组织形式主要是以分科的形式存在的。到20世纪80年代，课程综合化问题开始进入我国教育理论研究和实践探索的视野，之后陆续开展了一系列综合课程的尝试。在我国世纪之交的新课程改革中，综合化已经成为课程组织的重要实践方式。但由于我国长期以来课程综合化的理论研究缺乏、实践探索不足，基础教育阶段课程综合化的开展还存在很多误区，亟须开展进一步的理论探究与实践摸索，才能使综合化成为课程结构中重要且不可或缺的组成部分，在育人方面起到其应有的作用。

（六）国际化

国际化是当今社会发展的基本特点，20世纪80年代以来国际的经济竞争取代了政治竞争，政治对立让位于经济合作，世界经济一体化趋势加强，教育获得了在国际沟通互动的空间。信息技术的发展使世界各国之间的联系更加密切，也促进了各国在知识和教育方面的紧密联系，有力地促进了不同国家、不同团体之间教育的国际化交流。教育活动越来越受到全球化趋势的影响，各国也面临着日益增多的亟须共同解决的难题，封闭的教育已经无法适应全球化的要求。教育国际化是在经济全球化背景下衍生的概念，是教育资源的国际流动以及各国应对全球化进程的一种教育现象，是世界各国保持教育与生产力发展、科技创新、社会文明一致性的自我改革、自我完善、自我发展的过程，是现代人类跨越教育的时空障碍而实现教育在全球空间范围内的沟通、联系、交流与互动的方式，因此，教育国际化是提高国家竞争力的关键所在。教育国际化是由世界各国政府推动的不同国家之间开展的教育交流与合作，是21世纪

---

❶ 钟启泉：《课程与教学论》，上海，华东师范大学出版社，2008：132。

第六章 话语多元：新语境下课程改革话语体系转换的应然诉求

世界各国教育改革的共同方向，是经济全球化、政治多极化、文化多元化以及信息网络化发展趋势下的必然选择，任何国家都难以置身其外，教育不可能游离于国际化的趋势之外而独自生存和发展❶。教育国际化已经成为各国政府和国际社会关注的热点，成为世界教育发展的共同趋势，国际化也在影响着中国教育的未来走向。

我国本次的新课程改革已经明显受到教育国际化的影响，来自外的教育思想和理念对我国基础教育课程改革形成了有效冲击，各种西方话语在我国课程中随处可见，不管是课程目标还是课程理念，不管是课程内容还是课程结构，都可以看到西方思维和西方话语的影响。随着国际化趋势的进一步深入，课程发达国家对我国教育的影响将会进一步加剧，发达国家的课程话语甚至会更加直接地出现在我国的课程改革之中，同时，我国课程改革的成功经验也必将对世界各国教育产生一定的影响。当然，在受到西方话语影响的过程中，我国的课程改革需要借鉴、移植国外的部分理论和话语，这有利于我国在较短时间内与国际接轨，但把推动我国基础教育发展、对我国课程改革进行指导与解释的希望完全寄托于具有西方话语特征的教育思想之上是不切实际的，对我国基础教育具有引导性、持久性、广泛性的课程思想最终只能形成于我国的文化与社会语境之中，并带有明显的"中国话语"特征。合理的做法应该是以我国传统教育中的精华为基础构建适合自己的理论体系，形成自己的课程话语体系，并将西方话语与我国的文化土壤相结合，对外来的话语进行必要的文化改造，使之适合我国的国情和文化，否则这些西方话语很可能在实践过程中歪曲理论的本真含义，造成意想不到的错误后果。

---

❶ 袁利平：《教育国际化的真实内涵及其现实检视》，西华师范大学学报（哲学社会科学版），2009（1）：84-87。

第七章 研究结论与展望

一、研究结论

（一）"话语分析"是教育研究的一个新范式

话语分析尤其是批判话语分析作为社会科学重要的研究方法逐渐被众多人文学科所借鉴。话语分析以文本、话语实践和社会实践三个层面的研究为主。文本层面主要侧重于关注文本宏观的框架结构、句词选择、词汇、语法等的语言分析。这一层面的研究采用实在论的语言观，是一种非批判的话语观，把语言看作研究者反映客观世界、表达思想的中介或工具，忽视了话语的建构作用及其社会意义。作为中间向度的话语实践将文本分析和社会实践联系起来，文本的生产和解释都是建立在内化的社会结构和社会习俗基础上的，所有这些过程都关联到政治、经济和制度背景。因此，话语实践向度侧重于文本生产、分配和消费的过程，关注文本的力量表达、互文性、连贯性及有关话语控制、话语认知等。社会实践向度将话语置于社会意识形态和权力关系中，旨在揭示意识形态和霸权对话语的介入，以及话语对意识形态和霸权的维护、批判和重构作用[1]。同时，话语分析通过话语在特定语境中的意义解释话语所体现的社会价值，关注在不同的语境下话语是如何被建构起来的，话语建构背后的权力和意识形态是如何运作的，新的话语又会对社会起到怎样的建构作用，等等。这种话语分析认为话语不是单纯的语言学问题，话语作为社会实践的一个方面无法脱离社会语境而独立存在，承载了社会和历史赋予的更为深刻的价值和意义，这是一种批判的话语分析方法。批判话语分析不是把话语当作研究表征的工具，不是简单地分析词语和语句之间的句法关系，而是当作分析对象本

---

[1] 周佳萍：《社会冲突议题的新闻话语研究》，上海，上海外国语大学，2009：18。

身[1]，对话语实践及其与社会语境之间的关系做深入分析，所以，批判话语分析系统研究话语过程与社会过程之间的决定和制约关系[2]。如克雷斯所言，批判话语分析从一开始就存在着改变社会、经济、文化及政治资源不均衡分配的政治使命[3]。话语分析的过程就是从多个向度、运用不同的方法对话语进行分析、描述和阐释，并在此基础上对社会进行批评，甚至干预和变革[4]。因此，话语分析也就超越了传统意义上的语言分析，而以批判的立场分析和研究话语本质，分析话语背后的权力、意识形态和社会实践。

话语分析应用到教育研究中，不失为一种有意义的尝试。教育话语分析一般采取"主题选取—话语生成与作用机制分析—话语解释与指导话语实践"的研究过程对教育话语开展研究，主要包括文本、话语实践和社会结构三个层面。文本层面主要关注教育话语的文本表述，即教育话语在教育制度、理论、实践中的语言表达，在本书中，这一层面主要指课程改革过程中的文本话语；话语实践层面主要关注教育话语在教育实践中的境遇，即某一话语在实践运用的过程中受到何种程度的"待遇"，是被普遍接受还是全面排斥，或是对原有的教育实践不起任何影响，本书主要指那些在文本层面具有典型意义的文本话语在课程改革实践中的实际境况；社会实践层面重在分析不同的教育话语与社会之间的深层交流与互动，重在发掘教育话语生成、转换、演变的社会、权力、意识形态根源，本书中有关课程改革话语体系转换的溯源研究部分也主要是围绕这三个方面的根源阐述的。因此，话语分析有利于凸显教育研究的实践旨趣，促进教育研究的人本化，促进教育研究结果的语境化。

话语分析体现了20世纪90年代以来"语言学转向"对教育研究的影响，是批判话语分析在教育研究领域的具体应用，但不是简单的移植，而是具有教育研究范式的独特研究方法和特征，因此，教育话语分析是一种新的教育研究范式。"范式"这一术语是1957年库恩（Thomas Samuel Kuhn）在其著作《哥白尼革命》中首次提出的，他在《科学革命的结构》一书中进一步分析了科学家如何通过自己的研究促进科学知识的增长，指出这些科学研究领域里司空见

---

[1] 王鹏，林聚任：《话语分析与社会研究方法论变革》，天津社会科学，2005（5）：69-73。

[2] 杨增成：《话语分析的社会文化视角》，广西社会科学，2007（11）：147-150。

[3] KRESS G：*Representational Resources and the Production of Subjectivity*，CALDAS-COULTHARD R C，COULTHARD M：*Texts and practice：Reading in Critical Analysis*，Routledge，1996：15-31。

[4] 成晓光：《作为研究方法的话语分析——评〈话语分析〉》，外语教学与研究，2006（2）：151-153。

惯的事情并不是偶然发生的,而是有科学发展模式的,其表征每一阶段的核心就是范式。库恩认为范式是由共有的信念、价值、技术等构成的整体,包括符号概括、共同承诺的信念、价值和范例等。某一范式内存在某些科学实践的定律、理论、应用和仪器等公认范例,能够为特定的、连贯的科学研究传统提供模型,因此,范式是一个科学共同体成员所共有的东西,是一种"学科基质"(disciplinary matrix)❶。教育话语分析具有教育研究人员共同接受的一套理论、准则以及开展研究与思考问题的方式,有明确的研究对象、研究模式、研究立场、价值标准、方法论等,它的存在为教育研究人员提供了一个研究教育问题的纲领,以一种新的研究思路考察、思考、审视教育问题,以追求教育真理、指导教育实践❷。因此,教育话语分析是一种可以促进有效教育研究的新的研究范式。

(二)课程改革话语体系转换深受社会因素的影响

影响课程改革话语体系转换的社会因素通常指政治、经济、文化、科技等要素❸。社会系统的每一个要素发生明显的变迁时,都会引起教育作出相应的变革和调整,并引起课程话语体系的变迁;同样,课程改革话语体系的变革也会对社会有一定的促进作用❹。课程改革是整个社会改革和发展进步的重要环节,课程改革中话语体系的转换是社会变迁和社会需求在教育中的映像。

以科技发展为例。科技是影响当今课程改革最活跃、最有力的因素之一,超越了政治经济体制和意识形态差异的影响❺。随着社会的发展和科技的进步,世界范围内的每次课程改革都会出现大量与科技相关的新话语,以此反映科技的最新成就,这些话语都体现了时代赋予课程改革的历史使命,使学生在学校教育过程中实现与社会的有效衔接。理科课程目标是科技发展对课程改革话语体系影响的表现之一。例如,19世纪末至20世纪初是中国民族资本主义经济初步发展时期,表现出资本主义经济在兴办初期一些难以避免的缺陷和弱点,如资金短缺、设备比较落后、技术水平不高、生产能力较低下等。即使如此,西方科技还是开始渗透到我国官方的学校教育之中,理科课程目标的话语体系

---

❶ 陈向明:《从"范式"的视角看质的研究之定位》,教育研究,2008(5):30-35,67。
❷ 刘茂军,孟凡杰:《教育话语分析:教育研究的新范式》,教育学报,2013(5):30-36。
❸ 吴永军:《课程社会学》,南京,南京师范大学出版社,2001:108。
❹ CHOULIARAKI L, FAIRCLOUGH N: *Discourse in Late Modernity: Rethinking Critical Discourse Analysis*, Edinburgh University Press, 1999:21-25。
❺ 吴永军:《课程社会学》,南京,南京师范大学出版社,2001:109。

以"实业"为核心,并在学堂章程中有所体现。1904年《奏定学堂章程》中提到:"凡教理化者,得真切之知识,使适用于日用生计及实业之用。"❶到民国时期,我国的科技已经有了较快、较大程度的发展,同时由于受到西方教育理论的影响,理科的目标除了科学知识、规律、方法外,注重理科与人的关系成为当时非常重要的话语特点。例如,1912年《中学校令施行规则》中提到"领悟其中发展及对人生之关系"❷,1923年《初级中学自然课程纲要》中的"目的"部分提到"使知自然界与人生的关系"❸,1929年,《初级中学自然科暂行课程标准》中提到"使知自然界与人生的关系"❹,等等,并多次在目标中提到学生兴趣、学生研究趣味、养成科学的兴趣、美德等,这些都是随着人们对科技认识程度的加深而形成的对科学学习的要求。科技对课程改革话语的影响还体现在课程内容方面。以我国科学课程改革为例。清末时期的《学堂章程》对物理等学科的要求只是寥寥几笔,仅概括了课程的内容,而到民国时期物理学科的内容则要丰富很多。尤其是随着社会的发展,到1923年壬戌学制的时候,已经出现了《高级中学公共必修的科学概论课程纲要》和《高级中学第二组必修的物理学课程纲要》两份课程标准,其中与内容相关的话语较清末时期有着天壤之别。由于当时我国的工业化已经开始,虽然程度不高,但西方的科技知识和科技设备却得到了大量引进,与之相关的话语就成为1923年学制改革的重要内容。当时的课程纲要中出现了大量的体现时代需求和科技前沿的话语,如"蒸汽机""汽轮""蓄电器""变压器""电动机"等直接体现当时社会具有"高科技"性质的内容话语。之后随着社会的发展,课程标准中的内容进一步完善,新的话语也陆续随着科技普及而逐渐进入课程改革的标准之中。到世纪之交的本次新课程改革,物理课程标准中除了物理学框架的重要概念和规律外,还出现了最具时代特色的话语和内容,如"信息技术""新材料技术""新能源技术""航空航天技术""生物技术""传感器"等相关的话语内容,这些话语代表了社会发展和科技进步对课程改革的深刻影响,是科技发展在课程改革中

---

❶ 课程教材研究所:《20世纪中国中小学课程标准·教学大纲汇编(物理卷)》,北京,人民教育出版社,2001:1。

❷ 课程教材研究所:《20世纪中国中小学课程标准·教学大纲汇编(物理卷)》,北京,人民教育出版社,2001:2。

❸ 课程教材研究所:《20世纪中国中小学课程标准·教学大纲汇编(物理卷)》,北京,人民教育出版社,2001:4。

❹ 课程教材研究所:《20世纪中国中小学课程标准·教学大纲汇编(物理卷)》,北京,人民教育出版社,2001:12。

的直接反映。

课程改革不可能孤立于社会之外，每一次课程改革都有着复杂而现实的社会语境，课程改革中的话语势必带有典型的时代气息，而科技无疑是最典型的代表之一。

（三）意识形态是影响课程改革话语体系转换的潜在变量

课程实际上是一种官方知识，它是社会统治阶级的意志、价值观念、意识形态的体现和象征，通过课程传递合法化的知识从而实现社会控制，确保社会体系稳定发展是学校课程改革的重要功能和追求❶。因此，课程知识是意识形态参与课程改革的重要载体。从国民教育制度诞生之日起，学校教育就与国家、民族、意识形态之间存在着关联。作为社会改良的一部分，课程改革往往体现了社会发展对教育和人才培养的总体需求，与社会、阶级、个体的生存发展休戚相关，课程改革在很大程度上影响着民族兴衰、国家命运。课程改革离不开相关政策的支持和引领，国家意志和政治家的个人抱负总是占据重要角色，课程改革话语不可避免地受到国家意志、阶级意志甚至领导人意志的影响，体现出典型的意识形态特征。这些话语通过课程改革逐步落实到教育实践中，顺理成章地成为指导课程改革的"合法"话语，对课程改革产生潜在的影响。正如阿普尔所指出的："知识体系以及教育系统中的符号是与社会和文化控制紧密相关的。"❷因此，课程改革过程中的话语必然体现出明显的国家性、阶级性和意识形态性，这种意识形态性在课程宗旨、课程知识中的体现尤为突出。

以课程知识为例。课程知识的生产不可能是价值中立的，也从来都不是纯粹的和价值无涉的❸。课程知识的选择带有明显的统治阶级的意识形态特征，它往往是引导课程专家思想法定的、唯一的意识形态。统治阶级的意识形态是作为社会规范的、全体成员必须遵从的合法准则出现的，必然成为课程内容选择的准绳，并在课程规定中得到反映，那些不符合统治阶级意识形态要求的知识是无法进入课程内容中的❹。因此，课程知识的选择并非简单地从真伪和价

---

❶ 陈静：《我国基础教育课程结构的社会学分析》，当代教育论坛，2006（2）：31-32。
❷ APPLE M：*Ideology and Curriculum*（Thied Edition），New York and London：Rourledge Falmer，2004：2。
❸ 许立新：《意识形态·政治权力·国家课程改革——英国个案研究》，外国中小学教育，2007（1）：1-5。
❹ 靳玉军，张家军：《论课程知识的意识形态性质》，课程·教材·教法，2008（5）：8-12。

值大小的角度进行，其背后必然隐藏着某些价值或意识形态的控制，课程知识是一种合法化的知识，意识形态就成为课程知识合法与否的潜在标准。"学校中的知识形式不论是显著或隐藏的，都与权力、经济资源和社会控制有关……知识的选择，即使是无意识的，也都与意识形态有关。"❶

制度化的政治意识影响课程的价值系统，任何教育制度都无法摆脱政治环境而存在，任何话语都是对政治制度的反映。课程改革话语体系的转换永远无法脱离意识形态的影响，这种影响往往是潜在的，出现在大家不经意的地方；这种影响往往又具有决定性，甚至比最权威的课程改革理论专家更具话语权；这些影响也是普遍的，在课程改革的每一角落都存在意识形态的身影。因此，我们在研究课程改革话语体系的过程中，必须将之放归到更大的政治、经济、文化的背景之中，才能揭示出它们所蕴含的意识形态本质及其作用机制。甚至有人认为："只要课程改革的最终权力还是控制在统治阶层的手中，那么在原有基础上进行的改革充其量只能称为改良，它会从课程内容、教学方式等方面着手，但不会从根本上危及统治阶层的意志和政治经济等各方面权力。"❷

（四）语境分析可以预测课程改革话语体系的发展趋势

对课程改革过程中话语意义的理解和阐释必须在一定的语境中进行，语境是为确定话语意义的某种特定环境，主体以社会语境为意义语境进行交往互动，再传递和生成新的价值和意义❸。因此，只有在特定的语境中才能探寻话语的意义和本质，在相互关联的多因素情境中理解话语问题，这些相互关联的因素就是语境的外延。郭贵春认为："语境的外延不仅可以指词语的上下句、上下文或一个特定的文本，也可以指一个解释理论、范式，一个特定的历史时期、时代背景，甚至可以囊括全部社会的、历史的、文化的、科学的、政治的、心理的等诸多方面的因素及其相互联系、相互作用的全部实在。其内涵简言之就是为意义确定某种特定的语言环境❹。"同样，语境是课程改革意义生成的土壤，没有特定的社会语境，课程改革意义的生成与创新就犹如无源之水。对于基础教育课程改革来说，这种语境的外延就是社会语境，它是由政治、经济、文化、科技等因素构成的对课程改革话语意义具有广泛影响的互动

---

❶ 陈伯璋：《意识形态与教育》，台北，师大书苑有限公司，1988：176。

❷ 黄忠敬：《意识形态与课程——论阿普尔的课程文化观》，外国教育研究，2003（5）：1-5，15。

❸ 张耀灿：《思想政治教育学前沿》，北京，人民教育出版社，2006：442。

❹ 郭贵春：《语境与后现代科学哲学》，北京，科学出版社，2002：193。

体。把课程改革置于当代社会语境中，探寻课程改革话语意义和课程发展趋势的过程就是语境分析，它超越了语言学的分析范围，强调与社会语境紧密关联。因此，话语分析不是一种纯粹的思辨性的推理、猜测和假设，而是根据社会的复杂状况分析不同的课程改革话语及其生成、演变、消退的社会根源。

任何话语都有自己的语境，社会语境以时间和空间的方式制约着课程改革话语体系的生成与转换，社会语境的变化必然引起课程改革话语嬗变，话语嬗变也会对社会发展产生一定的促进作用❶，课程改革话语体系必须与社会语境相契合。社会语境中的经济因素作为整个人类社会的物质基础，对课程改革具有直接的影响，也是课程改革话语体系转换赖以发展的根本；文化语境中凝含着人类精神财富的结晶，是人们精神成长和发展的基础，往往内化为课程改革的内在力量，对课程改革有着潜在的制约；政治因素往往与权力紧密相连，其目的在于维护统治阶级的利益，它往往成为课程改革的直接动力。每一个不同时期，当社会语境发生明显变化时，课程改革话语体系也必将随之改变。进入21世纪以来，世界各国都呈现出全球化、现代化、多元化、信息化、知识化的发展趋势，这种变化的影响范围是前所未有的，而且有加速发展的势头，课程改革赖以依存的社会语境发生着迅猛的变化，作为"全球村"中的一员，这种趋势对我国社会语境也产生着重要的影响，并进而影响到课程改革话语体系的发展走向。课程改革明显具有外部驱动的特征，社会系统的变革是课程改革的外在动力，社会变革的方向往往引领着课程改革的发展，适应新社会语境的新话语也必然会进入改革者的视野。

作为社会子系统的教育系统随着社会变革而不断地进行着自身的完善，同时也引发了新话语的出现和旧话语的更新，展现出区别于以往的发展趋势。当今中国社会已经走出以农业为主的社会形态，正积极地向工业化、现代化迈进，在全球化的趋势中，中国社会的政治、经济、文化、科技等都发生了与以往社会形态迥异的状况，这些状况的出现不仅仅说明了现实课程改革中的话语及其存在的合理性，也在很大程度上预设了新话语生成的可能性。新语境诞生新的话语，实践正确与否也是通过话语检验的，课程改革的话语无不跟现实社会藕断丝连、盘根错节，只有加强对现实社会的认识和深刻把握，才能更好地理解课程改革中的话语，才能使课程改革中的话语体系向更合理的方向发展。

---

❶ CHOULIARAKI L；FAIRCLOUGH N. *Discourse in Late Modernity：Rethinking Critical Discourse Analysis*，Edinburgh：Edinburgh University Press，1999：21-25。

把课程改革置身于多维的社会语境中,不仅可以探寻话语体系转换的意义、本质和规律,便于指导教育实践,而且可以探寻语境对课程改革未来发展的影响,从而进行积极的干预,使课程改革向科学的方向发展。

(五)批判话语分析有助于课程理解

话语分析有多个研究视角,包括社会文化视角、认知视角、语言学视角、心理学视角以及多模态视角等,不同的研究视角有不同的价值取向,笼统地可以将之分为批判的与非批判的。批判话语分析将语言学理论与社会理论结合起来,不局限于语音、语素、音素、词、短语等语言单位的非批判研究,而是在更宏观的层面关注语言与社会文化、社会结构的复杂关系。批判取向的目的在于摒弃一般的文本对价值客观中立的要求,在于通过揭露话语实践去改变社会中的不平等的角色和社会关系,希望社会向更加平等、和谐的方向改变。通过揭示话语与权力、社会身份、社会关系、信仰体系的关系,以解放为名站在受压迫之社会团体的那一边,而最终的目的则在于借助研究结果的力量揭露维持不平等权利关系之话语实践的角色,推动广泛的社会变革❶。正如有的学者所强调的,批判话语分析的意图在于"以特定的方式对语言进行定义和描述,帮助人们抵御日常生活中的偏见,改善社会结构"❷。因此可以说,批判话语分析尝试揭示话语使用、权力、意识形态之间的微妙关系,而实现对社会实践的干预,其目的在于"把我们的世界变成更美好、更仁义的地方"❸。费尔克拉夫也曾指出,"话语有助于社会结构的所有方面的建构""话语不仅表现世界的实践,而且是在意义方面说明世界、组成世界、建构世界"❹。

话语分析应用于课程改革领域,也具有同样的实践效果。当今西方课程研究领域广泛运用解释学、现象学、存在主义、解构主义、女性主义、后现代主义、后结构主义等哲学社会学思潮对课程进行探究,开始注重运用不同的观点和理论探究课程的本真意义,同时把文学理论、美学理论、传记理论、神学理论等领域的核心思想"嫁接"到课程领域,形成了对课程的多重解释,由此

---

❶ 黑玉琴:《跨学科视角的话语分析研究》,北京,北京大学出版社,2013:69。

❷ 同❶。

❸ [美]詹姆斯·保罗·吉:《话语分析导论:理论与方法》,杨炳钧译,重庆,重庆大学出版社,2011:前言。

❹ [英]诺曼·费尔克拉夫:《话语与社会变迁》,殷晓蓉译,北京,北京华夏出版社,2003:60。

产生了形形色色的课程理解❶。当今的课程研究已经不再局限于对课程开发的程序的论争，不再视课程开发为一种"技术"，而将课程置于广泛的社会、政治、经济、文化、种族等背景上来理解，并通过联系个人深层的精神世界和生活体验找寻课程的意义❷。理解本质上是语言的，"理解的过程乃是一种语言过程"❸。话语分析视课程为一种复杂的"课程文本"，视课程为"符号表征"，突破了"工具理性"或"技术理性"对课程领域的控制，实现了课程从"技术"到"理解"的转换，打破了泰勒原理在课程领域中的统领地位，用个人的视角理解课程符号所承载的意义❹。因此，对"课程文本"不同角度的解构与理解将会导致课程主体的自由和解放，也必将对课程以及课程改革产生重要的意义，课程改革也将会出现新的突破。

课程的首要任务是培养学生针对世界而具有的审视、判断、思维的能力，并且在必要的时候改变世界的能力❺。这些能力的发展都需要突破技术理性对课程领域的控制，引导人们从更加宏观的层面审视和理解课程改革中的话语，批判话语分析呼应了课程开发到课程理解的范式转型。运用批判话语分析的方法研究课程改革中的话语问题，有助于我们判断课程改革的本质究竟是怎样的，课程改革的意义有多大，课程改革究竟在多大程度上发生，什么样的课程改革才是我们最期望出现的……进而勾勒出课堂重建的方向。批判话语分析能有效地反思和总结课程改革实践，充分认识已经形成的话语的不足，更好地促进符合真理的话语的形成与完善，促进课程的理解、建设和解放。因此，批判话语分析的研究目的不是简单的批评、否定，不仅是揭示话语中的不平衡、不对称的利益和权力关系以及意识形态等，更在于诠释、解释课程改革话语体系转换的根源和动力，其着眼点则在于富有社会变革或建构意义的课程话语实践上，最终的目的是在解释的基础上促进课程向更加科学、合理的方向发展。

二、研究展望

课程改革是一项系统工程，课程改革话语体系的生成与演变既有着自身

---

❶ PINAR W F, REYNOLDS W M, SLATTERY P, et al：*Understanding Curriculum*，New York：Peter Lang Publishing，1995 年。

❷ 张华：《走向课程理解：西方课程理论新进展》，全球教育展望，2001（7）：40-48。

❸ [德] 伽达默尔：《真理与方法》（下卷），洪汉鼎译，上海，上海译文出版社，2005．496。

❹ 李晓峰，白彦茹：《论课程理解的过程理想》，河北师范大学学报（教育科学版），2009（2）：24-28。

❺ 黑玉琴：《跨学科视角的话语分析研究》，北京，北京大学出版社，2013：91。

基础教育课程改革的话语体系转换研究
以我国2001年基础教育新课程改革为例

的发展规律，也受到各种外界因素的影响，这些外界因素的宏观框架就是社会。课程改革作为社会系统改良的一部分，每一次、每一方面的课程改革话语体系转换都不是空穴来风，而是始终无法摆脱社会的控制和束缚。课程改革的话语体系与社会实践之间存在复杂的关系，本书的目的不仅在于研究话语体系的转换依据，更在于研究课程改革话语体系与社会实践之间的互动，其落脚点指向教育实践。通过对两者之间关系的研究，我们可以更加有效地掌控、理解课程改革中出现的各类话语体系及其转换，这也是本书的初衷。随着研究的深入，笔者认为围绕话语体系与社会实践之间的关系，还有很多问题有待于进一步深入研究。例如，社会实践的不同方面对课程改革话语体系及其转换的影响作用是整体的还是独立的？如果是独立的，那么社会的每个子系统对课程改革话语体系的影响又是怎样的？课程改革话语体系对社会发展是否具有反作用？这种反作用的效果会有多大……对这些问题的进一步思考需要更多的假设，也需要更深入的材料支撑和详细论证。围绕课程改革话语体系与社会实践之间的研究仍旧具有更多、更大的空间。

在对课程改革的研究中，研究人员用到了教育研究的各种方法，并针对具体的问题开展了大量的探讨，甚至有的研究人员认为这里已经不再有挖掘的空间了。但实际上，课程改革仍然问题重重，我们在运用定量、定性的研究方法解决一个又一个具体问题的同时，却忽视了宏观思想的把握——课程改革研究不仅需要注重细节和具体方法，也需关注研究程序与操作方式，即研究范式，更需关注哲学层面的方法论[1]。对于课程改革研究而言，运用话语和话语分析的视角开展研究是一种全新的尝试。本书在挖掘课程改革问题的基础上，选择了话语分析作为研究的方法论，亦有很多收获。话语、话语分析是典型的舶来品，但其研究的思想在解决问题的过程中却很有用。非批判的话语分析应用在语言学之外的人文社科研究中已经没有什么特殊的价值了，批判的话语分析却展示出其旺盛的生命力——批判的分析可以引导人们突破表面的文字意义而探究其背后的社会价值、意识形态或权力运作。因此，对于课程改革来说，批判的分析是一种全景式的分析。但是，批判的话语研究范式探讨问题的思路和手段较为宏观，如果能将微观的语料库等方法运用到具体研究之中，利用词频、主题词、搭配、词丛、型式等语料库提供的文本语境信息可能有助于弥补单凭直觉推断的缺陷，便于分析话语的呈现[2]。语料库的分析软件不仅展示那

---

[1] 袁方：《社会研究方法教程》，北京，北京大学出版社，2004：1。
[2] 钱毓芳：《语料库与批判话语分析》，外语教学与研究，2010（3）：198-202。

第七章　研究结论与展望

些在某一语篇并非一目了然的现象，而且结合分析软件能使我们通过语言分析的新理念对常见的语言现象产生新的领悟，还能揭示研究人员预料之外隐含的思想。因此，将语料库作为批判话语分析研究的论证手段研究课程改革的话语问题，将会更加有效地促进研究的科学性和深入性。

本书最重要的价值之一就是开启了课程改革研究领域的一种新的研究范式，围绕课程改革话语体系转换进行探讨，强调对课程改革话语体系的批判话语分析。但本书无法对课程改革过程中的所有话语问题都形成系统的探讨和研究，很多有待开发的空间就遗留了下来。例如，本书主要是针对文本开展的，课程改革实践中的话语——课堂话语的相关分析和研究并没有过多提及，但课堂话语作为课程改革理念和价值的最终目的也是一个十分值得研究的领域。课堂是社会话语场域的缩影，课堂话语是社会在教育中的反映，课堂话语的变迁往往可以体现出课程改革的效果，课堂话语是同作为教育制度的课堂教学密切相关的[1]。因此，课堂话语研究同样是重要且有意义的。我国现有的关于课堂话语的相关研究，大多是针对细微语言特点以及不同层次、不同学科课堂话语的差异开展的[2]，以批判的视角开展课堂话语研究的还很缺乏。随着语言学研究的社会文化转向，以话语分析的解释性为路径，课堂话语的层级分析、课堂话语的功能分析、课堂话语的效度分析、教师话语的态度分析、教学沟通形态的分析都是值得深入探讨的问题[3]。同时，课堂话语分析可以围绕社会、权力和意识形态等主题开展相关研究，把课堂话语等微观层次和更广泛的社会性力量关联起来，映射出课堂话语表面意义之外的价值，这些都将成为课堂话语研究的焦点。

总之，本书只是围绕课程改革话语体系转换问题做了一些开创性的尝试工作，也是一种铺垫，还有更多的现实问题、研究空间有待进一步探索和开发。

---

[1] 钟启泉:《"课堂话语分析"刍议》，全球教育展望，2013（11）：10-20。
[2] 黑玉琴:《跨学科视角的话语分析研究》，北京，北京大学出版社，2013：27。
[3] 同[1]。

参考文献

著作类

[1] 费尔克拉夫. 话语与社会变迁 [M]. 殷晓蓉, 译. 北京: 华夏出版社, 2003.

[2] 保罗·吉. 话语分析导论: 理论与方法 [M]. 杨炳钧, 译. 重庆: 重庆大学出版社, 2011.

[3] 派纳, 等. 理解课程 [M]. 张华, 等译. 北京: 教育科学出版社, 2003.

[4] W. 阿普尔. 意识形态与课程 [M]. 黄忠敬, 译. 上海: 华东师范大学出版社, 2001.

[5] F.D. 扬. 知识与控制: 教育社会学新探 [M]. 谢维和, 朱旭东, 译. 上海: 华东师范大学出版社, 2002.

[6] C·诺斯. 制度、制度变迁与经济绩效 [M]. 杭行, 译. 上海: 格致出版社, 上海三联书店, 上海人民出版社, 2008.

[7] 瑞泽尔. 后现代社会理论 [M]. 谢立中, 等译. 北京: 华夏出版社, 2004.

[8] 史密斯. 全球化与后现代教育学 [M]. 郭洋生, 译. 北京: 教育科学出版社, 2000.

[9] 佐藤学. 课程与教师 [M]. 钟启泉, 译. 北京: 教育科学出版社, 2008.

[10] 福柯. 知识考古学 [M]. 谢强, 马月, 译. 北京: 生活·读书·新知三联书店, 1998.

[11] 福柯. 必须保卫社会 [M]. 钱翰, 译. 上海: 上海人民出版, 1999.

[12] 福柯. 词与物: 人文科学考古学 [M]. 莫伟民, 译. 上海: 上海三联书店, 2001.

[13] 福柯. 权力的眼睛 [M]. 严锋, 译. 上海: 上海人民出版社, 1997.

[14] 曼海姆. 意识形态与乌托邦 [M]. 黎鸣, 李书崇, 译. 北京: 商务印书馆, 2000.

[15] 福柯. 规训与惩罚 [M]. 杨远婴, 等译. 北京: 生活·读书·新知三联书店, 1998.

[16] 文森特. 现代政治意识形态 [M]. 袁久红, 等译. 南京: 江苏人民出版社,

2005.

[17] 张人杰．中外教育比较史纲·现代卷[M]．济南：山东教育出版社，1997．

[18] 辛斌．批评语言学：理论与应用[M]．上海：上海外语教育出版社，2005．

[19] 冯志伟．现代语言学流派[M]．北京：商务印书馆，2013．

[20] 黑玉琴．跨学科视角的话语分析研究[M]．北京：北京大学出版社，2013．

[21] 杨善华．当代西方社会学理论[M]．北京：北京大学出版社，2004．

[22] 索振羽．语用学教程[M]．北京：北京大学出版社，2007．

[23] 丁建新．叙事的批评话语分析：社会符号学模式[M]．重庆：重庆大学出版社，2007．

[24] 郭贵春．语境与后现代科学哲学[M]．北京：科学出版社，2002．

[25] 谭斌．教育学话语现象的文化分析：兼论中国当前教育学话语的转换[M]．北京：首都师范大学出版社，2006．

[26] 孙可平．理科教育展望[M]．上海：华东师范大学出版社，2002．

[27] 邓友超．教育解释学[M]．北京：教育科学出版社，2009．

[28] 吴永军．课程社会学[M]．南京：南京师范大学出版社，2001．

[29] 马云鹏．教育科学研究方法导论[M]．长春：东北师范大学出版社，2002．

[30] 王伦信，樊冬梅，陈洪杰，等．中国近代中小学科学教育史[M]．北京：科学普及出版社，2007．

[31] 王炳照．中国教育思想通史[M]．长沙：湖南教育出版社，1994．

[32] 汪安民．福柯的界限[M]．北京：中国社会科学出版社，2002．

[33] 李国钧，王炳照．中国教育制度通史[M]．济南：山东教育出版社，2000．

[34] 苏新春．文化语言学教程[M]．北京：外语教学与研究出版社，2006．

[35] 李三福．教学语用学原理[M]．长沙：湖南教育出版社，2006．

[36] 赵敦华．现代西方哲学新编[M]．北京：北京大学出版社，2000．

[37] 楚江亭．真理的终结：科学课程的社会学释义[M]．北京：北京师范大学出版社，2005．

[38] 曲铁华．中国近代科学教育史[M]．北京：人民教育出版社，2010．

[39] 但昭彬．话语与权力：中国近现代教育宗旨的话语分析[M]．济南：山东教育出版社，2008．

[40] 冯俊．后现代主义哲学讲演录[M]．北京：商务印书馆，2003．

[41] 吕达．课程史论[M]．北京：人民教育出版社，1999．

[42] 孙培青．中国教育史[M]．上海：华东师范大学出版社，2009．

[43] 孙宏安. 中国近现代科学教育史 [M]. 沈阳：辽宁人民出版社，2006.

[44] 刘少杰. 国外社会学理论 [M]. 北京：高等教育出版社，2006.

[45] 王治河. 福柯 [M]. 长沙：湖南教育出版社，1999.

[46] 曹淑江. 课程制度和课程组织的经济学分析 [M]. 北京：北京师范大学出版社，2004.

[47] 郝德永. 超越左与右：课程改革的第三条道路 [M]. 北京：教育科学出版社，2013.

[48] 丛立新. 当前我国基础教育课程改革理论问题研究 [M]. 重庆：重庆大学出版社，2013.

[49] 中国教育科学研究院课程教学研究中心. 中国基础教育课程改革十年 [M]. 武汉：湖北教育出版社，2013.

[50] 徐辉. 课程改革论：比较与借鉴 [M]. 北京：人民教育出版社，2011.

[51] 张伟荣. 我们需要怎样的教育——中国基础教育改革概论 [M]. 北京：教育科学出版社，2012.

[52] 钟启泉，崔允漷. 新课程的理念与创新——师范生读本 [M]. 北京：高等教育出版社，2003.

[53] 张树德. 当代课程改革成功机制研究：澳大利亚经验和启示 [M]. 苏州：苏州大学出版社，2008.

[54] 柯政. 理解困境：课程改革实施行为的新制度主义分析 [M]. 北京：教育科学出版社，2011.

[55] 杨明全. 课程概论 [M]. 北京：北京师范大学出版，2010.

[56] 朱慕菊. 走进新课程：与课程实施者对话 [M]. 北京：北京师范大学出版社，2002.

[57] 邓友超. 教育解释学 [M]. 北京：教育科学出版社，2009.

[58] 裴娣娜. 现代教学论 [M]. 北京：人民教育出版社，2005.

[59] 张华. 课程与教学论 [M]. 上海：上海教育出版社，2000.

[60] 毛礼锐，沈灌群. 中国教育通史 [M]. 济南：山东教育出版社，1989.

[61] 汪霞. 课程理论与课程改革 [M]. 合肥：安徽教育出版社，2007.

[62] 吴永军. 课程社会学 [M]. 南京：南京师范大学出版社，2001.

[63] 舒新城. 近代教育史资 [M]. 北京：人民教育出版社，1979.

[64] 李宗桂. 中国文化概论 [M]. 广州：中山大学出版社，1994.

[65] 王顺义. 科学探究 [M]. 上海：上海科学技术出版社，2010.

[66] 谢立中.走向多元话语分析：后现代思潮的社会学意涵[M].北京：中国人民大学出版社，2009.

[67] 郑乐平.超越现代主义和后现代主义：论新的社会理论空间之建构[M].上海：上海教育出版社，2003.

[68] 刘北成.福柯思想肖像[M].北京：北京师范大学出版社，1995.

[69] 钟启泉，崔允漷，张华.为了中华民族的复兴　为了每位学生的发展《基础教育课程改革纲要（试行）》解读[M].上海：华东师范大学出版社，2001.

[70] 陈伯璋.意识形态与教育[M].台北：师大书苑有限公司，1988.

[71] 陈文团.意识形态教育的贫困[M].台北：师大书苑有限公司，1999.

[72] 璩鑫圭，唐良炎.中国近代教育史资料汇编·学制演变[G].上海：上海教育出版社，1991.

[73] 教育部基础教育司科学（3～6年级）课程标准研制组.全日制义务教育科学（3～6年级）课程标准（实验稿）解读[M].武汉：湖北教育出版社，2002.

[74] 中华人民共和国教育部.义务教育物理课程标准（2011年版）[S].北京：北京师范大学出版社，2011.

[75] 中华人民共和国教育部.普通高中物理课程标准（实验）[S].北京：人民教育出版社，2003.

[76] 中华人民共和国教育部.义务教育初中科学课程标准（2011年版）[S].北京：北京师范大学出版社，2011.

[77] 课程教材研究所.20世纪中国中小学课程标准·教学大纲汇编[G].北京：人民教育出版社，2001.

[78] 李钢.话语　文本：国家教育政策分析[M].北京：社会科学文献出版社，2009.

[79] 谭斌.教育学话语现象的文化分析：兼论中国当前教育学话语的转换[M].北京：首都师范大学出版社，2006.

学位论文类

[1] 吴猛.福柯的话语理论探要[D].上海：复旦大学，2004.

[2] 谢登斌.当代美国课程话语研究[D].上海：华东师范大学，2005.

[3] 周佳萍.社会冲突议题的新闻话语研究[D].上海：上海外国语大学，2009.

[4] 张国飞.思想政治教育话语体系创新研究[D].西安：陕西师范大学，2012.

[5] 王亚平.生活论教育话语的分析[D].南昌：江西师范大学，2009.

[6] 李菲. 当代教育管理学术话语分析[D]. 曲阜：曲阜师范大学，2007.

[7] 牛海彬. 批判与重构——教育场域的教师话语研究[D]. 长春：东北师范大学，2010.

[8] 伍雪辉. 课程话语透析[D]. 武汉：华中师范大学，2006.

[9] 程慧明. "接受学习"与"探究学习"有效整合的研究初探[D]. 济南：山东师范大学，2006.

[10] 白雪峰. 论中小学课程功能的实现[D]. 太原：山西大学，2013.

[11] 有宝华. 新中国基础教育课程结构研究[D]. 杭州：浙江大学，2004.

[12] 温怀德. 中国经济开放与环境污染的关系研究[D]. 杭州：浙江工业大学，2012.

[13] 包双叶. 当前中国社会转型条件下的生态文明研究[D]. 上海：华东师范大学，2012.

[14] 晋银峰. 新课程实施中的教学文化研究[D]. 兰州：西北师范大学，2009.

[15] 王宏霞. 中西方课堂教学差异的文化探源[D]. 上海：华东师范大学，2005.

[16] 范涌峰. 新课程改革的人本路向检视[D]. 重庆：西南大学，2010.

[17] 潘苏东. 从分科走向综合[D]. 上海：华东师范大学，2000.

[18] 但昭彬. 话语权与教育宗旨之共变——中国近代教育宗旨的话语分析[D]. 武汉：华中师范大学，2005.

[19] 路宁. 课程政策中的课程权力研究[D]. 呼和浩特：内蒙古师范大学，2009.

[20] 叶波. 课程改革作为话语实践——基于1923年课程改革的系谱学考察[D]. 重庆：西南大学，2014.

期刊杂志类

[1] 陈汝东. 论话语研究的现状与趋势[J]. 浙江大学学报（人文社会科学版），2008（6）：130-137.

[2] 陈振中. 论课堂社会的话语场域[J]. 广西师范大学学报（哲学社会科学版），2004（2）：100-105.

[3] 陈忠华. 话语分析的本体论与方法论[J]. 外语研究，1993（2）：1-7.

[4] 陈平. 话语分析说略[J]. 语言教学与研究，1987（3）：4-19.

[5] 陈佑清. 论教育的知识本位倾向[J]. 湖北大学学报（哲学社会科学版），1998（3）：76-81.

[6] 陈妙娥. 论新课程内容改革的特点和趋势[J]. 重庆职业技术学院学报，2003（4）：121-125.

[7] 陈静.我国基础教育课程结构的社会学分析[J].当代教育论坛,2006(2):31-32.

[8] 陈中竺.批评语言学述评[J].外语教学与研究,1995(1):21-27.

[9] 陈炳辉.福柯的权力观[J].厦门大学学报(哲学社会科学版),2002(4):84-90.

[10] 陈世鸥,王辉.前沿物理教学与新课程改革[J].复旦教育论坛,2005(3):49-53.

[11] 陈向明.从"范式"的视角看质的研究之定位[J].教育研究,2008(5):30-35,67.

[12] 陈建锋.改革开放进程中话语体系的演变[J].党史文苑,2009(9):56-58.

[13] 褚远辉,张学清.转变传统教育思想观念树立新的课程功能观[J].云南教育,2002(7):7-8.

[14] 程晓堂.论英语教师课堂话语的真实性[J].课程·教材·教法,2010(5):54-59.

[15] 成晓光.作为研究方法的话语分析——评《话语分析》[J].外语教学与研究,2006(2):151-153.

[16] 蔡宝来,李磊.比较教育学科重建:方法论、话语体系及未来走势[J].全球教育展望,2007(1):19-22.

[17] 范宏雅.近三十年话语分析研究述评[J].山西大学学报(哲学社会科学版),2003(6):97-100.

[18] 范会敏.新课程改革的内部障碍与突破[J].教育发展研究,2007(12):25-28.

[19] 符淼.论我国课程结构变革[J].黑龙江教育学院学报,2008(2):33-35.

[20] 方丙丽.课程管理:涵义、缘起与意义[J].邢台职业技术学院学报,2010(4):20-23.

[21] 范冬萍.提高公民科学素养与科学教育新理念[J].华南师范大学学报(社会科学版),2006(6):9-13,157.

[22] 傅春晖,彭金定.话语权力关系的社会学诠释[J].求索,2007(5):79-80.

[23] 郭晓明.整体性课程结构观与优化课程结构的新思路[J].教育理论与实践,2001(5):38.

[24] 郭贵春.语境分析的方法论意义[J].山西大学学报(哲学社会科学版),2000(8):1-6.

[25] 甘露.从教学大纲到课程标准看课程功能的转变[J].教育导刊,2003(2):125-126.

[26] 高维.我国义务教育课程结构变革的社会学分析[J].天津师范大学学报(基础教育版),2014(2):11-16.

[27] 高晓锋,李双根.从十一届三中全会和十八届三中全会看改革话语体系的构建[J].山东行政学院学报,2014(4):1-5.

[28] 黄忠敬.意识形态与课程——论阿普尔的课程文化观[J].外国教育研究,2003(5):1-5,15.

[29] 黄东民,王静,赵继忠.课程改革的层次性分析:文化—制度—实践[J].当代教育科学,2011(7):12-14.

[30] 黄首晶.论书本知识与生活经验的关系——中外认识论"先验"研究深度变革中的视阈[J].云南师范大学学报(哲学社会科学版),2007(2):69-74.

[31] 黄仁峰.语境分析与语言教学取向[J].北方论丛,2001(5):104-106.

[32] 郝志军.基础教育课程改革问题的人学检视[J].天津师范大学学报(基础教育版),2008(1):1-5.

[33] 郝德永.从两极到中介:课程改革的路径选择[J].教育研究,2010(10):33-37.

[34] 赫兴无.中学地理课程内容选择研究[J].贵州师范学院学报,2014(2):81-84.

[35] 韩立福.促进发展:学生评价的价值追求[J].教育测量与评价(理论版),2009(9):1.

[36] 胡云飞.教师发展路向的批判话语分析[J].教育发展研究,2005(4):70-73.

[37] 胡雯.费尔克拉夫话语分析观述评[J].牡丹江大学学报,2009(6):63-65.

[38] 江泽民.新时期我国信息技术产业的发展[J].上海交通大学学报,2008(10):1589-1607.

[39] 晋银峰.论课程改革中的话语转型[J].中国教育学刊,2011(9):45-48.

[40] 纪德奎.新课程改革十年:争鸣与反思——兼论新课程改革如何新鞋走出老路[J].课程·教材·教法,2011(3):18-24.

[41] 纪玉华.批评性话语分析:理论与方法[J].厦门大学学报(哲学社会科学版),2001(9):149-155.

[42] 靳玉乐.多元文化背景中基础教育课程改革的基本思路[J].教育研究,2003

（12）：73-74.

[43] 靳玉军，张家军.论课程知识的意识形态性质[J].课程·教材·教法，2008（5）：8-12.

[44] 刘朝锋.课程内容选择的反思——新课程改革背景下的一个案例分析[J].河南职业技术师范学院学报（职业教育版），2009（1）：95-98.

[45] 刘丽芬，黄忠廉."语言""言语"与"话语"三分[J].中国科技术语，2008（5）：28-32.

[46] 刘晓红.话语研究及其在教育学中的渐进[J].宁波大学学报（教育科学版），2008（1）：29-33.

[47] 刘志军.发展性课程评价体系初探[J].课程·教材·教法，2004（8）：19-23.

[48] 刘克文.科学素养：当代科学教育改革的主旋律[J].教育科学研究，2007（10）：16-18.

[49] 刘丽玲.论巴兹尔·伯恩斯坦的教学话语理论[J].北京师范大学学报（社会科学版）2003（4）：139-145.

[50] 刘国艳.基础教育改革话语分析[J].现代教育管理，2011（3）：1-4.

[51] 刘川，王仕尧，张承德.发展性评价的实践与思考[J].教育研究，1999（3）：75-76.

[52] 朱旭东.当代美国教育理论多元化格局形成的文本和话语分析[J].清华大学教育研究，2000（2）：36-43.

[53] 李润洲，楼世洲.教育改革背景下的学者话语言说[J].清华大学教育研究，2009（6）：23-27.

[54] 李润洲.实践逻辑：审视教育理论与实践关系的新视角[J].教育研究，2006（5）：15-18，29.

[55] 李润洲，李伟.新课程改革理论论争的话语分析[J].教育科学研究，2009（11）：5-9，26.

[56] 李永伟，杨静.中国文化传统与人的主体性[J].河北师范大学学报（教育科学版），2002（5）：87-90.

[57] 李承先，陈学飞.话语权与教育本土化[J].教育研究，2008（6）：14-17,23.

[58] 李毅，汪滨琳.技术负效果的起因与技术评价[J].中国软科学，1999（11）：87-91.

[59] 李华.从话语分析理论的发展看国内教师话语的研究[J].外语界，2007（5）：

83-90.

[60] 李彬.巴赫金的话语理论及其对批判学派的贡献[J].国际新闻界,2001(6):64-70.

[61] 李小冬.从话语迷失反思我们的教育[J].文学教育,2009(4):120-121.

[62] 廖昕.话语分析的新视角——积极话语分析[J].边疆经济与文化,2009(9):87-88.

[63] 廖益清.批评话语分析综述[J].集美大学学报(哲学社会科学版),2000(1):76-82.

[64] 康洁,熊和平.作为方法论的思想考古学[J].自然辩证法研究,2005(10):99-102,112.

[65] 林亚军.批判话语分析及其对外语教学的启示[J].黑龙江高教研究,2008(7):176-179.

[66] 栾天,于伟.福柯的"历史本体"论与教育思想研究的可能性选择[J].教育科学,2011(6):21-26.

[67] 陆学艺.中国社会结构的变化及发展趋势[J].云南民族大学学报(哲学社会科学版),2006(5):28-35.

[68] 厉孝忠.课程改革重在以人为本[J].宁波工程学院学报,2005(3):95-97,101.

[69] 马维娜.学校场域中的话语再制与话语再生[J].教育评论,2002(4):44-46.

[70] 马云鹏.从课程功能的转变看小学数学教学改革[J].小学教学设计(理科版),2003(1):4-5.

[71] 米红,陈志坚.21世纪初期(2001-2020)我国人口产业结构与环境污染、经济发展的关联模式仿真[J].系统工程理论与实践,2004(4):23-33.

[72] 苗学杰.比较教育学的话语体系偏向及其理论根基分析[J].外国教育研究,2008(8):24-29.

[73] 倪瑞华.由独话到对话:高校思想政治理论课教学话语体系的重建[J].国家教育行政学院学报,2012(10):47-50.

[74] 彭德昭.促进发展—学生评价之本[J].教育导刊,2007(1):21-24.

[75] 彭利元.走出扶手椅,迈向田野——马林诺夫斯基语境论发展评析[J].外语与外语教学,2008(9):55-58.

[76] 齐放.国外面向21世纪初等教育课程改革的趋势[J].学科教育,2001(1):

42-45.

[77] 钱毓芳. 语料库与批判话语分析 [J]. 外语教学与研究, 2010 (3): 198-202.

[78] 冉永平. 话语分析的语用学基础 [J]. 外语与外语教学, 1997 (1): 16-19.

[79] 容中逵. 论基础教育课程管理改革中的权力下放 [J]. 课程·教材·教法, 2005 (9): 3-6.

[80] 冉亚辉. 文化价值观与中国教育改革 [J]. 内蒙古师范大学学报（教育科学版）, 2010 (4): 1-4.

[81] 任保平, 岳永. 中国经济学话语体系二元冲突与现代转型 [J]. 学术界, 2011 (2): 5-13.

[82] 孙玉良. 转换话语体系进一步加强思想政治理论课的有效性 [J]. 思想政治教育研究, 2010 (1): 97-100.

[83] 孙静怡. 话语分析：语言学转向的归宿 [J]. 外语学刊, 2012 (2): 10-14.

[84] 石中英, 张夏青. 30 年教育改革的中国经验 [J]. 北京师范大学学报（社会科学版）, 2008 (5): 22-32.

[85] 谭斌. 试论"话语"一词的含义 [J]. 兰州大学学报（社会科学版）, 2002 (1): 70-77.

[86] 谭弘剑, 刘绍忠. 近年来国外语境研究综述 [J]. 四川外语学院学报, 2002 (6): 106-110.

[87] 谭小琴. 从公民科学素养看科学全球化中的中国教育 [J]. 自然辩证法研究, 2008 (1): 85-89.

[88] 陶徽希. 福柯"话语"概念之解码 [J]. 安徽大学学报（哲学社会科学版）, 2009 (2): 44-48.

[89] 王攀峰. 批判性话语分析：当代教育研究的一个新视角 [J]. 首都师范大学学报（社会科学版）, 2008 (5): 81-86.

[90] 王鹏, 林聚任. 话语分析与社会研究方法论变革 [J]. 天津社会科学, 2012 (5): 70-74.

[91] 王忠桥, 张国启. 论思想政治教育学科的话语体系及其转换维度 [J]. 学校党建与思想教育, 2014 (1): 11-14.

[92] 王晋. 基础教育改革话语的社会学分析 [J]. 教育学术月刊, 2011 (4): 3-6.

[93] 王熙. 批判性话语分析对教育研究的意义 [J]. 教育研究, 2010 (2): 41-46.

[94] 王岳川. 福科：权力话语与文化理论 [J]. 现代传播, 1998 (6): 52-58.

[95] 王晓升. 权力、话语与意识形态——意识形态的叙事效果分析 [J]. 哲学动态,

2012（3）：9–17.

[96] 王晓升. 重新理解权力[J]. 江苏社会科学，2010（2）：9–17.

[97] 王许人. 中国近现代教育宗旨的思考[J]. 河池学院学报（综合版），2005(10)：54–57.

[98] 王学荣. 从"革命"到"建设"：马克思主义话语体系的转变[J]. 中共山西省直机关党校学报，2011（6）：25–27.

[99] 王学荣. 马克思主义：从"经典"到"现代"——两大"话语体系"下的马克思主义[J]. 中共成都市委党校学报，2011（5）：9–12.

[100] 伍雪辉. 论课程话语的演变及其发展[J]. 华中师范大学研究生学报，2005（3）：83–86.

[101] 魏志荣. 西方"话语"研究考察[J]. 山东农业大学学报（社会科学版），2012（12）：66–71，118.

[102] 吴永军. 我国基础教育课程现代化的若干理论思考[J]. 南京师大报（社会科学版），1997（3）：58–62.

[103] 吴永军. 课程结构的社会学分析[J]. 南京师大报（社会科学版），2001(1)：83–88.

[104] 吴康宁. 知识的控制与分等[J]. 教育理论与实践，2000（11）：24–25，32.

[105] 吴康宁. 价值的定位与架构：课程目标的一种社会学释义[J]. 教育科学，2000（4）：22–24.

[106] 吴致远. 对福柯的又一种解读——从技术哲学的角度[J]. 哲学动态，2008(6)：62–67.

[107] 吴畏. 基于话语分析方法的案例研究[J]. 现代教育技术，2010（2）：33–36.

[108] 吴春宝，焦墼，尼玛次仁. 我国马克思主义理论话语体系研究：文献回顾与研究展望[J]. 广东省社会主义学院学报，2013（2）：101–105.

[109] 魏欣. 小学科学课探究活动存在的问题及解决策略[J]. 世界教育信息，2007（3）：53–55.

[110] 武俊霞. 信息技术的发展及其对社会的影响[J]. 内蒙古科技与经济，2005（1）：39–40.

[111] 邢思珍，李森. 课堂教学话语权力的反思与重建[J]. 教育科学研究，2004（12）：13–15.

[112] 邢伟荣，唐长河. 基础教育课程改革的制度伦理探析[J]. 教育理论与实践，2009（1）：16–17.

[113] 向丽.质的研究方法在高职课程研究中的运用[J].职业技术教育(理论版),2007(4):47-50.

[114] 辛斌.语言、权力与意识形态:批评语言学[J].现代外语,1996(1):21-26.

[115] 辛斌.批评话语分析:批评与反思[J].外语学刊,2008(6):63-70.

[116] 徐祖胜,商秀梅.学生话语权的缺失及构建[J].沈阳教育学院学报,2007(4):84-86.

[117] 徐国民.话语、权力与社会价值[J].求索,2008(7):43-46.

[118] 徐波,韩玲.从福柯的《知识考古学》看其后现代主义思想[J].长春工业大学学报(社会科学版),2003(3):6-9.

[119] 许立新.意识形态·政治权力·国家课程改革——英国个案研究[J].外国中小学教育,2007(1):1-5.

[120] 许可,李万业."官本位"意识:危害及对策[J].理论界,2007(10):14-15.

[121] 谢康.教育信息化视野下的课程信息化[J].中国电化教育,2005(5):35-38.

[122] 闫引堂.超越社会建构主义[J].教育学报,2011(4):54-63.

[123] 钟钰,王海江.科技创新与我国经济发展方式转变[J].科技与经济,2009(1):15-17.

[124] 杨晓奇.课程改革背景中的教育话语冲突及其融通[J].教育科学,2011(3):29-33.

[125] 杨洪芳.课程改革重在管理制度的重建[J].当代教育科学,2007(8):51.

[126] 杨增成.话语分析的社会文化视角[J].广西社会科学,2007(11):147-150.

[127] 许家金.从结构和功能看话语分析研究诸方法[J].解放军外国语学院学报,2004(2):1-5,19.

[128] 杨红英.新课程结构解读[J].教书育人(高教论坛),2003(17):4-6.

[129] 俞红珍.课程内容、教材内容、教学内容的术语之辨[J].课程·教材·教法,2005(8):49-53.

[130] 游雪晴.立法能够推动"公民理解科学"吗?[N].科技日报,1999-01-23.

[131] 郁建兴,陈建海.意识形态理论的当代新发展[J].哲学研究,2007(10):24-32.

[132] 余吉生.试论当代中国多元文化的冲突与整合[J].江西农业大学学报(社会科学版),2004(1):140-143.

[133] 殷杰.语境分析方法的起源[J].科学技术与辩证法,2005(4):13-15.

[134] 于卫国.中国经济发展与环境污染关系的实证分析[J].经济问题,2011(1):23-26.

[135] 余章宝.传统历史话语的颠覆——福柯《知识考古学》的后现代历史观[J].厦门大学学报(哲学社会科学版),2001(2):111-118.

[136] 颜炳罡.20世纪中国哲学研究话语体系范式转换之得失及未来走向[J].文史哲,2010(1):14-17.

[137] 钟启泉."课堂话语分析"刍议[J].全球教育展望,2013(11):10-20.

[138] 姚玉香.基础教育改革30年:话语多元与范式一统[J].东北师大学报(哲学社会科学版),2008(5):26-31.

[139] 袁桂林.派纳论"概念重构"和"理解课程"[J].外国教育研究,2003(1):1-8.

[140] 袁昱明.教育价值判断批判和话语批判——远程教育中的精英教育话语分析[J].中国远程教育,2005(11):16-21.

[141] 袁利平.教育国际化的真实内涵及其现实检视[J].西华师范大学学报(哲学社会科学版),2009(1):84-87.

[142] 袁维新.科学探究:当代科学教学的基本理念[J].上海教育科研,2004(2):68-71.

[143] 曾伟牛,姜传松."知识考古学"之批判史观及其对教育研究的启示[J].江西金融职工大学学报,2006(6):152-153.

[144] 郑淮,杨昌勇.论后现代主义对教育研究和理论的主要贡献[J].教育学报,2006(4):22-25.

[145] 郑欢.话语中的话语者——试论巴赫金的话语者[J].西南民族大学学报(人文社科版),2003(11):462-466.

[146] 郑学燕,马忠丽,路宏.从教学管理到课程管理——论我国中小学的教学管理改革[J].甘肃高师学报,2009(6):87-90.

[147] 朱永生.话语分析五十年:回顾与展望[J].外国语,2003:43-50.

[148] 朱永生.多模态话语分析的理论基础与研究方法[J].外语学刊,2007(5):82-86.

[149] 周瑛.试论基础教育课程结构的变革及启示[J].河南职业技术师范学院学报

（职业教育版），2009（3）：102-105.

[150] 周宏．意识形态理论与当代中国意识形态理论研究[J]．安徽师范大学学报（人文社会科学版），2007（5）：283-288.

[151] 周宇豪．马克思主义中国化话语体系变迁的政治学考察[J]．新闻界，2013（19）：16-19.

[152] 张红燕，梅高蓓，刘纯．论话语与社会的辩证关系[J]．武汉科技学院学报，2005（12）：227-229.

[153] 张冬．科技社会化与社会科技化[J]．社会科学论坛，2005（8）：49-51.

[154] 张宽．Discourse（话语）[J]．读书，1995（4）：132-134.

[155] 张华．走向课程理解：西方课程理论新进展[J]．全球教育展．2001（7）40-48.

[156] 张梦然．中国科技发展为什么要走国际化道路[N]．科技日报，2011-08-26.

[157] 张慧娟．中国的文化多元化与文化建设[J]．科学社会主义，2007（4）：99-101.

[158] 张建国．比较东西方传统文化差异，开展小学科学探究[J]．上海教育科研，2011（9）：88-89.

[159] 张荣伟．论中国基础教育改革的四种话语类型[J]．中国教育学刊，2009(10)：8-11.

[160] 赵自立．语言的意识形态指涉与思想政治教育的责任[J]．焦作师范高等专科学校学报，2009（6）：53-57.

[161] 赵万里，穆滢潭．福柯与知识社会学的话语分析转向[J]．天津社会科学，2012（5）：62-68.

[162] 赵长林．科学探究与民主社会：解读杜威科学探究思想的深层结构[J]．全球教育展望，2010（1）：79-82.

[163] 赵迎凤．改革开放以来社会主义意识形态话语体系的战略重建[J]．经济研究导刊，2011（6）：208-210.

[164] 赵远亮．从科技进步对经济增长的作用看我国西部大开发[J]．科学管理研究，2001（2）：57－59.

[165] 刘茂军，孟凡杰．教育话语分析：教育研究的新范式[J]．教育学报，2013（5）：30-36.

[166] 刘茂军，孟凡杰．孕育与生成：课程话语与社会的理论探析[J]．教育理论与实践，2012（22）：53-56.

[167] 刘茂军，孟凡杰. 制度性课程话语研究引论：问题、方法与意蕴[J]. 教育理论与实践，2013（13）：61–64.

[168] 刘茂军，孟凡杰. 基础教育课程改革的话语层面论析[J]. 教育理论与实践，2013（1）：53–56.

[169] 刘茂军，孟凡杰. 课程改革的意识形态话语分析[J]. 国家教育行政学院学报，2014（2）：48–53.

[170] 刘茂军，等. 吉林省中学物理教师实施新课程情况的调查与反思[J]. 牡丹江师范学院学报（自然科学版），2012（1）：55–57.

外文类

[1] WILLIAM P.Contemporary Curriculum Discourse：Twenty Years of JCT[M].New York：Peter Lang Publishing Inc，1999.

[2] APPLE M W. Texts and Contexts：the state and gender ineducational policy[J]. Curriculum inquiry，1994，24（3）：349–359.

[3] HEIDEGGER M. Being and Time[M]. New York：The Camelot Press Ltd，1962.

[4] BERNSTEIN B.Pedagogy，Symbolic Control and Identity[M].London：Tayloy& Francise，2000.

[5] MORAIS A，NEVES L，DANIELS H，et al.Towards a Sociology of Pedagog：The contribution of Basil Bernstein to research[M].NY：Peter Lang，2001.

[6] FOUCAULT M.The Archeology of Knowledge[M].London：Tavistock，1972.

[7] BERSTEIN B.Pedagogy Symbolic Control and Identity：theory，research，critique[M]. London：Taylor & Francis Ltd，1996.

[8] BERSTEIN B.The Structuring of Pedagogic Discourse：Class，Codes and Control，Volume Ⅳ [M].London：Routledge，1990.

[9] HALL S.The Meaning of Newtimes[A].In MORLEY D，CHEN K（eds）.Stuart hall：critical dialogues in cultural studies[C].London：Routledge，1996.

[10] FAIRCLOUGH N.Discourse and Social Change[M]. Cambridge：Polity Press，1992.

[11] ALLWRIGHT D. The Iportance of Iteration in Classroom Language Learning [J]. Applied Linguistics. 1984（5）：156–171.

[12] ELLIS R. The Study of Second Language Acquisition[M].Oxford：Oxford University Press，1994.

[13] ELLIS R. Instructed Second Language Acquisition[M].Oxford：Blackwell，1990.

[14] GRICE H P. Logic and Conversation [A]. In COLE P, MORGAN J (eds) .Syntax and semantics: speech acts [C]. New York: Academic Press. 1975 (3): 307–308.

[15] HOLOBROW N, LAMBERT W, SAYEGH L. Pairing Script and Dialogue: Combinations that Show Promise for Second Language Learning[J]. Language Learning, 1984 (34) .

[16] LEECH G. Principles of Pragmatics [M]. London: Longman, 1983.

[17] NUNAN D. Language Teaching Methodology [M].Cambridge: Cambridge University Press, 1991.

[18] BUTTS R F. A Cultural History of Western Education: Its Social and Intellectual Foundations[M].New York: Mc-Graw-Hill Book Company, Inc., 1955.

[19] POWER E J. The Transit of Learning: A Social and Cultural Interpretation of American Educational History[M]. Sherman Oaks, CalifOmia: Alfred Publishers Co., Inc., 1979.

[20] PARKERSON D H, PARKERSONJO A. American Eduation: A Social History of Teaching[M]. New York: Routledge Falmer, 2001.

[21] PULLIAM J D, PATTEN J V. History of Education in America[M].New Jersey: Prentice-Hall, Inc., 1995.

[22] Bourdieu P.Distinctinon [M].London and New York: Routledge, 1989.

[23] BOURDIEU P et al. Academic Discourse [M].Cambridge: Polity Press, 1994.

[24] LEEUWEN T, JEWITT C. The Handbook of Visual Analysis [M]. London: Sage, 2001.

[25] LEMKE J. Multiplyng Meaning: Visual and Verbal Semiotics in Scientific Text[A]. In Martin J R and Veel R (eds) .Reading science: critical and functional perspectives on discourses of sience[C]. London/ New York: Routledge, 1998.

[26] RICHMAN H P. Selected Works of Wilhelm Dilthey[M].Cambridge: Beacon Press, 1976.

[27] SINGH P.Pedagoic Discourse and Student Resitance in Australian Secondary School In MORAIS A, DANIDLS H (eds) .Towards a sociology of pedagogy: The contribution of Basil Bernste in to research[C].NY: Peter Lang, 2001.

后记

  2010年，我非常有幸地被哈尔滨师范大学录取为课程与教学论专业的博士研究生，这也许是改变我人生的重要转折——因为我可以在我喜欢的专业领域开展进一步的学习和研究，能与自己喜欢的事情打交道，人生之大幸。我在攻读博士的5年中，也吃了一些苦头，时常想起2010年刚入学时的情况。当时家里孩子还不到2周岁，爱人也到南方去读书了，那段时间我经常往四平的家里跑，挑选最便宜的火车穿梭于四平和哈尔滨，差不多一个学期都没有稳稳当当地坐下来思考自己的研究。在求学期间，我自己动过手术住过院，我的女儿三番五次地生病，我的母亲也做了心脏手术。幸好，这些困难都挺过去了。

  在哈尔滨听课学习的这段时间里，我有太多的收获。导师组为我们做报告、办讲座，极大地开阔了我的视野，让我懂得了学术研究的方法和意义。事实证明，我在后期完成博士论文的过程中，始终没能脱离导师组当年所讲授的知识内容和研究思路。我与室友、同门之间经常进行交流，我们围绕专业问题开展了一些探讨，这为我后期博士论文的研究提供了线索。因此，在哈尔滨师大集中学习的这段时间，让我终身受益。

  我的研究方法可能与别人有着不同的地方，我喜欢在大的框架下不断地修改和完善，而不是从头到尾认认真真地"一笔成"。我一般的做法是先把主题思想写好，再把自己想说的话都写上，先不论逻辑，之后再逐渐将之补充完整。也许写到某个问题的时候，又想到了另外一个地方也可以有所补充，于是就又返回，来来回回也不知道多少遍。因此，我很难分辨出哪部分是在某个阶段集中完成的。整个博士毕业论文的构思和写作着实费了我不少的心血。要把20万字的论文结构和内容都安排妥当的确是需要一些时间和精力的。好在最后这些问题都解决了，结果也是圆满的。

  随着论文的逐渐完成，我的心情放松了很多，身体状态也好了很多。这里首先要感谢我尊敬的导师孟凡杰老师，结识孟老师是我最大的荣幸，老师不嫌弟子愚笨，不厌其烦地加以指导，甚至在亲人生病的时候，也始终微笑着面对我和我那些简单幼稚的问题。孟老师没有手把手地交给我应该怎样陈述要表达的思想，也没有告诉我要如何构思每一个细节，但他却给了我研究的重要方法论：要采用社会科学的研究范式思考所做的研究，要将研究指向具体的教育实践，研究要有哲学的高度……这些都在我的论文里得到了体现。老师对我的影响还远不止这些，他的睿智、他的从容、他的亲和、他的优雅，给了我这个毛头小子无尽的影响，这也许才是我终身受益的地方。孟老师严谨求实的治学态度、精益求精的工作作风、宽容豁达的处世风格，一直深深地感染和熏陶着我。在今后的学术道路上，我将牢记恩师的教诲，踏实研究，努力进取。

刘茂军
2022 年 4 月